알트코인 레볼루션

100배 자산 형성을 위한 알트코인 종목 선택, 매매 타이밍, 자산배분 전략

알트코인 레볼루션

박종한·김동환 지음

옐로우바스켓

프롤로그

이제 알트코인 대세상승장이 시작되었다

4년 만에 돌아온 인생 역전의 기회

비트코인의 주기는 4년이다. 이는 알트코인 역시 마찬가지다. 비트코인에 많은 자본이 모이면, 이후 자본의 흐름은 알트코인으로 서서히 이동한다. 그런데 거대한 수익률 상승의 기회는 알트코인에서 찾아온다. 비트코인이 2배 오르는 사이 알트코인은 수십 배에서 100배 이상 상승하기도 하기 때문이다.

비트코인 현물 ETF 상장 이후 비트코인 중심의 시장이 형성되었다. 시장에서는 알트코인 대세장과 관련하여 '이번만큼은 과거와 다르다'며 부정적인 목소리가 나오기도 했다. 하지만 그렇지 않다. 알트코인 사이클은 여전히 진행형이고, 현재까지의 흐름은 과거 사이클과 비교했을 때 큰 오차 없이 이어지고 있다.

사이클의 관점에서 보았을 때 2025년 초순인 현재 시점은 알트코인 투자에서 결정적인 기회다. 알트코인의 대세상승장은 비트코인 도미넌스BTC Dominance가 정점을 찍은 후 하락 추세로 전환하는 순간부터다. 과거 두 차례 사이클에서는 반감기 다음 해 초순경부터 시작되는 경우가 많았다. 2017년 3월과 2021년 1월이었다.

이제 2025년이 막 시작되었다. 앞으로 알트코인 랠리는 더욱 가팔라질 것이다. 암호화폐 투자자라면 이 소중한 기회를 놓쳐서는 안 된다. 이 시기를 잘 활용하지 못한다면 다시 4년이라는 인고의 시간을 견뎌야 할지 모르기 때문이다. 그런데 더욱 중요한 과제가 있다. 우리는 알트코인의 정확한 사이클과 생리를 이해해야 한다. 많은 투자자들이 상승장에 고무되어 있는 동안 현명한 투자자는 출구 전략까지 미리 준비한다. 사이클은 하나의 주기이고, 정점을 찍은 후 사이클이 끝나는 지점도 있다. 결국, 높은 수익을 현금화하는 것이 가장 중요하다. 현명한 투자자는 축제의 장을 열정적으로 즐기면서, 축제가 끝나는 순간도 미리 준비해야 한다.

트럼프2.0이 이끄는 더 큰 상승장

이번 대세상승장은 그 어느 때보다 암호화폐 시장의 펀더멘털이 높다. 그동안 암호화폐 시장의 상승장을 이끌었던 동력은 두 가지 정도이다. 거시경제 환경에서 비롯된 유동성과 채굴자를 중심으로 하는 반감기 사이클이다. 그런데 도널드 트럼프Donald Trump의 당선으로 암호화폐 시장의 구조가 바뀐다. 앞으로 암호화폐 시장은 더욱 근본적으로 상승할 수 있는 추진력을 얻었다. 그 근거는 다음과 같다.

첫째, 기관이 암호화폐를 본격적으로 채택하기 시작하였다. 비트코인 현물 ETF 승인 이후 1,000개를 넘어서는 글로벌 금융기관이 비트코인 ETF를 담았다. 과거 암호화폐는 주로 개인 투자자가 가격 상승을 이끌었다. 이제는 투자의 핵심적인 주체가 바뀌었다. 글로벌 금융기관과 글로벌 기업이 암호화폐를 채택하였다.

둘째, 규제 이슈가 해결되고 있다. 도널드 트럼프는 '비트코인 2024 컨퍼런스'에서 스스로를 '암호화폐 대통령'으로 지칭하면서 미국을 암호화폐의 수도로 만들겠다고 선포했다. 그는 그동안 게리 겐슬러Gary Gensler를 중심으로 증권거래위원회가 자행해 온 반암호화폐 규제를 철폐하고, 암호화폐에 우호적인 규제로 바꾸겠다고 약속했다. 덧붙여서 백악관에 암호화폐 전담 부서를 신설하기로 했다. 규제가 해결되면 은행을 필두로 한 금융기관의 진입이 더 가팔라질 뿐만 아니라, 국가적 차원에서의 채택도 늘어날 전망이다.

그동안 금융기관들은 비트코인을 비롯한 암호화폐에 큰 관심을 가지고 있으면서도 적극적으로 채택하지 못했다. 그 이유는 규제의 불확실성 때문이었다. 비트코인 현물 ETF를 적극적으로 담지 못한 이유가 여기에 있다. 이뿐만이 아니다. 알트코인 현물 ETF가 꾸준히 출시될 가능성이 높다. 이미 미국의 여러 자산운영사가 솔라나, XRP 등 알트코인 현물 ETF를 신청했다.

셋째, 규제가 해결되면서 새로운 암호화폐 법안이 발의된다. 앞서 규제 이슈와 비슷한 이야기일 수 있지만, 조금 다른 차원에서 설명해보겠다. 도널드 트럼프는 비트코인을 국가 전략적 준비자산으로 비축하겠다고 밝혔다. 이는 미국 정부가 보유 중인 비트코인을 팔지 않겠다는 의미이다. 그런데 미 의회에서는 단순히 보유하는 것을 넘어서 꾸준히 모아나갈 것을 제안한다. '미국 정부에서 비트코인 100만 개를 모으자'는 법안이 발의되었다. 비트코인 가격 상승으로 미국의 천문학적 부채를 해결할 수 있다는 것이다. 비트코인의 가격이 천문학적으로 상승한다면, 이는 결국 알트코인에도 엄청난 호재가 된다.

넷째, 알트코인 산업이 본격적으로 성장할 수 있다. 규제에 묶여 그동안 어려운 행보를 이어가고 있던 알트코인 프로젝트들이 더욱 적극적으로 사업을 추진할 수 있게 되었다. 이는 투자 자산으로서가 아니라 미래 산업의 차원에서 알트코인이 성장할 환경이 되었다는 뜻이다. 즉, 알트코인 레볼루션이 진행되는 것이다.

알트코인 종목 선택, 매매 타이밍, 자산배분 전략

암호화폐에 우호적인 환경이 만들어지고, 알트코인 가격이 상승한다고 해서 누구나 부자가 될 수 있을까? 오히려 반대다. 과거 세 차례 반감기 사이클을 거치는 동안 대부분의 투자자는 알트코인 투자로 큰 손실을 입었다. 알트코인 대세상승장이 시작되면, 수많은 알트코인이 펌프앤드덤프Pump And Dump를 거듭하며 투자자의 욕망, 이른바 포모FOMO를 자극한다. 포모는 다른 사람은 누리는 혜택을 나만 놓치거나 제외될지 모른다는 두려움이다. 포모에 시달린 투자자는 급등하는 알트코인에 올라타고, 결국 손실을 크게 입는다. 암호화폐 시장에 대해서 부정적인 인식을 하게 되고, 영영 시장을 떠나는 경우도 있다.

이러한 문제는 아직 성숙하지 못한 시장의 문제이기도 하다. 암호화폐는 초창기 시장이고, 알트코인으로 한정하면 극초창기 시장이다. 작은 유동성에도 가격이 크게 흔들리며, 상상을 초월하는 변동성을 일으킨다. 이렇게 변동성이 큰 시장은 오히려 보수적인 관점으로 신중하게 접근해야 한다. 하지만 대부분의 투자자는 아무런 전략 없이 누군가 특정 코인이 좋다고 하면 마켓 타이밍을 고민하지 않고 무턱대고 올라타기 마련이다. 초창기 시장은 많은 기회의 땅이기도 하지만, 반면에 가장 위험한 땅이기도 하다.

알트코인 투자에서는 종목 선택부터 매매 타이밍, 자산배분이라는 전 영역에서 만반의 준비를 해야 한다. 모든 종목이 상승세를 타고 올라가는 것 같지만, 장기적으로 살아남는 코인은 극소수라는 점에 주목하자. '반드시 저평가 구간에서 매집해야 한다'는 사실도 기억해야 한다. 싸게 사서 비싸게 팔아야 하고, 포트폴리오에 안정적인 코인을 큰 비중으로 보유해야 한다.

그러면 어떤 코인이 좋은 코인이고, 어떤 구간이 저평가 구간일까? 자산배분은 어떻게 해야 할까? 바로 이 부분에 관해 자세히 설명한다.

투자와 산업에 대한 폭넓은 이해

그런데 투자 관점만 중요한 것이 아니다. 《알트코인 레볼루션》에서는 제목 그대로 알트코인이 왜 레볼루션, 즉 혁명인지를 명쾌하게 설명한다. 따라서 알트코인이 어떻게 세상을 변화시키고 있는지 알 수 있으며, 변화의 흐름을 투자에 어떻게 연결하는지 배울 수 있다.

알트코인의 개념과 투자해야 하는 이유를 필두로 알트코인의 다양한 생태계와 섹터를 정리한다. 그러고 나서 이를 기반으로 다양한 데이터와 지표를 통한 투자 전략을 제시한다. 더불어 에어드랍, 디파이 등을 활용해서 추가적인 수익을 얻는 방법에 관해서도 자세하게 소개한다.

알트코인을 투기성 자산으로 보거나, 도박 혹은 사행성 행위로 보는 시각이 있다. 아직 완전히 성숙하지 못한 시장 환경 탓에 상당한 리스크가 존재한다는 것은 일정 부분 인정해야 한다. 하지만 알트코인의 근본은 세상을 변화시키는 미래지향적인 산업에 있다. AI, 금융 등 다양한 산업과 융합하면서 시너지를 낸다. 이제 알트코인을 기술과 산업의 차원에서 근본적으로 이해한 뒤, 이를 투자의 관점으로 연결하고 실패를 최소화하면서 높은 수익을 거두어 인생 역전의 기회를 잡길 기원한다.

박종한, 김동환

CONTENTS

프롤로그

이제 알트코인 대세상승장이 시작되었다 4

PART 1

알트코인 대세장에 올라타는 법

1 알트코인이란 무엇일까? 16

2 알트코인에 투자해야 하는 이유 21

3 알트코인 투자는 비트코인보다 어렵다 26

4 결국 알트코인 대세장은 온다 32

5 알트코인 투자 타이밍 이렇게 잡아라 37

PART 2

레이어1과 레이어2의 이해

1 레이어1이란 무엇일까? 46

2 대표적인 레이어1에는 무엇이 있을까? 50

3 레이어1 투자에 활용하는 지표 55

4 이더리움 레이어2에 대한 이해 60

5 이더리움 레이어2 투자에서 활용할 수 있는 지표 66

6 플랫폼 암호화폐와 유틸리티 71

7 디앱은 무엇일까? 75

8 대표적인 디앱과 핵심 투자 포인트 80

PART 3

알트코인 생태계의 이해

1 비트코인 생태계의 이해 88

2 대표적인 비트코인 레이어2 92

3 이더리움 생태계의 이해 96

4 솔라나 생태계의 이해 103

5 솔라나의 부흥을 이끈 밈코인 - WIF, 봉크 106

6 솔라나 기반 디파이가 뜬다 109

7 코스모스 생태계의 이해 118

8 코스모스를 대표하는 탈중앙화 거래소, 오스모시스 124

9 코스모스 대표하는 리퀴드 스테이킹 서비스, 스트라이드 129

10 대표적 탈중앙화 무기한 선물 거래소(Perp Dex) DYDX 132

11 텔레그램 기반의 새로운 생태계, 톤 135

12 NFT를 중심으로 한 새로운 생태계, 베라체인 140

PART 4

알트코인 투자 전략

1 비트코인 투자와 다른 알트코인 투자 148

2 수익성과 안정성을 동시에 잡는 3대 항목 152

3 내러티브와 펀더멘털을 활용한 투자 156

4 장기적 상승은 펀더멘털에 달렸다 159

5 블록체인의 신뢰도를 측정하는 TVL 165

6 탈중앙화 거래소의 유동성을 확인하라 169

7 기관의 포토폴리오를 벤치마킹하라 172

8 알트코인 투자 성공을 위한 세 가지 매매 전략 176

9 알트코인 매수 타이밍 잡는 방법 179

10 매도 타이밍 포착하는 노하우와 엑시트 전략 183

11 락업 해제가 알트코인 투자의 핵심인 이유 190

12 성공적인 포트폴리오 구축의 다섯 가지 노하우 194

PART 5

알트코인 섹터

1 크립토의 미래, AI코인 202

2 빅테크를 넘어서라, DePin(디핀) 211

3 금융 생태계를 혁신하는 DeFi(디파이) 220

4 디파이의 진화, 유동성 스테이킹 토큰 228

5 최근 디파이 시장 트렌드, 리스테이킹 및 LRT 232

6 미래의 금융이 온다, RWA 236

7 제2의 도약을 꿈꾸는 NFT와 게임파이 246

8 새로운 문화로 자리 잡은 밈코인 250

PART 6

실전 투자 전략1-매매 전략

1 이더리움이 비트코인보다 부진했던 이유 262

2 이더리움 펀더멘털은 문제가 없는가? 270

3 이더리움 매수매도 타이밍 277
4 솔라나 펀더멘털 분석 283
5 대표적인 결제 및 거래용 알트코인 분석 - 리플, 도지코인 290
6 새로운 내러티브를 선점하라 299

PART 7

실전 투자 전략2-에어드랍 및 디파이 전략

1 1단계, 무료 에어드랍으로 코인 시장 파악하기 306
2 무료 에어드랍에 필요한 사전 준비 사항 및 방법 311
3 2단계, 0원으로 1억 원을 만드는 전략 318
4 3단계, 스테이킹 에어드랍 전략 325
5 4단계, 소액 참여를 통한 디파이 시장 이해하기 331
6 대표적인 디파이 서비스 Lido(리도) 경험하기 340
7 5단계, 생태계를 선택하여 집중 공략하기 347
8 암호화폐 전체 시장 파악하기 356
9 6단계, Next W(넥스트 더블유)를 찾아서 361

참고 문헌 368

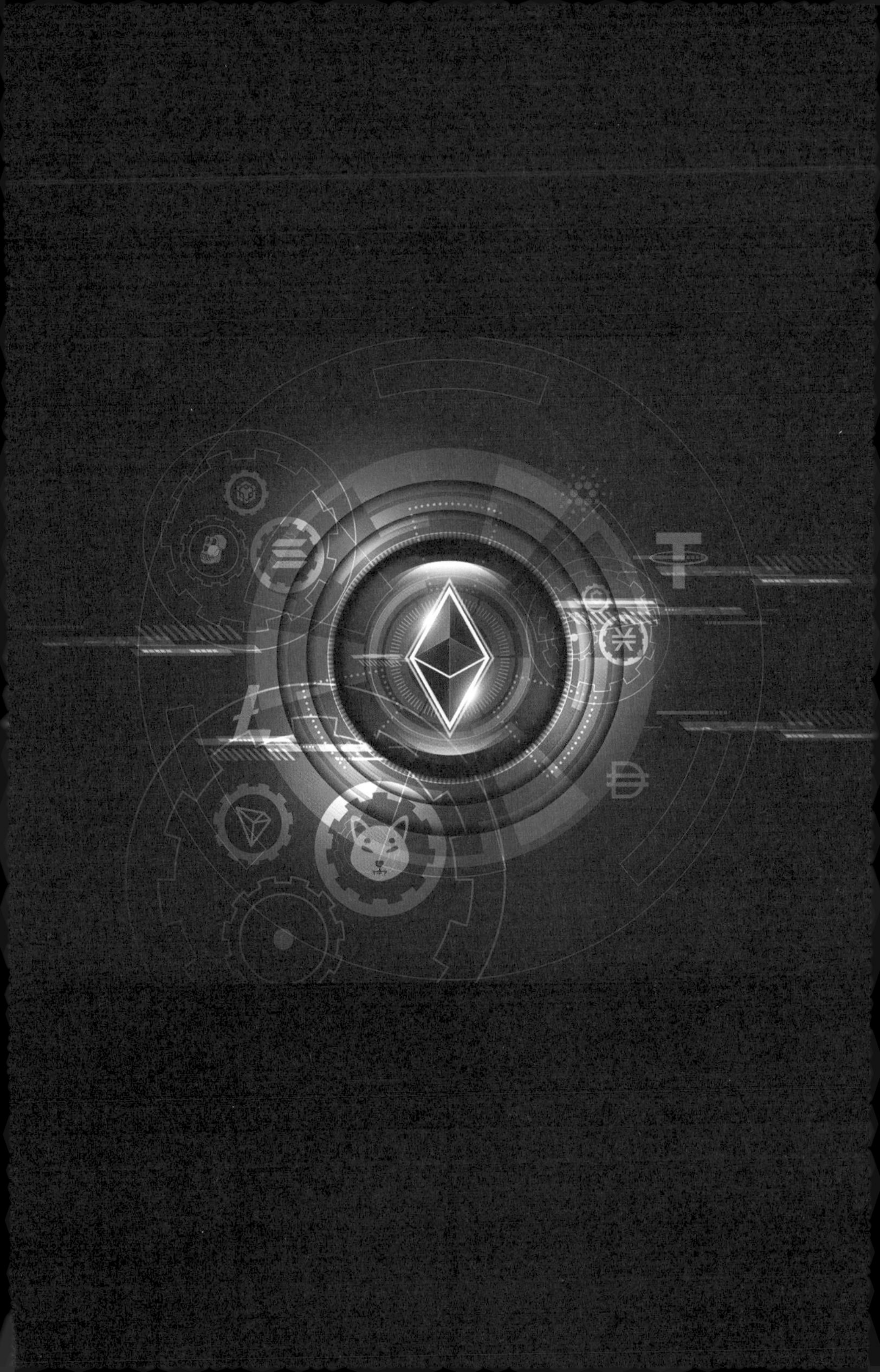

PART 1

알트코인 대세장에 올라타는 법

01 | 알트코인이란 무엇일까?

알트코인은 비트코인을 제외한 모든 암호화폐를 지칭하는 용어다. '얼터너티브 코인Alternative Coin'의 줄임말로 비트코인의 '대안'이 되는 암호화폐라는 의미다. 알트코인은 저마다 다양한 목적과 특징을 지니고 있으며, 그중 상당수는 비트코인과 차별화된 방향성을 지향한다. 비트코인이 해결하고자 하는 문제와는 다른 특정한 문제를 해결하거나, 혹은 새로운 기능을 제공하기 위해 만들어졌다. 예를 들어 최근 등장하는 알트코인은 거래 속도를 높이기 위해 블록 생성 시간을 단축하거나 전송 수수료를 낮추고, 더 복잡한 프로그래밍을 구현하기도 한다. 더불어 특정한 분야에 더욱 특화된 형태로 등장하기도 한다.

대체로 알트코인은 비트코인보다 뛰어난 기술력과 확장성을 가진다. 1세대 암호화폐인 비트코인과 비교할 때 2세대 이더리움은 확연하게 기술력의 차이가 난다는 평가를 받는다. 그래서 비트코인을 피처폰, 이더리움을 스마트폰에 비유하기도 한다. 그런데 이더리움 이후 탄생한 3세대, 4세대 암호화폐는 이더리움보다도 월등한 기술력을 자랑한다.

비트코인은 중앙은행의 통제를 받지 않는 디지털 화폐를 구현하기 위해서 시작했다. 그런데 시간이 흐르면서 사람들은 블록체인 기술의 다양한 활용성과 응용성을 탐구하게 되었다. 비트코인 외의 다른 암호화폐가 속속 등장하게 된 이유가 바로 여기에 있다. 알트코인의 대장이자, 알트코인의 새로운 패러다임을 개척한 이더리움은 스마트 콘트랙트 Smart Contract 기능을 통해 탈중앙화된 애플리케이션을 개발할 수 있도록 했다. 스마트 콘트랙트는 블록체인이 1세대에서 2세대로 넘어갈 수 있게 되는 가장 중요한 계기 중 하나로 블록체인 기술을 활용해 제3의 인증기관 없이 개인 간 계약이 이루어질 수 있도록 하는 기술이다. 더욱 자세히는 계약상의 조건을 소프트웨어 및 하드웨어에 미리 저장하고, 해당 계약을 이행하는 과정에서 조건 충족 여부에 관한 판단을 인간이 아닌 컴퓨터 등의 기계가 대신 실행하는 것이다. 즉, 제3의 인증기관이 필요 없도록 하는 개념을 의미한다. 이를 통해서 비트코인의 단순한 거래 기능을 넘어서는 혁신을 제공하며 블록체인이 다양한 분야에 활용될 수 있는 길을 열었다.

물론 아직은 가야 할 길이 멀다. 예를 들어 이더리움의 탄생 이유는 블록체인을 다양한 분야에서 활용하는 것이지만, 실제로는 금융 분야에 집중된다. 생태계에서 탈중앙화 금융, 디파이DeFi, Decentralized Finance의 의존도가 압도적으로 높다. 알트코인은 목적과 기능에 따라 다양하게 분류할 수 있는데, 일반적으로는 기능적인 분류에 따라서 세 가지 정도로 구분한다.

첫째는 비트코인처럼 결제 및 거래 혹은 가치 저장 수단으로서의 알트코인이다. 대표적으로 라이트코인LTC, 비트코인캐시BCH, 리플XRP, 도지코인DOGE 등의 프로젝트를 들 수 있다. 오래된 1세대 프로젝트들이 주를 이룬다. 알트코인이 처음 태동할 당시에는 비트코인과 비슷한 용도를 지니면서 성능과 효율성을 높이는 전략을 추구했다는 의미이다. 블록의 크기를 늘리거나, 탈중앙화의 수준을 낮추는 방향성으로 접근하는 사례가 많았다. 물론 이는 비트코인 하드포크 프로젝트에 일반적으로 적용되고, 리플 등의 프로젝트는 비트코인과 완전히 다른 성격과 구현 방식을 지닌다.

결제 및 거래 분류에 속하는 코인은 주로 비트코인을 대체하기 위한 목적으로 등장했다. 비트코인보다 빠른 거래 속도와 확장성을 제공하는 데는 일정 부분 성공했지만, 그렇다고 비트코인의 가치를 뛰어넘을 수 있는 수준으로 성장하지는 못했다. 비트코인의 가치는 단순히 빠른 속도와 확장성으로 능가할 수 있는 그러한 범주가 아니기 때문이다.

테더USDT와 USD코인USDC 같은 스테이블코인도 결제 및 거래 암호화폐에 포함될 수 있다. 스테이블코인은 법정 화폐와 연동되어 있어서 암호화폐 시장의 변동성으로부터 보호받을 수 있는 방안을 제공한다. 스테이블코인은 주로 거래소에서 암호화폐를 사고팔 때 사용된다. 투자의 관점에서도 스테이블코인의 시가총액 확장을 눈여겨보아야 한다. 거래소에 스테이블코인의 시가총액이 증가하면 투자의 관점에서는 긍정적인 시그널로 판단한다. 스테이블코인은 기본적으로 블록체인상의 유동성을 의미하기 때문에, 시장의 상황에 따라서 비트코인과 이더리움 등 암호화폐의 매집에 사용될 수 있다.

스테이블코인 시가총액 추이

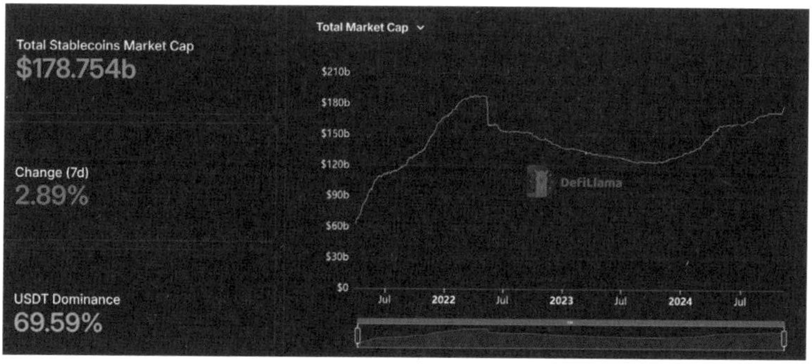

출처: 디파이라마(2024년 11월 13일 기준)

둘째는 스마트 콘트랙트 기반의 플랫폼 알트코인이다. 이더리움ETH, 솔라나SOL, 아발란체AVAX, 카르다노ADA, 수이SUI 등의 프로젝트가 해당한다. 해당 분류에 속하는 블록체인 네트워크는 스마트 콘트랙트와 탈중앙화 애플리케이션Decentralized Application, DApp, 디앱의 구현을 지원한다. 개발자가 탈중앙화 플랫폼에서 본인이 원하는 조건이 충족될 때 자동으로 실행되는 계약을 생성할 수 있다.

셋째는 유틸리티 토큰이다. 플랫폼에서 구현되는 탈중앙화 애플리케이션에서 발행하는 토큰을 의미한다. 다양한 분야가 있는데, 앞서 언급했듯 생태계에서 가장 큰 점유율을 확보한 탈중앙화 금융, 디파이가 대표적인 예이다. 디파이는 2021년, 대세상승장을 이끈 분야이고, 현재 가장 많은 자본이 유입되는 분야다.

사람들은 알트코인이 실생활과 삶에 어떤 변화를 줄 수 있는지 궁금해 한다. 아마도 머릿속에 떠오르는 구체적인 사례는 많지 않을 것이다. 이는 지금까지 블록체인과 크립토 산업은 진행형이고, 초기라는 의미이기도 하다. 앞으로 큰 성장과 가치 상승을 기대할 수 있는 이유도 바로 여기에 있다고 하겠다.

02 알트코인에 투자해야 하는 이유

알트코인 거품 논쟁은 여전히 끊이지 않고 등장한다. 특히 비트코인의 가치만을 인정하는 비트코인 맥시멀리스트(비트맥시)는 이더리움의 가치조차도 인정하지 않는 경우가 많다.

과연 알트코인은 투자 가치가 전혀 없는 투기 자산에 불과한 것일까? 그렇지 않다. 알트코인에 대해서 오해하는 이유는 많은 이들이 오로지 암호화폐를 투자의 대상으로만 여기기 때문이다. 물론 투자자의 입장에서는 당연한 관점이다. 하지만 알트코인 투자에서 펀더멘털과 프로젝트의 목적, 기술 등에 관한 고민이 없다면 투자에 성공하기는 쉽지 않다.

알트코인은 다양한 분야의 문제를 해결하기 위한 목적을 지니고 있고, 무엇보다 기술적 혁신을 기반으로 하기 때문이다. 프로젝트의 궁극적 방향성과 구현하려는 기술에 관해서 이해하지 못한다면, 가치 평가는 불가능하다. 실제로 프로젝트의 리더를 만나서 이야기를 나누어 보면 투자의 관점에서 토큰의 가치를 올리는 것보다 블록체인을 통해서 이루려는 청사진과 지향점에 관해서 더욱 깊이 고민하는 일이 많았다.

'블록체인이 왜 필요한 것인가?'

'블록체인을 어디에 쓰는가?'

앞서 간단히 언급했던 이 질문을 다시 해보자. 알트코인 프로젝트는 아무런 쓸모가 없고 폰지, 돈놀이에 불과하다는 극단적인 관점을 제시하는 일도 더러 있다. 디파이 모델 등을 두고서 폰지 구조를 더욱 정교화했을 뿐이라고 비판하기도 한다. 물론 전혀 일리가 없지는 않다. 더욱이 지난 2차, 3차 대세상승장 당시만 하더라도 근본적인 고민 없이 토큰 가격의 펌핑에 혈안이 된 프로젝트가 많았던 것도 사실이다. 하지만 크립토 산업은 빠르게 성장하고 있다. 2021년의 대세장과 2025년 현재의 대세상승장은 분위기가 확연히 다르다.

예를 들어 과거에는 모든 프로젝트가 펀더멘털보다 내러티브 편향적인 움직임을 보였다. 내러티브는 구체적인 성과나 구현보다는 기대감을 의미한다. 프로젝트의 청사진을 밝히고, 대형 벤처 캐피털VC, Venture Capital이 참여하는 것만으로 가격이 급상승하는 상황이 빈번한데 바로 내러티브에 의한 것이다. 하지만 이번 대세상승장은 과거와 다소 다른 움직임을 보인다. 내러티브는 오히려 밈코인에 집중된다. 인프라 기반의 프로젝트는 펀더멘털이 높은 프로젝트만이 선별적으로 크게 움직이고 있으며, 그만큼 시장의 평가 기준이 깐깐해졌기 때문이다.

사용성에 관한 고민도 깊어지고 있다. 디핀DePIN, Decentralized Physical Infrastructure Network을 예로 들어보겠다. 디핀은 블록체인 기술을 활용해서 실제 세계의 물리적 인프라의 통제와 소유를 탈중앙화하는 네트워크이다. 전통적으로 데이터 네트워크, 전력망, 교통 등의 물리적 인프라는 대부분 중앙 집중형 기관이 독점해왔다. 선택지가 충분하지 못한 사용자는 값비싼 비용을 지불해야만 인프라를 사용할 수 있다. 디핀은 물리적 인프라 네트워크를 탈중앙화함으로써 인프라 독점의 문제를 해결하려는 프로젝트이다. 그래서 사용자가 저렴하게 인프라를 사용할 수 있도록 하고자 한다.

디핀은 탈중앙화 AI 분야와도 밀접한 관계를 맺고 있는데, 대표적으로 GPU 공유를 들 수 있다. 엔비디아의 점유율이 높아지면서 GPU 칩의 가격도 급격히 상승하는 중이다. 디핀은 AI 인프라를 저렴하게 활용할 수 있는 방안이다. 디핀의 활용 분야는 무궁무진하다. 예를 들어, 사물인터넷Internet Of Things을 위해서 설계된 헬륨HNT과 같은 탈중앙화 블록체인도 존재한다.

옴니체인Omnichain도 실질적인 예가 될 수 있다. 현재 블록체인은 따로 떨어진 섬 혹은 국가처럼 구현된다. 그래서 각 블록체인이 각자의 기능을 수행하고, 각자 사용할 수 있는 네이티브 토큰이 있다.

여러 블록체인 네트워크를 연결하고 상호운용성을 제공하기 위해서 '옴니체인'이라는 개념이 등장했다. 옴니체인은 다양한 블록체인이 서로 통신하고 데이터를 교환할 수 있도록 한다. 각 블록체인의 고유한 기능을 활용하고 전체 생태계의 효율성과 확장성을 높인다. 이제 국가들 사이로 많은 자본이 자유롭게 이동할 수 있는 시대가 다가온다. 그렇게 되면 크립토 산업은 지금보다 다양하게 혁신을 추구하면서, 많은 자본이

비트코인 채택 S-커브

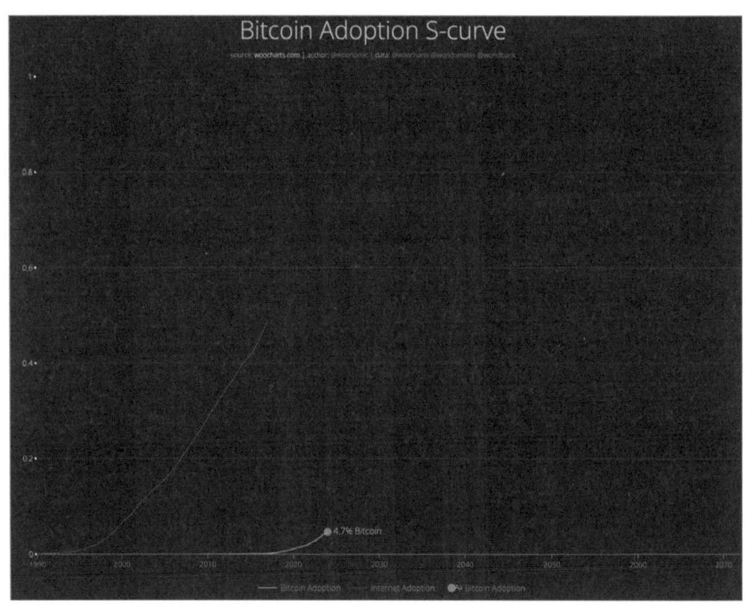

출처: Willy Woo X 계정

이동할 것이다. 이처럼 암호화폐 산업은 초창기에 있다.

특히 암호화폐의 대장인 비트코인의 채택률을 살펴보면 아직 10% 안쪽에 머문다. 다수의 채택이 이루어지기 위해서는 10년 이상의 세월이 더 필요하다는 평가가 지배적이다. 따라서 우리는 긴 안목으로 시장의 변화를 꾸준히 관찰하면서 대응해야 한다.

알트코인 중에서 앞서 언급한 디핀과 옴니체인 등의 분야는 이제 막 태동해서 본격적인 움직임을 시작했다. 기술적으로 아직은 궤도에 오르지 못했다. 디핀은 극 초창기로 평가받는다. 앞으로 기술적으로 더욱 발전하고, 서비스 관점에서도 다듬어져야 한다.

우리는 크립토 산업에서 새로운 시도가 꾸준히 나타나고 있다는 사실에 주목해야 한다. 블록체인과 크립토가 왜 필요한지 증명해 내면서 성장의 방향성을 찾아가고 있다. 특히 '하나의 솔루션으로 의미 있는 등장을 했다'는 것을 인지해야 한다. 투자자의 입장에서도 이 부분이 중요하다. 이미 다 성숙한 산업에는 투자의 기회가 없다. 이제 막 태동한 만큼 재산 증식의 기회 역시 무궁무진하다.

03 | 알트코인 투자는 비트코인보다 어렵다

알트코인 투자자라면 고수익이 보장되는 초 위험 자산 혹은 투기적 자산 정도로 알트코인을 인식하는 것에 관해 일정 부분은 인정해야 한다. 알트코인 투자는 여전히 위험한 것이 사실이고, 그만큼 신중하게 접근해야 한다. 알트코인 투자는 높은 이익을 얻을 수 있지만 규제와 해킹, 프로젝트 리더들의 모럴 헤저드 등 여러 이유로 위험에 직면할 수 있다. 그야말로 '하이 리스크 하이 리턴' 시장이다.

알트코인 시장이 투기 세력에 의해서 쉽게 좌지우지되는 것도 사실이다. 이번 대세상승장 초반에 큰 호황을 누린 밈코인 역시 마찬가지다. 마켓 메이커를 비롯한 특정한 세력에 의해서 우후죽순 펌핑이 일어나고 있다. 급등한 가격을 보고 올라탄 개미는 고점에서 매입하고 결국은 큰 손실을 본다.

알트코인 시장의 중요한 문제는 작은 시가총액과 큰 변동성에 있다. 작은 자본으로도 시장을 크게 흔들 수가 있다는 점이 알트코인 시장을 투기판으로 변모시킨다. 특정 코인의 점유율을 '도미넌스'라고 한다. 특히 비트코인 도미넌스가 중요하다. 시가총액 상위 10개의 코인은 각각의 도미넌스를 확인할 수 있다. 예를 들어 비트코인은 60% 내외의 점유율을 가지고 있고, 이더리움은 20% 내외다. 시가총액 최상위 10개의 알트코인을 제외한 알트코인은 하나의 도미넌스로 묶인다. 이는 트레이딩뷰에서 'OTHERS.D'를 검색하면 된다.

상위 10위를 제외한 나머지 모든 알트코인을 합치면 시장에서 어느 정도의 점유율을 지닐까? 대략 10~20% 사이이다. 비트코인이 강세를

톱 10 제외 알트코인 점유율

출처: 트레이딩뷰

보이면 10% 아래로 떨어지기도 한다. 알트코인 대세상승장 징집에서는 약 20% 내외 정도를 차지한다. 수만 개의 코인이 10% 정도의 비중을 차지한다는 것은 개별 코인의 점유율은 논할 만한 수준이 되지 않는다는 의미이기도 하다.

따라서 작은 자본으로도 충분히 알트코인 시장을 흔들고, 개미를 유혹할 수 있다. 특정한 코인이 급등하는 것을 보고, 뒤늦게 따라 들어가면 대부분 큰 손실을 보게 된다. 알트코인은 투기 자본에 의해서 지속적으로 펌프앤드덤프가 이루어진다. 펌프앤드덤프는 허위 또는 오해의 소지가 있는 정보를 퍼뜨려 자산의 가격을 부풀린 다음, 신규 투자자의 수요로 인해 가격이 상승하면 보유 자산을 모두 처분해 버리는 수법을 일컫는다. 시장은 순식간에 공급 과잉 상태가 되고, 신규 구매자에게는 거품이 잔뜩 낀 자산만 남게 된다.

대세상승장이 정점에 가까워지면 특정한 코인이 이유 없이 갑작스럽게 급등하고, 이후 급락하는 펌프앤드덤프 패턴이 연일 이어진다. 투자자들은 극심한 포모FOMO에 시달리게 되는데, 절대 휩쓸리면 안 된다. 자신만의 투자 원칙에 따라서 중심을 잘 잡아야 한다. 알트코인 투자는 잘못된 방향성을 가지고 열심히 투자할수록 더욱 손해를 보게 되는 상황이 많다. 지금부터는 알트코인 투자가 어려운 몇 가지 이유를 살펴보겠다.

첫째, 극심한 정보의 비대칭성이다. 알트코인에 관한 정확한 정보를 얻을 수 있는 플랫폼이나 사이트는 한정적이다. 고가의 유료 플랫폼에 유의미한 정보가 집중되어 있는데, 유료 결제를 한다고 해서 모든 코인의 정보를 얻을 수 있는 것도 아니다. 특히 이더리움을 비롯한 이더리움 계열의 코인은 상대적으로 정보가 많고, 비이더리움 계열은 유의미한 정보를 얻기가 더욱 어렵다.

둘째, 가짜 정보가 판을 친다. 트위터, 텔레그램, 유튜브 등 다양한 플랫폼에서 코인 정보를 접할 텐데, 정확하지 않은 정보와 가짜 정보가 흔하다. 이는 투자자가 올바른 판단을 내리기 어렵다. 그릇된 정보로 인해 잘못된 투자 결정을 내릴 위험도 도사리고 있다.

셋째, 앞서 언급한 것처럼 알트코인은 상대적으로 시장 규모가 작고, 거래량이 적기 때문에 투기가 만연하며, 가격 변동성이 매우 크다. 작은 뉴스거리나 시장의 변화에도 단기적으로 민감하게 반응할 수 있다.

넷째, 실질적인 사용 사례나 기술적 기반 없이 단순히 투기 목적으로 만들어진 알트코인이 많다. 이러한 코인들은 일시적인 유행이나 마케팅에 의해 가격이 부풀려질 수 있으나, 결국 가치가 급락하는 일이 많다. 장기 투자에는 적합하지 않고, 투자 시에는 반드시 저평가 구간에서 사서, 과열된 고평가 구간에서 팔아야 한다. 이때 다양한 지표를 활용해야 하는데, 이 책을 통해서 하나씩 공부해 볼 수 있다.

다섯째, 중앙화 거래소에 상장된 코인은 언제든 상장폐지되거나 해킹을 당할 수 있다. 알트코인은 해킹, 사기, 운영 중단 등으로 없어질 위험이 있으며, 이는 투자자의 자산 손실로 이어질 수 있다. 비트코인 생태계의 탈중앙화 거래소인 알렉스ALEX 같은 프로젝트도 해킹으로 인해서 국내 중앙화 거래소에서 유의 종목으로 지정된 바 있다.

여섯째, 규제가 완전히 정립되지 않았다. 특히 증권성 이슈가 계속해서 꼬리표처럼 따라다녔다. 도널드 트럼프가 미국 대통령으로 당선되면서 규제의 방향성이 우호적으로 바뀔 것이라는 전망이 지배적이다.

알트코인의 가치를 명확하게 판단하는 일은 정말 어렵다. 이는 기관의 입장에서도 마찬가지다. 우리는 기관의 포트폴리오를 자주 활용하지만, 절대로 맹신해서는 안 된다. 특히 기관의 포트폴리오를 참고한다면 기관의 매도 움직임을 꾸준히 주목해야 한다.

솔라나는 FTX 파산을 전후로 체질이 완전히 바뀐 프로젝트라고 볼 수 있다. FTX가 건재하던 2021년 대세상승장 당시 알라메다 리서치Alameda Research의 후광을 입고 크게 상승했다. 펀더멘털보다는 전형적으로 내러티브에 의한 상승이었다.

솔라나의 강점은 상호호환성과 뛰어난 확장성인데, 당시 알라메다 리서치의 실질적 수장이었던 샘 뱅크먼-프리드Samuel Benjamin Bankman-Fried는 이더리움을 압도하는 빠른 속도에 매료된 것으로 보인다. 마이클 루이스Michael Monroe Lewis가 쓴 《고잉 인피니트》에 보면 다음과 같은 흥미로운 이야기가 나온다.

"샘은 솔라나가 지닌 빠른 속도의 의미를 독자적으로 평가할 능력이 없었지만, 평가가 가능한 전문가에게 문의하고는 솔라나가 미래의 암호화폐가 될 수 있다고 결론내렸다. 설령 그렇게 되지 않더라도 솔라나에 관한 주장은 다른 사람들도 샘과 같이 판단할 만하도록 설득력을 갖추고 있었다. 그리고 자기실현적인 효과로 인해서 알라메다 리서치가 보유하고 있는 것만으로도 상승한다는 사실을 알고 있었다."

이는 솔라나의 내러티브가 어떻게 형성되었는지에 관해서 이야기하고 있다. 샘 뱅크먼-프리드는 솔라나 가격의 급등과 높은 거래를 경이에 찬 눈으로 지켜보았다는 구절도 있다. 벤처 캐피털이나 전문 투자 기관은 개인 투자자보다 월등하게 많은 정보와 더불어 뛰어난 판단력을 지닌다. 프로젝트 관계자와 긴밀한 소통을 하기 때문에 개인 투자자가 알지 못하는 정보도 알고 있을 수 있다. 하지만 기관이 프로젝트의 일거수일투족을 속속들이 알고서 투자했다고 보기는 어렵다. 솔라나가 대표적이다. 따라서 벤처 캐피털과 기관의 포트폴리오를 참고하되 무조건 맹신해서는 안 된다.

04 | 결국 알트코인 대세장은 온다

알트코인의 대세상승장은 오지 않을까? 지난 대세상승장 당시와 다르게 시장에서는 이런 궁금증이 나오고 있다. 개인적으로 알트코인 대세상승장은 반드시 올 것이라고 예측한다. 다만 과거와는 다른 방식으로 올 수 있으므로 주의해야 한다. 과거보다 더 성숙한 형태로 선별적으로 오게 될 가능성이 있다.

그 이유로 두 가지 정도를 들 수 있다. 첫째는 완전히 희석된 시가총액FDV, Fully Diluted Valuation의 문제다. 완전히 희석된 시가총액은 시가총액과 어떤 차이가 있을까? 시가총액은 현재 유통되고 있는 물량과 개당 가격을 곱해서 산출한다. 반면 완전히 희석된 시가총액은 아직 풀리지 않은 모든 물량이 시장에 풀렸을 때를 감안한 수치이다.

월드코인을 예로 들어보면 시가총액이 13억 6,000만 달러인데, 완전

월드코인 시가총액

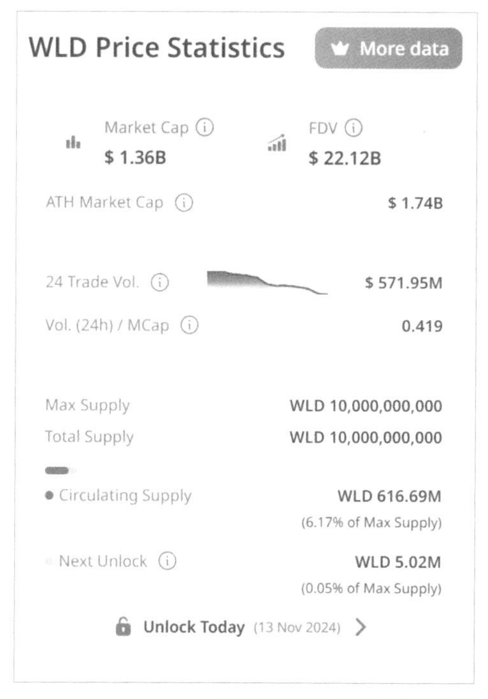

출처: 크립토랭크(2024년 11월 13일 기준)

히 희석된 시가총액은 221억 2,000만 달러로 집계된다. 현저한 가치 차이가 난다.

2025년 현재, 시장에는 많은 알트코인이 상장되고 있는데, 대다수 프로젝트는 전체 유통량의 10~15% 정도가 유통되고 있는 가운데 토큰 공개TGE, Token Generation Event를 한다. 여러 저명한 벤처 캐피털로부터 다양한 형태의 투자를 받으면서, 벤처 캐피털에 저렴한 가격으로 토큰을 할

당했기 때문에 거래소에 상장할 때는 가격이 수십 배부터 많게는 100배 이상 크게 올라가 있는 일도 있다. 그런데 유통량은 전체의 10~15% 정도밖에 안 된다. 이런 구조에서 개인 투자자는 이익을 얻기가 대단히 어렵다.

신규 물량은 정해진 시기에 맞춰서 차츰 풀린다. 유통할 수 있는 물량이 풀리는 것을 '락업 해제'라고 한다. 락업은 일정 기간 매각 금지 혹은 의무 보유라는 뜻으로, 개인 투자자를 보호하기 위해서 초기 투자자나 내부자의 물량을 팔 수 없도록 정해둔 기간을 의미한다. 락업이 해제되면 초기 투자자들이 워낙 저렴한 가격에 매집한 데다 그동안 가격이 많이 올랐기 때문에 매도세가 나오면 대체로 가격이 하락한다.

물론 시장의 상황에 따라서 차이가 있다. 시장이 상승 추세라면 락업 해제 전에 카르텔 펌핑을 해서 오히려 가격을 일정 부분 인위적으로 상승시키기도 한다. 하지만 시장이 하락세로 전환했을 때 락업 해제 물량은 곧바로 매도세로 이어지는 일이 많다.

더불어 어느 정도의 물량이 풀리는지도 중요하다. 현재 유통량 대비 큰 물량이 풀린다고 했을 때는 가격이 단기적으로 더욱 큰 폭으로 하락할 가능성이 있다. 펀더멘털이 받쳐주는 프로젝트라면 다시 수요세가 들어오면서 가격 방어를 할 수 있겠지만, 그렇지 않으면 단기적으로 타격을 크게 받을 수 있다. 락업 해제에 의한 매도세를 회복하지 못하는 프로젝트도 적지 않다. 따라서 장기적인 투자 관점에서 락업 해제 물량이 많은 프로젝트는 신중한 판단이 필요하다.

밈코인의 유행을 완전희 희석된 시가총액과 연관 지어서 보는 입장도 많다. 밈코인은 벤처 캐피털에 의해서 가격이 펌핑된 프로젝트들과 달리 바로 탈중앙화 거래소에 상장해서 거래하게 된다. 이때 개인 투자자 역시 처음부터 프로젝트에 기여하면서, 성장에 동참할 수 있다. 물론 더 깊이 따지고 들어가면 밈코인 역시 특정 마켓 메이커에 의해서 펌핑과 덤핑이 주도된다. 결국 대부분의 알트코인은 특정한 주체에 의해서 가격이 크게 좌지우지된다는 의미이다.

결론적으로 완전히 희석된 시가총액 논란을 정리하자면 개인 투자자가 투자하고 있는 알트코인의 개당 가격은 오르지 않았는데 유통량이 풀리면서 시가총액만 증가하게 된다. 시장의 규모는 수치상으로 증가하지만, 개인 투자자의 손실은 늘어나는 것이다.

다음으로는 비트코인 현물 ETF를 들 수 있다. 비트코인 현물 ETF가 승인된 이후 비트코인에 들어온 자금이 알트코인으로 흐르지 않기 때문에 과거와 같은 알트코인 불장이 오기 어렵다는 주장이 제기된다. 비트코인 현물 ETF로 유입된 기관 투자자의 자본이 비트코인 가격이 올랐다고 매도된 후 알트코인으로 향할 가능성은 높지 않다. 이는 일리가 있는 이야기다. 과거에는 고래와 같은 대규모 투자 주체의 자본이 비트코인으로 먼저 향했다가, 이후 알트코인으로 옮겨가는 흐름이 나타났다. 알트코인의 상승장은 자본의 순환에서 비롯된 것이다. 하지만 이번에는 시장의 환경이 달라졌다. ETF에 유입된 자본은 암호화폐 시장이 아니라 나스닥, 뉴욕증권거래소 등 주식시장에 묶이게 된다.

그런데 시장의 성장에 더욱 중요한 것은 결국 신규 자본의 유입이다. 알트코인 대세상승장은 다시 올 것이라고 본다. 하지만 과거와 달리 이번 알트코인 대세상승장에서는 아무 알트코인이나 우후죽순 펌핑하기는 어렵다. 무엇보다 알트코인의 종류가 너무 많이 늘었고, 시장은 상대적으로 더욱 성숙해졌다. 따라서 중요한 건 아무런 알트코인에나 투자하는 것이 아니라, 성장 가능성이 높은, 다시 말해 펀더멘털이 높은 알트코인에 투자해야 하는 것이다.

05 | 알트코인 투자 타이밍 이렇게 잡아라

알트코인에 투자하기에 가장 적합한 타이밍은 언제일까? 우리는 두 가지 관점에서 타이밍을 잡아야 한다. 우선, 알트코인과 비트코인의 투자는 다르다. 비트코인은 매집 시기가 별로 중요하지 않다. 사이클의 관점에서 가장 바닥 크립토 윈터 구간에 매수해서 대세상승장의 정점에 파는 것이 제일 좋지만, 수시로 모아나가는 전략인 달러 코스트 에버리징 Dollar Cost Averaging, DCA, 적립식 분할 매수으로도 충분히 좋은 결과를 얻는다. 바로 마이크로스트래티지가 좋은 예다. 꾸준하게 DCA 전략을 통해서 자산을 크게 증식시켰다. DCA는 특정 자산을 시장 상황과 무관하게 일정 기간 정기적으로 매입해 평균 매입 단가를 낮추는 투자 전략이다.

알트코인을 DCA로 모아 나가는 것에는 큰 위험 요소가 존재한다. 바로 큰 변동성 때문이다. 만약 고점에서 사게 되었을 때는 마이너스 90%까지도 하락할 수 있다. 따라서 DCA는 좋은 전략이 아니다. 기본적으로 알트코인에 투자할 때는 반드시 저평가 구간, 즉 크게 하락한 구간에서 매집에 들어가야 한다. 상승한다면 그대로 지켜보면서 흐름을 확인하면 된다. 아무리 급등하더라도 언젠가 조정을 통해서 원점으로 한번은 돌아오게 되는 일이 많다. 그런 과정을 수차례 겪으면서 점진적으로 상승한다.

그런데 알트코인을 적립식으로 모아나가면 안 되는 더 중요한 이유는 바로 '프로젝트의 지속력'에 있다. 이 프로젝트가 다음 대세상승장까지 꾸준히 유지될 수 있을지 누구도 장담하기 어렵다. 개인 투자자는 프로젝트 내부의 상황을 속속들이 이해할 수 없고, 앞서 이야기했듯 알트코인에 활용할 수 있는 지표나 데이터는 한정적이다. 따라서 비트코인 투자에는 시간이라는 개념이 중요하지만, 알트코인 투자는 시기의 개념이 더 중요하다.

알트코인 투자에서 중요한 시기를 파악하기 위해서는 기본적으로 자본의 흐름을 이해해야 한다. 암호화폐에 유입되는 자본은 최초로 비트코인으로 향하게 된다. 비트코인이 충분하게 상승했다고 하면 그때는 이더리움과 솔라나 등 시가총액 최상위권 알트코인(혹은 시가총액 톱10 알트코인) 위주로 향하게 되고 이후에는 메이저 알트코인을 거쳐서, 마이너 알트코인으로 향하게 된다.

과거 대세상승장 패턴을 살펴보면 2020년부터 2021년까지 있었던 대세상승장 상황에서 '비트코인, 이더리움, 스테이블코인 순서'로 자본이 유입되는 것을 온체인 지표를 통해서 확인할 수 있다. 비트코인, 이더리움, 스테이블코인 모두 자본이 유입되는 기간은 대세상승장의 시작이라는 것을 의미한다.

그런데 이후 비트코인은 흐름에서 제외되고, 이더리움과 스테이블코인으로 점차 자본이 이동하는 패턴을 보였다. 비트코인을 제외하고 나머지 알트코인으로 자본이 이동하는 구간을 '알트코인 대세장'이라고 부른다. 비트코인과 이더리움을 거친 자본은 메이저 알트코인을 거쳐 마이너 알트코인으로 흘러 들어간다.

그러면 이 흐름을 이미지로 한 번 살펴보겠다. 알트코인 대세장을 더 구체적으로 확인하려면 비트코인 도미넌스와 비트코인 가격, TOTAL3(비

알트코인 대세상승장 사이클

비트코인 도미넌스	비트코인	알트코인
상승	상승	하락
상승	하락	빠른 하락
상승	횡보	횡보
하락	상승	빠른 상승
하락	횡보	상승
하락	하락	횡보

트코인과 이더리움 제외) 시가총액을 살펴보아야 한다.

알트코인 투자 시점을 판단할 때는 비트코인 도미넌스를 가장 먼저 보아야 한다. 비트코인 도미넌스는 비트코인이 암호화폐 시장에서 차지하는 점유율을 나타낸다. 비트코인 도미넌스가 상승하면 시장에서 비트코인 점유율이 높아지고, 반대로 하락하면 비트코인 점유율이 낮아지는 대신 알트코인 점유율이 높아진다는 뜻이다.

알트코인 대세상승장은 비트코인 도미넌스가 낮아지고, 반대로 비트코인 가격은 상승하는 구간에서 비롯된다. 이후 비트코인 도미넌스가 하락하는 와중에도 비트코인 가격이 견고하게 버텨주는 구간까지가 알트코인 대세장이다.

추가로 알트코인 대장인 이더리움의 움직임도 유심히 살펴보기 바란다. 이더리움이 한 번 크게 상승한다면, 비트코인에 몰려있던 유동성이 이더리움으로 가고, 이후 이더리움에 이어 알트코인으로 흘러가는 흐름이 형성되었다. 이런 흐름이 과거 사이클의 패턴이었다.

그런데 투자자의 투자성향도 고려해야 한다. 리스크를 감수하는 투자자라면, 교과서적인 타이밍이 돌아오기 전부터 우량한 알트코인에 투자해 수익률을 크게 높일 수도 있다. 단, 유의할 점이 있다. 비트코인 대세장 이후 본격적인 알트코인 대세장으로 넘어가기 전 구간에서는 큰 변동이 발생하기도 하고 알트코인은 미실현 손실이 커질 수 있다.

따라서 트레이딩의 관점이 중요하다. 과열 구간에서 적절하게 매도

하여 현금화해야 한다. 만약 안정성을 선호하는 투자자라면 비트코인에 먼저 투자하는 것이 좋다. 반감기 이후 비트코인이 충분히 상승한 뒤 비트코인 도미넌스가 하락하며 알트코인이 낙수효과를 거두겠다고 예상될 때 알트코인 시장에 진입하는 것이다.

단기적인 자본의 흐름은 천편일률적으로 흘러가지 않는다. 마이너 알트코인까지도 갑작스러운 펌핑이 일어나기도 한다. 시장의 상황을 가장 간단하게 들여다볼 수 있는 지표로 '알트코인 시즌 인덱스 지수'가 있다.

이 지표는 상위 50개 알트코인이 비트코인 대비로 수익률이 높은지 여

알트코인 시즌 인덱스

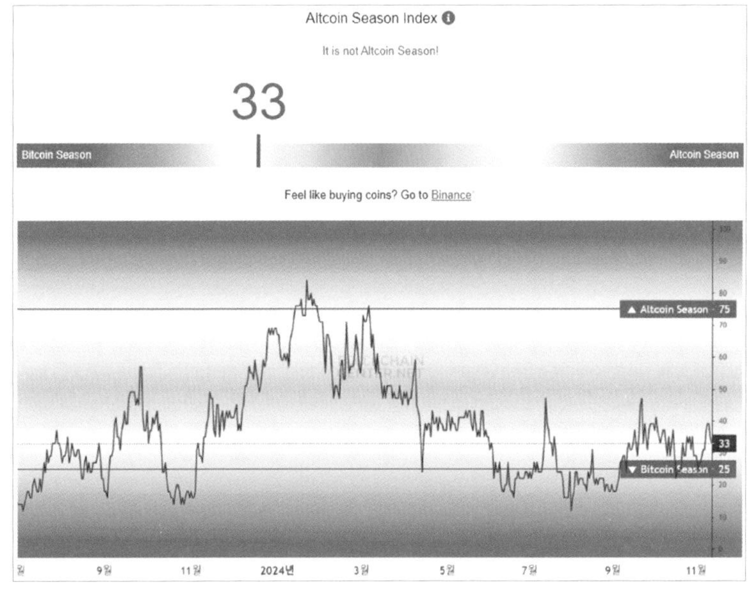

출처: 블록체인 센터

부를 확인하는 것이다. 만약 해당 지표가 30이라고 가정하면 상위 50개 알트코인 중 15개가 비트코인보다 수익률이 높다고 본다. 25 미만은 비트코인 대세장이고, 75 이상은 알트코인 대세장이다. 시장의 흐름을 가장 명확하게 확인할 수 있다. 알트코인 대세상승장 구간에서는 두 가지 방향성을 주의깊게 살펴본다. 첫째는 자본의 흐름이 일시적으로 비트코인으로 향하면 투자자는 알트코인에 더 주목해야 한다. 둘째는 알트코인 시즌 인덱스가 75를 돌파하면 조정장이 올 수 있다. 이처럼 시장의 흐름을 늘 신중하게 관찰하면서 투자를 이어가는 것이 좋다.

리스크를 감수하는 투자자라면, 교과서적인 타이밍이 돌아오기 전부터 우량한 알트코인에 투자해 수익률을 크게 높일 수도 있다. 단, 유의할 점이 있다. 비트코인 대세장 이후 본격적인 알트코인 대세장으로 넘어가기 전 구간에서는 큰 변동이 발생하기도 하고 알트코인은 미실현 손실이 커질 수 있다. 과열 구간에서 적절하게 매도하여 현금화해야 한다.

만약 안정성을 선호하는 투자자라면 비트코인에 먼저 투자해야 한다. 반감기 이후 비트코인이 충분히 상승한 뒤 비트코인 도미넌스가 하락하며 알트코인이 낙수효과를 거두겠다고 예상될 때 알트코인 시장에 진입하는 것이 좋다.

PART 2

레이어1과 레이어2의 이해

01 레이어1이란 무엇일까?

암호화폐 투자 시작 초기에는 용어를 이해하는 데 어려움을 겪는다. 암호화폐 투자에 있어서 용어가 어려운 이유는 새롭기도 하지만 기술적인 내용을 기반으로 하기 때문이다. 그중에는 꼭 이해하고 넘어가야 하는 용어도 있고, 정확히 알지 못해도 투자하는데 크게 상관없는 것도 있다.

'레이어1'은 암호화폐 투자에서 반드시 이해해야 하는 중요한 용어다. 이를 이해하지 못하면 암호화폐 전체 시장을 이해하기도 어렵고 잘못된 방향으로 투자 포트폴리오를 구성할 가능성이 커지기 때문이다.

레이어1은 원래 네트워크 기술에서 사용되는 용어다. 기술적인 개념이 들어있기 때문에 정확히 어떤 개념에서 파생했는지 그 원리를 아는 것이 좋다. 우리가 쉽게 사용하는 인터넷은 여러 계층으로 나눈다. 우리는 제일 마지막 계층의 개념만 적용하고 활용하는데, 그 마지막 계층 아래에 우리가 인터넷을 사용할 수 있도록 도와주는 수많은 개념과 기술의 계층이 있다. 그러한 계층을 기술적으로 설명할 때 일반적으로 '레이어'란 용어를 사용한다.

암호화폐 역시 일반적인 투자자들은 해당 암호화폐를 거래소에서 사거나 지갑에서 보내고 받는 정도만 사용하기 때문에 그 기반 기술까지 이해할 필요는 없다. 사용자 입장에서는 암호화폐의 기술적 차이를 이해할 필요 없이 동일한 방법으로 암호화폐를 보내거나 받으면 된다.

그런데 이렇게 암호화폐를 보내고 받을 수 있도록 해주는 기반 기술은 암호화폐마다 모두 다르다. 다시 말해 암호화폐를 보내고 받을 수 있도록 해주는 기반 기술이 다르고, 그 기술 중의 하나가 레이어1이라는 용어로 사용되고 있다. 가장 대표적인 레이어1은 비트코인이다. 비트코인은 최초의 암호화폐이면서 비트코인이라는 암호화폐를 보내고 받을 수 있는 기술이 있다. 이때 쓰는 기술의 특징이 가지각색이다.

또 다른 레이어1은 이더리움이다. 이더리움 역시 '이더'라는 암호화폐를 보내고 받을 수 있는 기술이 있다. 그런데 비트코인과는 조금 다른 기술로 이더라는 암호화폐를 주고받을 수 있게 해준다.

이 둘 모두 비트코인과 이더라는 암호화폐를 보내고 받을 수 있게 해준다. 그런데 보내고 받는 방법이 다르기 때문에 비트코인과 이더는 같이 사용할 수는 없다. 비트코인을 사용하기 위해서는 비트코인 기술이 적용된 지갑이 필요하고, 이더는 이더리움 기술이 적용된 지갑이 있어야지 이더를 보낼 수 있다. 미국의 달러와 한국의 원화가 같은 화폐이지만 사용할 수 있는 장소와 방법이 다른 것과 유사하다.

사용할 수 있는 방법도 다르지만, 각자의 암호화폐를 만들고 유통하는 방법도 다르다. 달러를 발행한 나라가 미국, 원화를 발행한 나라가 한국처럼 다르듯이 각자의 레이어1 역시 각 국가에 비교할 수 있다. 국가마다 민족과 시스템이 모두 다르다. 레이어1 역시 다른 시스템이 내재해 있다.

지금부터는 비트코인과 이더리움을 비교해 보겠다. 비트코인은 사용 목적이 디지털 암호화폐, 비트코인을 생성하는 방식이 작업증명POW, Proof Of Work 합의 알고리즘이다. 비트코인이 사용하는 작업증명 합의 알고리즘은 CPU 파워에 의해서 채굴 파워를 많이 보유한 채굴자가 블록을 만들 기회가 높고, 그 기회에 따른 보상을 받는 시스템으로 만들어진다. 블록의 크기 및 시간 역시 정해져 있다.

이더리움은 지분증명POS, Proof Of Stake 합의 알고리즘을 사용한다. CPU 파워가 아니라 이더를 기반으로 검증인이 되어서 이더를 보유한 수량대비 채굴을 할 수 있는 시스템이다. 블록의 크기 및 시간도 비트코인과는 다르다. 스마트 콘트랙트로 불리는 탈중앙화된 애플리케이션을 만들 수 있도록 플랫폼의 역할도 하고 있다.

비트코인과 이더리움이 동일하게 암호화폐를 보내고 받을 수 있는 역할을 하지만 내부 시스템은 전혀 다르다. 이렇게 각자의 독특한 합의 방식이 존재하고 블록을 만드는 방식과 목적이 있는 플랫폼을 일반적으로 레이어1이라고 부른다.

아직은 암호화폐 산업이 발전 중이기 때문에 표준으로 자리 잡기에는 시간이 많이 필요하다. 대부분의 레이어1들은 암호화폐 산업의 발전에 있어서 표준이 되기 위한 플랫폼으로 보아도 된다. 우리가 일반적으로 모바일에서 애플리케이션을 사용할 때 안드로이드 기반의 구글플레이스토어, 애플 기반의 앱스토어라는 두 종류의 애플리케이션이 있다. 이를 플랫폼이라고 이야기할 수 있다. 그런데 현재는 정착이 되어서 다른 플랫폼이 존재하지 않지만, 암호화폐 산업에서는 이렇게 플랫폼처럼 정착하기 위해서 현재 표준 플랫폼을 다양하게 개발하고 있는 단계이다. 레이어1들은 향후 구글플레이 스토어, 앱스토어 같은 플랫폼 역할을 하게 되는 암호화폐이다.

02 | 대표적인 레이어1에는 무엇이 있을까?

비트코인은 가장 먼저 탄생한 암호화폐이기도 하면서 시가총액이 가장 높고 암호화폐 산업을 이끄는 대장 코인이기도 하다. 레이어1을 결정짓는 가장 핵심적인 부분은 독립적으로 존재할 수 있는 네트워크의 여부다. 그렇다면 수많은 레이어1을 구별할 수 있는 또 다른 특징에는 어떤 것이 있을까? 이는 합의 알고리즘과 레이어1의 탄생 목적에 따라서 나뉜다.

가장 대표적인 비트코인의 합의 알고리즘은 '작업증명 합의 알고리즘'이다. ASIC라는 채굴을 위해서 제작된 채굴기가 필요하고 해당 채굴기의 CPU 파워 경쟁에 의해서 블록체인에 기록하는 내용을 합의한다. 쉽게 이야기해서 매번 어려운 문제를 주는데, 이 문제를 가장 빨리 풀어내는 채굴기가 블록을 기록할 수 있고, 블록 기록에 성공했다는 보상을 비트코인으로 받는다. 비트코인의 채굴 방식은 '최초의 암호화폐 탄생과 탈중앙성'이라는 중요한 가치로 인해서 현재까지도 가장 인기 있는 합의 알고리즘 방식이다.

레이어1에서는 비트코인과 유사한 작업증명 합의 알고리즘을 사용하는 또 다른 레이어1이 많다. 대표적으로 비트코인에서 분리되어서 나온 비트코인 캐시이다. 비트코인은 오픈 소스여서 누구나 그대로 사용하거나 변경해서 유사한 형태의 비트코인 시스템을 만든다. 이렇게 비트코인 소스를 변경해서 만든 대표적인 레이어1이 라이트코인이다. 라이트코인도 비트코인과 동일하게 작업증명 합의 알고리즘을 사용하고 전문 채굴기에 의해서 채굴되면서 운영된다.

사람들이 흔히 가치 없다고 여기는 밈코인의 대표주자인 도지코인 역시 비트코인 소스를 변경해서 만든 대표적인 레이어1 암호화폐이다. 비트코인 소스를 가지고 라이트코인을 만들었고 이 라이트코인에서 도지코인이 탄생했다. 도지코인의 아버지는 비트코인이라고도 한다.

이렇게 비트코인 소스를 변경해서 만든 레이어1을 작업증명 합의 알고리즘을 사용하는 레이어1 암호화폐로 분류한다. 비트코인의 소스를 가져와서 사용했기 때문에 비트코인과 같이 디지털 화폐의 기능이 있고, 비트코인보다 조금 더 빠르게 사용할 수 있지만 가격은 조금 더 저렴하다. 예를 들어 도지코인을 사용해서 상대방에게 코인을 전달하면 비트코인에 비하여 조금 더 빠르면서 저렴한 수수료로 코인을 전달하고 받는다. 물론 그 사용 방식은 비트코인과 거의 같다.

또 다른 형태의 레이어1은 이더리움과 이더리움 소스를 활용해서 만든 레이어1 암호화폐이다. 우리가 이더리움을 디지털 화폐로도 사용하지만 이더리움 애플리케이션을 해당 플랫폼에서 실행시킬 수 있다.

이더리움 역시 오픈 소스이기 때문에 자체 메인넷(레이어1)과 해당 메인넷 위에 다양한 애플리케이션을 운영하고 싶은 개발사에서 이더리움의 소스를 활용한다. 이렇게 만든 레이어1이 바이낸스 BNB, 아발란체, 폴리곤 등이다. 국내의 클레이튼도 이더리움의 소스를 활용해서 레

시가총액 순위별 레이어1의 종류

Name	Price	Chg (24H)	Chg (30D)	Market Cap	Volume (24H)	Circ. Supply
Ethereum ETH	$ 3,312	-0.75%	-4.42%	$ 398.09B	$ 5.57B	ETH 120.25M
BNB BNB	$ 584.99	+2.05%	+1.07%	$ 85.31B	$ 521.45M	BNB 145.89M
Solana SOL	$ 182.31	+0.84%	+24.3%	$ 84.72B	$ 1.90B	SOL 464.86M
Toncoin TON	$ 6.82	+2.62%	-10.9%	$ 17.15B	$ 142.10M	TON 2.52B
Cardano ADA	$ 0.400	-0.72%	-0.21%	$ 14.24B	$ 126.48M	ADA 35.59B
TRON TRX	$ 0.132	-2.90%	+2.71%	$ 11.46B	$ 154.14M	TRX 87.04B
Avalanche AVAX	$ 26.13	-3.29%	-12.7%	$ 10.31B	$ 209.05M	AVAX 394.87M
Polkadot DOT	$ 5.54	-2.64%	-12.8%	$ 7.72B	$ 80.01M	DOT 1.39B
Near Protocol NEAR	$ 5.16	-2.48%	-2.45%	$ 5.70B	$ 101.40M	NEAR 1.11B
Kaspa KAS	$ 0.200	+5.17%	+11.7%	$ 4.87B	$ 127.17M	KAS 24.33B
Polygon MATIC	$ 0.511	-1.10%	-9.55%	$ 4.74B	$ 100.26M	MATIC 9.28B
Internet Computer ICP	$ 8.88	-1.58%	+8.50%	$ 4.15B	$ 44.45M	ICP 467.19M

출처: https://cryptorank.io/categories/chain

이어1로 운용되는 사례이다.

이더리움의 소스를 활용해서 레이어1을 만들 때 장점은 이더리움 위에서 운용되는 애플리케이션을 동일하게 활용할 수 있다는 것이다. 이더리움에서 대표적인 애플리케이션인 유니스왑(탈중앙화 거래소)의 소스를 활용하면 다른 레이어1인 바이낸스, 아발란체, 폴리곤 등에서도 동일하게 운용된다. 그래서 이더리움의 오픈 소스를 활용한 레이어1이 많다.

또 다른 형태는 독자적인 기술력을 가지고 구축한 레이어1이다. 이더리움의 목적은 탈중앙화된 애플리케이션 플랫폼이다. 다만 이더리움에서 탈중앙화된 애플리케이션을 만든 그 목적을 100% 성취할 수 없기 때문에 다른 기술과 특장점을 활용해서 새로운 형태의 탈중앙화된 애플리케이션 플랫폼을 만든 레이어1이 있다. 솔라나, 에이다, 폴카닷, 니어프로토콜, 인터넷컴퓨터, 헤데라, 앱토스, 코스모스 등이다.

이러한 레이어1 플랫폼은 개발 언어도 다르고 해당 플랫폼에서 애플리케이션을 운용하는 방법도 다르다. 합의 알고리즘부터 플랫폼의 목적과 방향성 범위가 모두 조금씩 다르기 때문이다. 이들은 이더리움과 유사한 방향을 가진 레이어1 플랫폼부터 이더리움의 한계를 극복하려고 하거나 다른 목표를 가진 레이어1 플랫폼이다.

예를 들어 이더리움에서 탈중앙화된 애플리케이션을 개발하기 위해서는 '솔리디티'라는 특정 언어를 새롭게 배워야 하는데, 니어프로토콜에서 애플리케이션 개발을 위해서는 새로운 언어를 배우지 않고 기존에 쓰던 웹 개발 언어를 그대로 사용할 수 있다. 기존에 웹 개발을 했던 개발자라면 솔리디티라는 새로운 언어를 배우기보다는 기존에 자신이 사용하고 익숙했던 언어로 개발하기가 조금 더 빠르고 편리하다. 웹 개발자 입장에서는 솔라나보다 니어프로토콜이라는 플랫폼이 더 쉽게 접근할 수 있는 특징이 있고, 이러한 점 때문에 레이어1 플랫폼은 각자의 차별점이 생기게 된다.

따라서 '어떤 레이어1이 더 좋은가?'라는 관점보다는 목적과 사용성에 따라서 선택할 수 있는 레이어1이 달라진다고 보는 것이 더 낫다. 다만 현재 수많은 레이어1 플랫폼이 향후 5년, 10년 뒤에도 지속 가능하다고 보기는 힘들다. 많은 레이어1 플랫폼이 사라지고, 다시 탄생하기를 반복하면서 몇몇 레이어1 플랫폼이 살아남게 될 것이다.

03 레이어1 투자에 활용하는 지표

투자자가 레이어1을 선택할 때 참고할 만한 지표에는 어떤 것이 있을까? 다양한 리포트를 구체적으로 살펴봐야 하지만 가장 간단하게 살펴볼 수 있는 몇 가지의 지표가 있다. 첫째는 각 레이어1 생태계의 에코시스템Ecosystem이다. 크립토랭크 홈페이지에 들어가면 에코시스템 카테고리가 있는데, 여기서 쉽게 레이어1의 생태계 현황을 파악할 수 있다. 이 중에서 레이어2를 제외하면 모두 레이어1로 분류된다.

가장 대표적인 이더리움은 프로젝트가 1,160개로 표시된다. 바이낸스, 솔라나 등의 프로젝트 수가 나온다. 프로젝트 수가 많다고 무조건 좋은 것은 아니다. 하지만 프로젝트 수치를 기준으로 레이어1 생태계의 크기를 어느 정도 비교해서 볼 수 있다. 크립토랭크 홈페이지에서 레이어1 생태계를 선택하면, 해당 생태계의 프로젝트 정보를 구체적으로 확

생태계 프로젝트 수 및 마켓캡 및 TVL

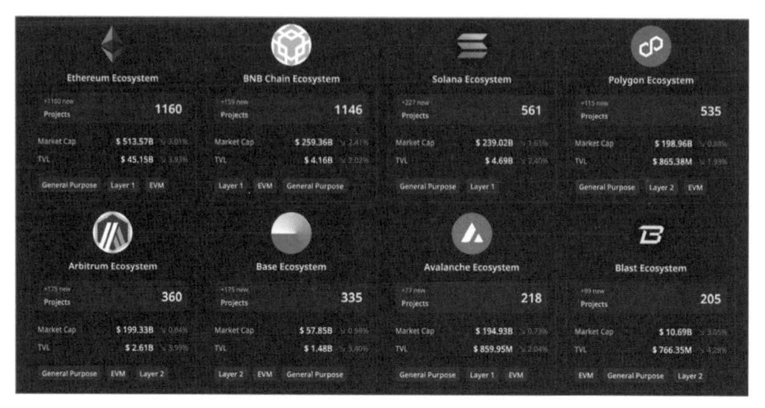

출처: https://cryptorank.io/ecosystems

레이어1 생태계별 구체적인 정보 현황

출처: https://cryptorank.io/ecosystems/solana

인할 수 있다.

예를 들어 솔라나 항목에서는 프로젝트 수 561개에서 최근에 업데이트된 프로젝트가 227개인 것을 확인할 수 있고, 솔라나 프로젝트의 벤처 캐피털 리스트도 알 수 있다. 프로젝트 전체 수도 중요하지만, 신규 프로젝트가 얼마나 늘었는지를 다른 레이어1과 비교해서 분석하는 것이 '레이어1 프로젝트 분석'에 필수적인 요소다.

레이어1에서 프로젝트 수가 다른 레이어1들과의 비교에서 중요한 수치가 될 수 있지만 구체성은 조금 약하다. 전체 프로젝트는 앞으로의 성장 가능성이 있는 잠재적인 지표로 활용될 수 있지만, 현재 시장에서의 명확한 평가를 위해서는 조금 더 정확한 지표가 필요하다.

현재까지는 프로젝트 대부분이 디파이 영역에 집중되었기 때문에 디파이에서의 현재 시장의 가치가 어느 정도 되는지를 파악하는 것이 가장 정확한 '온체인 지표'로 활용된다. '디파이라마DefiLlama'라는 객관적인 지표를 보고 어떤 레이어1이 시장에서 우위에 있는지 제일 명확히 확인이 가능하다.

다음 페이지 차트에서 보면 이더리움이 전체 디파이 시가총액의 56%를 차지하고 그다음이 트론, 솔라나, BSC, 아비트럼 순이다. 기타Others에 대부분의 레이어1이 있다. 여전히 레이어1 시장은 이더리움에 비해서 크지 않다. 이 기타에 해당하는 레이어1의 디파이 순위들의 수치를 확인해 보면 레이어1을 비교해서 분석하는 데 가장 객관적인 근거를 얻는다.

특별히 시기별로 각 체인에서 디파이 TVLTotal Value Locked의 차이가 보인다. 특정 레이어1이 성장하는 구간을 확인하거나 새롭게 진입한 레

디파이라마 체인별 TVL

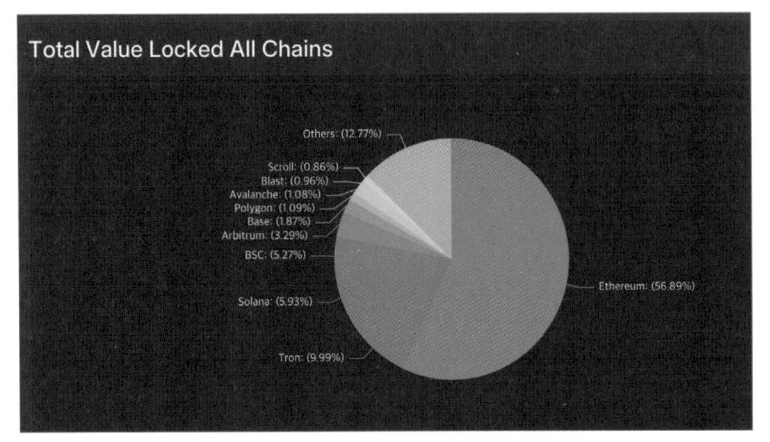

출처: https://defillama.com/chains

이어1의 순위도 어느 정도 파악이 가능하다.

여전히 대부분의 레이어1이 이더리움 시장에 분포되었지만 시간이 지나면서 이 시장의 크기가 변화될 것을 예측할 때 TVL가 기본적인 자료가 된다. 어떤 레이어1을 선택할지, 선택한 레이어1의 지금까지의 성장과정, 앞으로의 잠재 성장 가능성을 예측해 보는 데 중요한 지표이다.

위의 디파이라마 체인별 TVL 변화 그래프를 살펴보면, 가장 범위가 많은 이더리움이 2021년에 비하여 2024년에 많이 줄어들었다. 특별히 신규로 진입한 트론, 솔라나, BSC, 아비트럼, 베이스, 폴리곤, 아발란체, 블라스트, 스크롤 등의 체인이 새롭게 점유율을 높여가고 있다.

앞으로도 이더리움의 비중은 줄어들고 다른 레이어1들이 점유율을

디파이라마 체인별 TVL 변화 그래프

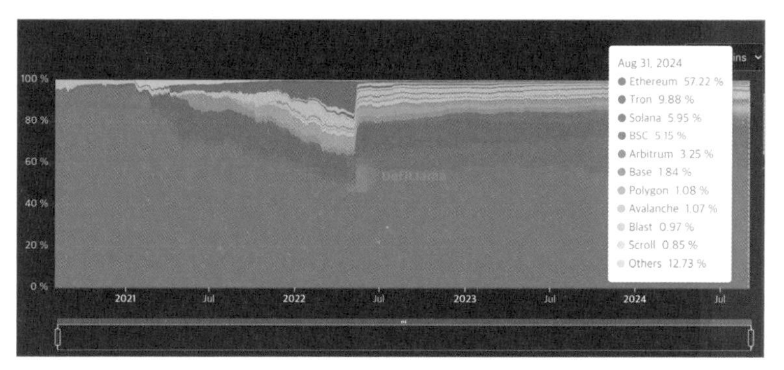

출처: https://defillama.com/chains

높여갈 것이다. 새롭게 점유율을 차지하는 레이어1은 유심히 살펴보아야 하고, 이미 진입한 레이어1의 비중도 어떻게 변하는지를 확인해야 한다. 이러한 변화가 해당 레이어1의 최근 성장세를 측정하는 데 가장 중요한 지표가 될 수 있기 때문이다.

04 이더리움 레이어2에 대한 이해

비트코인 네트워크에서 작은 규모의 거래 및 결제를 하기 위해서는 수수료 및 처리 속도에서 한계가 있다. 이러한 한계를 해결하기 위해서 레이어2라는 개념이 도입되었다. 비트코인 네트워크에서 거래를 처리하지 않고 레이어2라는 네트워크에서 처리한 이후 그 결과만 비트코인 네트워크에 기록하는 방식이다. 비트코인의 대표적인 레이어2가 바로 라이트닝 네트워크이다. 레이어2마다 사용 방법이 모두 다르지만, 기본적으로는 레이어1의 확장성을 해결하기 위해서 다른 네트워크에서 처리하고 그 결과를 레이어1과 공유한다는 개념에서는 대부분 비슷하다.

이더리움은 수많은 탈중앙화된 애플리케이션을 실행해야 하므로 비트코인에 비하여 더 많은 확장성이 필요하다. 사용자가 적을 때는 이더리움 네트워크만으로 충분하지만 사용자가 늘수록 하나의 네트워크만으로는 다양한 한계가 생긴다. 특별히 속도와 처리용량 등에서 사용자가 늘어날수록 한계가 있다. 이러한 한계를 극복하기 위해서 이더리움에서는 다양한 레이어2를 활용하며 발전하는 중이다.

이더리움 레이어2 현황

#	NAME	RISKS	TYPE	STAGE	PURPOSE	TOTAL
1	Arbitrum One		Optimistic Rollup	STAGE 1	Universal	$16.23B ▲2.43%
2	Base		Optimistic Rollup OP	STAGE 0	Universal	$6.70B ▼1.18%
3	OP Mainnet		Optimistic Rollup OP	STAGE 1	Universal	$6.14B ▲6.09%
4	Blast		Optimistic Rollup OP	STAGE 0	Universal, DeFi	$2.58B ▲1.13%
5	Mantle		Optimium OP	n/a	Universal	$1.18B ▲4.15%
6	Linea		ZK Rollup	STAGE 0	Universal	$1.15B ▲1.08%
7	ZKsync Era		ZK Rollup	STAGE 0	Universal	$1.15B ▼1.86%
8	Scroll		ZK Rollup	STAGE 0	Universal	$950.19M ▲8.30%
9	Starknet		ZK Rollup	STAGE 0	Universal	$682.54M ▲3.08%
10	Manta Pacific		Optimium OP	n/a	Universal	$556.63M ▲1.72%

출처: l2beat.com

위의 이미지는 현재 이더리움에서 상위 10위에 해당하는 레이어2다. 이더리움 레이어2는 롤업이라는 기술을 사용한다. 롤업 기술은 레이어2를 이해하는 데 중요한 기술적 용어다. 이는 단어의 의미대로 레이어2에 있는 데이터를 요약해서 레이어1에 기록하는 기술이다. 다만 그 기록의 방식에 있어서 대표적인 증명 방식은 옵티미스틱 롤업Optimistic Rollups과 영지식 롤업Zero Knowledge Rollups이다.

위의 이미지에서 보면 대표적인 레이어2가 아비트럼, OP메인넷, 베이스, 블라스트 등이다. 가장 상위의 네 가지 레이어2가 옵티미스틱 롤업을 사용하고 있다. 영지식 롤업Zero-Knowledge Rollup, zk롤업을 사용하는 레이어2는 스타크넷, 지케이싱크이알에이zkSyncERA, 리네아 등이다.

두 가지 모두 장·단점이 있다. 사용자 입장에서 옵티미스틱 롤업은 수수료가 조금 더 저렴하나 이론상으로 영지식 롤업에 비해서 최종 컨펌시간이 상대적으로 느리다. 보안 측면은 영지식 롤업이 우수하나 설계 및 적용에서는 옵티미스틱 롤업에 비하여 까다롭다. 결론적으로 옵티미스틱 롤업은 조금 더 저렴하고 광범위하게 사용되고 영지식 롤업은 사용할 때 비용이 조금 더 들고 한계가 있지만, 보안적인 측면과 레이어1에 블록체인을 최종 확증하는 단계에선 조금 더 우수하다.

현재 시장에서는 조금 더 빨리 구축할 수 있는 옵티미스틱 롤업 레이어2가 더 많이 활용되나 시간이 지나면서 영지식 롤업도 점차 비중이 늘어나게 될 것으로 예상된다. 다만 앞 페이지 이미지에서 확인할 수 있듯이 두 기술을 활용하는 대부분의 레이어2가 여전히 스테이지0 혹은 스테이지1 단계에 있다. 아직은 레이어2 기술이 완성된 것이 아니고 이더리움의 업그레이드와 함께 지속해서 발전하면서 완성되어 가는 중임을 감안해야 한다.

아직은 어떤 레이어2가 안정적으로 시장에 자리를 잡을지 정확히 예측하기 어려우며 완성되지 않은 기술이므로 투자 시에도 리스크가 따른다는 것을 잊지 말아야 한다.

이더리움 레이어1에 비해서 레이어2가 수익률도 높고 다양한 혜택을 주는 이유는 아직 성장의 초기 단계이기 때문이다. 이러한 특성을 이해하게 될 때 이더리움 레이어2의 미래 가치를 잘 판단해서 투자할 수 있는 통찰력을 얻을 수 있다.

아비트럼 디파이 현황

Name	Category	TVL	1d Change	7d Change	1m Change
1 AAVE V3 12 chains	Lending	$814.55m	-1.13%	-3.32%	+13.20%
2 GMX 2 chains	Derivatives	$514.13m	-0.62%	+0.11%	+9.67%
3 Uniswap 21 chains	Dexes	$329.45m	-0.95%	+0.30%	+6.26%
4 Pendle 6 chains	Yield	$283.33m	-0.84%	-0.57%	-8.94%
5 Renzo 7 chains	Liquid Restaking	$127.22m	+0.13%	-8.75%	-41.22%

출처: https://defillama.com/chain/Arbitrum

레이어2에서 가장 시가총액이 높은 건 '아비트럼'이다. 시가총액이 170억 달러 규모이며 디파이 시장에서 차지하는 비중은 30억 달러 정도 된다. 디파이 시장은 해당 체인에서 운용되는 다양한 자금이 예치금처럼 묶인 형태이기 때문에 중요하다. 은행으로 예를 들면 총 예금액이 어느 정도 되는지와 비슷하다. 또한 이더리움에서 디파이 서비스인 아베AAVE, 유니스왑Uniswap 등이 동일하게 아비트럼 레이어2에서 동작한다.

이더리움체인에서 이더리움을 USDT 등의 스테이블코인으로 교환하기 위해서 수수료를 작게는 3달러에서 많게는 10달러까지 지불한다. 같은 이더리움을 레이어2인 아비트럼에서 교환하면 수수료가 100분의 1 수준이다. 0.01달러 정도의 수수료를 내고 이더리움을 USDT로 교환할 수 있다. 물론 이더리움과 비교했을 때 보안의 수준이 조금 낮지만, 활용성 측면에서 생각한다면 아비트럼이 더 많이 활용될 수 있다.

레이어2가 아비트럼만 있는 것이 아니라 다양하기 때문에 이더리움은 핵심 보안 레이어로 남고 나머지는 다양한 레이어2에서 활용되는 방향으로 변화한다. 일부 레이어2에 문제가 생기더라도 레이어2가 다양하기 때문에 이더리움으로써는 높은 보안과 다양한 리스크에 대비하면서도 탈중앙성을 유지할 수 있는 레이어1으로 남는다.

기술적인 측면과 플랫폼 영역에서 이더리움과 레이어2는 차이가 크지만 사용자 입장에서는 거의 아무런 차이를 느끼지 못한다. 오히려 더 저렴하고 빠른 트랜잭션 처리로 인해서 기존 이더리움에 비하여 빈번하게 사용될 것이다. 그러면 플랫폼은 단단해지고 다양해지면서 보안성이 좋아지지만, 사용자는 이를 느끼지 못하는 사이에 더 저렴하고 빠르게 이더리움 생태계를 활용할 수 있게 변화되는 것이다.

다만 아직은 레이어2 시장이 초기라서 기술적으로 보완해야 할 부분이 많고 리스크도 여전히 다양하다. 이러한 리스크가 제거되고 기술적으로 발전이 이루어졌을 때, 이더리움의 사용자가 아무런 불편함 없이 쉽게 이더리움과 이더리움 레이어2를 포함한 전체 이더리움 생태계를 자유롭게 이용할 수 있게 될 것이다.

아직은 시간이 많이 남았고 이더리움이 생태계로서 발전을 거칠 여지가 있기에 리스크가 있더라도 지금이 투자에 적기일 수 있다. 모든 것이 발전이 다 끝난 상태에서는 더 이상 투자처로는 매력이 없고 그냥 많은 사람이 사용하는 실제 생활로 변해있을 뿐이다. 그러므로 지금이야말로 리스크를 어느 정도 감안하면서 투자하기에 가장 좋은 시기다.

05 이더리움 레이어2 투자에서 활용할 수 있는 지표

다양한 이더리움 레이어2에서 현재 투자 시 참고할 수 있는 지표는 어떤 것이 있을까? 기본적으로 레이어2에 현재 얼마나 많은 자금이 있는지를 기준으로 삼는다. 그런데 현재 있는 자금도 세 가지로 나뉜다. 이더리움에서 공식적인 레이어2 브릿지를 통해서 넘어온 자산, 외부 브릿지를 통해서 넘어온 자산, 레이어2에서 발행한 자산이다. 이 전체 자산을 TVL로 표현해 주고 세부 내역별로 구분하여 현재 레이어2의 위치를 어느 정도 파악할 수 있다.

다음 페이지의 이미지를 보면 아비트럼의 TVL가 130억 달러이고 캐노니컬Canonical이 90억 달러 익스터널External이 6억 달러, 네이티브Native가 40억 달러이다. 캐노니컬은 이더리움과 레이어2의 공식 브릿지를 통해서 넘어온 이더리움 자산이고, 익스터널은 외부 브릿지로 넘어온 자산이다. 마지막으로 네이티브는 레이어2에서 발행된 자산이다. 추가적으로 해석하자면 캐노니컬이 높은 경우 레이어1 이더리움에서 넘어온 자산이 많기 때문에 조금 더 신뢰할 수 있는 측면이 강하다. 익스터널은 다양한 브릿지를 거쳐서 넘어왔기 때문에 신뢰가 약하지만 다양한 프로젝트와 협업이 이루어진다. 마지막으로 네이티브의 자산이 많은 건 해당 레이어2가 레이어2 자체만으로 높은 평가를 받고 있다는 뜻이고, 자체 생태계가 활발하게 발전하고 있다는 것을 의미한다.

이더리움 레이어2 비교 지표

출처: https://l2beat.com/scaling/tvl

예를 들어 앞 페이지 이미지에서 아비트럼과 베이스를 비교해 봤을 때 아비트럼이 전체 볼륨은 크지만 네이티브 자산만으로 보면 베이스가 아비트럼원보다 자체 레이어2에서 다양한 활동을 한다.

베이스는 이더리움에서 넘어온 자산이 16억 달러인데 네이티브 자산이 43억 달러가 된다. 이더리움에서 넘어온 자산보다 자체 레이어2에서 발행된 자산이 더 많고 더 높은 시장을 형성하고 있기 때문에 자체 레이어2의 생존능력이 강해 보인다.

레이어2에서 지표를 분석할 때 전체 TVL와 함께 이더리움에서 넘어온 자산의 볼륨과 다른 브릿지를 통해서 넘어온 자산, 레이어2의 자체 토큰의 가치를 비교하면서 보면 레이어2의 특징과 시장에서의 평가를 분석하는 데 도움이 된다.

이밖에 지표는 이더리움과 이더리움 레이어2의 전체 사용 현황이다. TPSTransactions Per Seconds라고 알려진 초당 트랜잭션 수이다. TPS가 좋다고 무조건 좋은 체인은 아니며 TPS가 낮다고 나쁜 체인도 아니다. 다만 이 TPS가 이더리움과 이더리움 레이어2 전반에 걸쳐서 수가 증가하면 이더리움 생태계 전체가 갖가지 활동을 수용할 수 있다는 지표가 된다.

TPS의 가장 기본이 되는 이더리움은 12.83이다. 이를 기준으로 TPS가 더 빠른 레이어2부터 낮은 레이어2가 있다. 레이어2에서 다양한 디앱의 활동이 많이 필요하다면 TPS가 중요해진다. 예를 들어 게임 디앱이 많다면 TPS 수치가 중요해질 수 있다. 레이어2 별로 어떤 디앱 카테고리가

이더리움 및 레이어2 TPS 지표

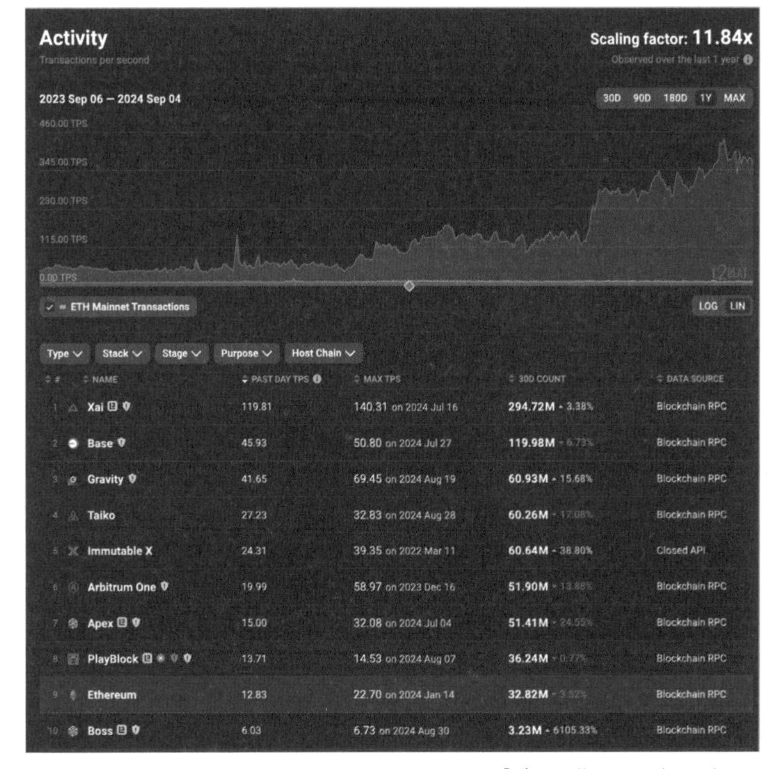

#	NAME	PAST DAY TPS	MAX TPS	30D COUNT	DATA SOURCE
1	Xai	119.81	140.31 on 2024 Jul 16	294.72M 3.38%	Blockchain RPC
2	Base	45.93	50.80 on 2024 Jul 27	119.98M 6.73%	Blockchain RPC
3	Gravity	41.65	69.45 on 2024 Aug 19	60.93M 15.68%	Blockchain RPC
4	Taiko	27.23	32.83 on 2024 Aug 28	60.26M 17.08%	Blockchain RPC
5	Immutable X	24.31	39.35 on 2022 Mar 11	60.64M 38.80%	Closed API
6	Arbitrum One	19.99	58.97 on 2023 Dec 16	51.90M 13.88%	Blockchain RPC
7	Apex	15.00	32.08 on 2024 Jul 04	51.41M 24.55%	Blockchain RPC
8	PlayBlock	13.71	14.53 on 2024 Aug 07	36.24M 0.77%	Blockchain RPC
9	Ethereum	12.83	22.70 on 2024 Jan 14	32.82M 3.52%	Blockchain RPC
10	Boss	6.03	6.73 on 2024 Aug 30	3.23M 6105.33%	Blockchain RPC

출처: https://l2beat.com/scaling/activity

있는지에 따라서 이 TPS 수치를 참고해서 평가한다. 다만 각 레이어2의 전체 TPS가 모여서 이더리움 생태계가 견고해지므로 이 TPS의 범위는 다양하면 좋다. 자신이 투자하는 레이어2의 특징과 이 TPS의 상관관계가 필요한 레이어2에서는 TPS 수치 또한 평가에서 중요하다.

베이스는 TPS도 2위에 있고 베이스에서 발행된 자산의 가치도 굉장히 높기 때문에 레이어2를 비교했을 때 다른 레이어보다 높은 평가를 받는다. 이런 방식으로 각각의 레이어2들의 특징과 순위, 레이어2마다 가지고 있는 장점의 영역을 분리해서 비교해 보고 분석해 보면 어떤 레이어가 시장에서 높게 평가되는지, 아직은 저평가된 레이어2가 어떤 레이어2인지를 아는 데 도움이 된다.

엘투비트L2beat에서 이 외에도 다양한 지표들(리스크, 데이터 가용성, 최종성, 활동) 등을 확인할 수 있으니 이를 참고하여 레이어2 투자에 있어서 인사이트를 얻을 수 있다. 아직까지는 레이어2를 비교 분석한 보고서가 많지 않기 때문에 투자자가 직접 이 지표들을 활용해서 자기 나름의 전략을 가지고 분석하는 과정이 필요하다.

06 | 플랫폼 암호화폐와 유틸리티

거래소에서 암호화폐를 거래할 때 투자자의 눈에 보이는 암호화폐의 종류는 모두 동일하다. 그러나 암호화폐의 기능과 동작 방법에 따라서 암호화폐를 크게 플랫폼 암호화폐와 유틸리티 암호화폐로 분류된다.

가장 대표적인 플랫폼 암호화폐는 시가총액 2위의 이더리움이다. 시가총액 3위에 스테이블코인 테더가 가장 대표적인 유틸리티 암호화폐다. 이더리움 위에서 다양한 종류의 유틸리티 암호화폐를 유통하고 탈중앙화된 애플리케이션으로 불리는 디앱이 이더리움 위에서 서비스를 제공한다.

대표적인 이더리움의 유틸리티 서비스는 예금 및 대출 서비스인 아베, 탈중앙화된 거래소인 유니스왑, 이더리움의 대표적인 밈코인인 시바이누Shiba Inu 등이다.

이러한 서비스는 레이어1인 이더리움 위에서 탈중앙화된 형태로 운영되는 서비스다. 사용자들은 인터넷 환경에서 본인의 지갑과 해당 서비스 사이트를 통해서 예금 및 대출 서비스를 받거나 본인의 코인을 직접 교환할 수 있으며, 이더리움 기반의 밈코인 서비스인 시바이누를 활용한 여러 서비스를 경험해 볼 수 있다.

이러한 서비스는 모두 이더리움 위에서 동작하므로 만약에 이더리움이 문제가 생긴다면 모든 서비스를 동시에 사용할 수 없게 된다. 조금 쉽게 설명하면 이더리움은 유튜브라는 플랫폼이고 아베, 유니스왑, 시바이누 등은 이 유튜브 플랫폼 위에서 활동하는 유튜버에 비유된다.

유튜버는 자신의 계정에서 콘텐츠를 올리고 시청하는 사람으로부터 서비스를 제공받지만, 만약에 유튜브에 일시적인 문제가 생기면 모든 유튜버가 사람들과 단절되고 유튜브 사용자들은 자신이 좋아하는 유튜버의 콘텐츠를 볼 수 없게 된다.

이더리움 위에서 운용되는 서비스들 역시 이더리움에 문제가 일시적으로 발생하면 해당 서비스를 이용하는 이들은 서비스를 사용할 수 없다. 다행히 지금까지 이더리움 메인넷이 문제가 생겨서 이더리움 위에서 운용되는 서비스가 문제를 겪은 적은 단 한 번도 없었다.

플랫폼 암호화폐마다 조금씩 차이가 있지만 대표적인 이더리움은 해당 이더리움을 사용해서 서비스를 제공할 때 이더를 기축통화로 사용한다. 블록체인 서비스는 탈중앙화되어 있기 때문에 디도스 공격(무작위로 공격하여 서비스를 멈추게 하는 공격)으로부터 취약하다. 이러한 취약점을 해결하기 위해서 이더리움은 해당 서비스를 사용하는 사용자들로부터 수수료로 이더를 제공해야 서비스를 이용할 수 있도록 설계했다. 탈중앙화된 환경에서 무작위 공격을 근원적으로 해결하고 대처하기 위해서 공격할 때마다 비용이 증가하도록 설계함으로써 디도스 공격 가능성을 제거했다. 탈중앙화된 환경에서 발생할 수밖에 없는 보안상 취약점을 서비스 제공자가 아니라 이용자들에게 수수료를 내도록 하는 정책으로 변경하였다. 이로써 탈중앙화된 환경에서의 서비스를 근원적으로 가능하게 하는 틀을 마련한 것이다.

그런데 이러한 설계 방식은 사용자 수가 적을 때는 큰 문제가 되지 않으나 사용자가 많아지고 서비스 요청이 많아질 때마다 수수료가 증가하는 문제가 생긴다. 이러한 수수료 문제를 해결하기 위해서 이더리움에서 레이어2를 만들었다. 이러한 이더리움 생태계에서의 집중으로 인한 한계를 해결하기 위해서 탄생한 것이 다른 레이어1이다.

이더리움이 플랫폼 암호화폐의 시초가 되고 블록체인 서비스의 근원적인 한계 때문에 플랫폼 암호화폐가 여러 종류 등장했다. 이러한 플랫폼 암호화폐를 레이어1로 분류할 수 있다.

그렇다면 레이어1과 플랫폼 암호화폐의 차이점은 무엇일까? 가장 근원이 되는 레이어1은 비트코인이 존재한다. 비트코인 위에서는 어떠한 서비스가 운용되지 않는다. 그러므로 비트코인은 레이어1이지만 플랫폼 암호화폐라고 이야기하지는 않는다. 비트코인과 유사한 라이트코인, 도지코인 역시 레이어1이지만 플랫폼 암호화폐는 아니다.

플랫폼 암호화폐는 이더리움과 유사한 형태를 가지고 있다. 플랫폼이 존재하고 그 위에서 운용되는 다양한 형태의 디앱이 있어야 한다. 예를 들어 바이낸스, 솔라나, 톤, 아발란체, 트론 등이 플랫폼 암호화폐이다.

플랫폼 암호화폐는 해당 암호화폐가 운용되는 플랫폼이 있고, 그 플랫폼을 운용하기 위한 기축통화가 플랫폼 암호화폐이다. 해당 플랫폼 위에서 운용되는 다양한 서비스를 디앱이라고 일반적으로 이야기하고 디앱에서 사용되는 암호화폐를 유틸리티 암호화폐로 분류한다. 플랫폼 하나에 많은 서비스가 운용될수록 서비스를 그 플랫폼 암호화폐로 사용하는 곳이 많아진다. 그러면 점점 플랫폼 생태계가 안정되면서 성장한다.

07 디앱은 무엇일까?

플랫폼 암호화폐에서 잠깐 언급되었던 디앱에 대해서 살펴보겠다. 디앱은 디센트럴라이즈드 애플리케이션Decentralized Application의 줄임말로 탈중앙화된 애플리케이션을 의미한다. 탈중앙화된 애플리케이션에는 몇 가지 특징이 있다.

디앱은 블록체인 서비스 위에서 운용되는 서비스다. 대표적인 블록체인 플랫폼인 이더리움 혹은 그와 유사한 레이어1에서 운용이 되어야 한다. 해당 블록체인 서비스들의 합의 방식과 운용 방식 등은 조금 다를 수 있으나 기본적으로 블록체인의 특징이 반드시 있어야 한다.

첫째, 검증인 혹은 채굴자에 의해서 블록이 순서대로 만들어지고 해당 블록이 만들어질 때마다 보상 체계가 주어지는 메인넷 서비스이다. 한번 만들어진 블록은 수정 및 변경이 절대적으로 불가능하다. 위와 같은 블록체인의 특성 위에 해당 서비스의 서비스들이 운용되므로 모든 서비스 기록의 위변조가 불가하고 제삼자에 의한 변경이 불가능한 특성이 있어야 한다.

둘째, 디앱 서비스는 24시간 중단 없이 운용되어야 한다. 기존에 우리가 일반적으로 사용하는 서비스들은 서비스를 운용하는 주체에 의해서 중단, 변경, 수정된다. 블록체인 위에서 운용되는 디앱 서비스들은 서비스를 제공한 주체가 한번 해당 서비스를 블록체인 위에 시작하면 그 이후로는 중단 및 제거가 불가능해진다. 물론 예외적인 상황에서 해당 서비스를 일시 중단하거나 변경, 업그레이드 등이 가능하게 만들 수도 있다. 이건 서비스를 제공할 때 선택할 수 있지만 근본적으로는 중단 없는 서비스 변경이 기존 서비스에 비해서 상당히 어려운 구조로 되어 있다.

셋째, 디앱 서비스에 대부분 해당 서비스를 운용하기 위한 유틸리티 암호화폐가 존재한다. 해당 서비스가 기존의 통화 방식이 아닌 암호화폐를 사용하여 인센티브 정책과 서비스를 사용하는 사용자를 활성화하고 서비스를 발전시키는 구조이다. 물론 이러한 직접적인 암호화폐 사용으로 인해서 큰 변동성, 실제 가치보다 높게 평가된 가치 등으로 인해서 서비스가 초반에 많은 인기를 끌다가 사라지는 일도 빈번하다. 이는 아직 시장이 초기라서 발생하는 문제이므로 시간이 지나면서 조금씩 서비스가 개선되고 적정수준에서 유틸리티 암호화폐를 사용하는 방법으로 발전하게 될 것이다.

이더리움 디앱 구성도

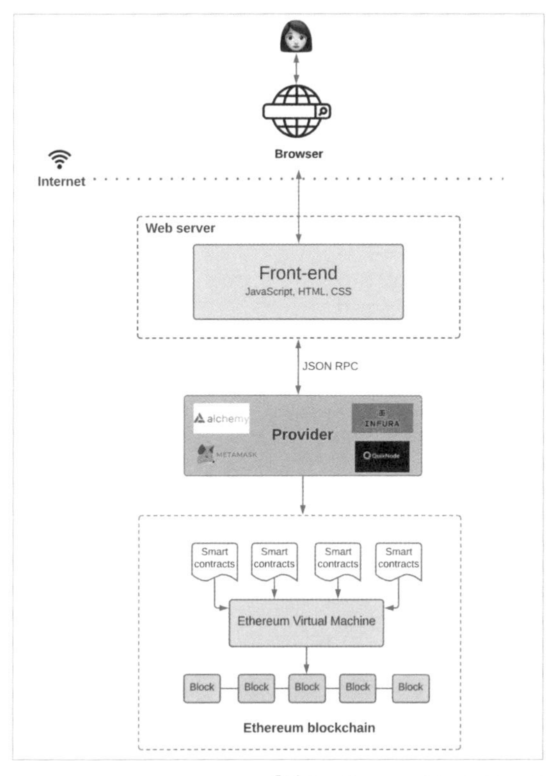

출처: https://www.preethikasireddy.com/

가장 대표적인 디앱 서비스인 유니스왑을 살펴보면 앞서 언급한 특징을 모두 갖추었다. 유니스왑의 플랫폼은 이더리움이다. 이더리움 위에서 유니스왑이 24시간 무중단 서비스로 운영된다. 유니스왑은 가장 대표적인 탈중앙화된 거래소로 알려져 있기도 한데, 이 서비스를 이용할 때 사용자들은 거래소에서 원화나 달러가 아닌 유니스왑에서 본인의 지갑에 소유하고 있는 이더를 사용해서 다양한 형태의 암호화폐로 직접 교환이 가능하다.

이러한 교환은 탈중앙화된 환경의 이더리움 블록체인 위에서 투명하고 안전하게 거래가 된다. 또한 유니스왑은 유틸리티 암호화폐인 UNI가 있는데, 이 UNI는 시가총액 30위권 안에 있는 꽤 높은 시가총액의 암호화폐다. 이 UNI를 보유해서 유니스왑의 정책에 직접 참여할 수 있는 투표권도 가진다. 주식시장에서의 주식과 유사한 형태로 존재하나 소유자가 해당 코인을 탈중앙화된 블록체인 환경에서 직접 투표를 실행하고 해당 결과는 블록체인에 기록 및 관리된다.

유니스왑을 사용하기 위해서 사용자가 이더를 수수료로 지급한다. 해당 이더는 이더리움의 지분증명자인 검증인에게 전달되고 해당 수수료를 활용해서 검증인은 이더리움 네트워크를 운영한다. 유니스왑을 사용자들이 많이 사용하게 되면, 해당 서비스를 운용하는 가장 근원이 되는 네트워크인 이더리움 운용자(검증인)가 서비스를 운용 및 유지할 수 있는 기반이 마련되고, 이러한 기반에서 해당 생태계가 더욱 발전하고 견고하게 된다. 많은 사람이 달러를 지속해서 사용하기 때문에 달러의 위치가 견고하고 활용성이 많아지듯이, 많은 사람이 이더리움 위의 서비스를 많이 사용하면서 활용할수록 이더의 가치는 더 견고해지고 범위가 넓어지게 되는 구조이다.

이더리움의 대표적인 탈중앙화 거래소 유니스왑

출처: https://app.uniswap.org/

결국 플랫폼 암호화폐들은 해당 플랫폼을 사용하는 좋은 디앱 서비스가 많아져야 한다. 이를 일반적으로 킬러 디앱을 보유했느냐 그러지 않았느냐로 구분하기도 한다. 레이어1이면서 플랫폼 암호화폐인데 킬러 디앱이 적으면 해당 플랫폼 암호화폐는 미래가 암울하다. 반면에 아직 많이 알려지지 않은 플랫폼 암호화폐인데 킬러 디앱이 1~2개만 있더라도 해당 플랫폼 암호화폐는 장래가 밝다.

08 대표적인 디앱과 핵심 투자 포인트

디앱은 우리가 일반적으로 사용하는 인터넷의 애플리케이션을 탈중앙화된 블록체인 환경에서 변환된 형태로 활용할 수 있는 애플리케이션이라고 이해하면 된다. 우리가 사용하는 모든 애플리케이션은 디앱으로 변화시킬 수 있는데, 현재 시장에서 그 범위가 넓지는 않고 앞으로 계속 카테고리가 늘어날 예정이다.

현재는 탈중앙화된 금융 시장, 게임, NFT, 소셜 시장의 디파이 시장이 크고 지금은 AI 및 디핀 시장도 늘어나는 추세다. 옆 페이지의 차트는 최근 1년간 디파이 시장의 카테고리별 성장 변화를 비교한 그래프이다. 디파이 및 NFT 시장은 꾸준히 성장 중인데, 특히 최근에는 게임과 소셜 부분에서 많이 성장했다. 차트에 'Other'라고 표시된 부분의 성장 폭이 가장 큰데, AI가 이 부분에서 주된 역할을 한다.

대표적인 디앱의 시가총액 변화 흐름

출처: DappRadar.com

디앱에 투자할 때 고려해야 할 중요한 요소는 디앱이 소속하고 있는 메인넷이 어디인가이다. 디앱은 스스로 존재할 수 없기 때문에 메인넷이라고 불리는 레이어1이 필요하다. 최근에는 이더리움이 레이어2로 확장하면서 레이어2에 소속될 수도 있다. 소속하고 있는 레이어1의 의미는 여러 가지로 중요하다.

예를 들어 서울 강남에서 커피를 팔 때와 시골 한적한 곳에서 커피를 팔 때는 여러 가지 면에서 차이가 난다. 특히 유동 인구의 차이가 가장 크다. 따라서 디앱이 어떤 레이어1, 레이어2에 속해 있는지가 중요하다. 블록체인마다 생태계가 얼마나 활성화되어 있는지 차이가 나고, 이에 따라서 디앱을 활용할 수 있는 사용자의 수도 결정된다. 활성도가 높은 블록체인 생태계에 속할수록 사용자가 늘어나기 때문에 투자 관점에서 중요하게 살펴봐야 한다. 투자자는 디앱 하나만 봐서는 안 되고 소속하고 있는 레이어1 혹은 레이어2 생태계의 볼륨도 확인해 봐야 한다.

디앱이 속한 레이어1,2에서의 디파이 볼륨

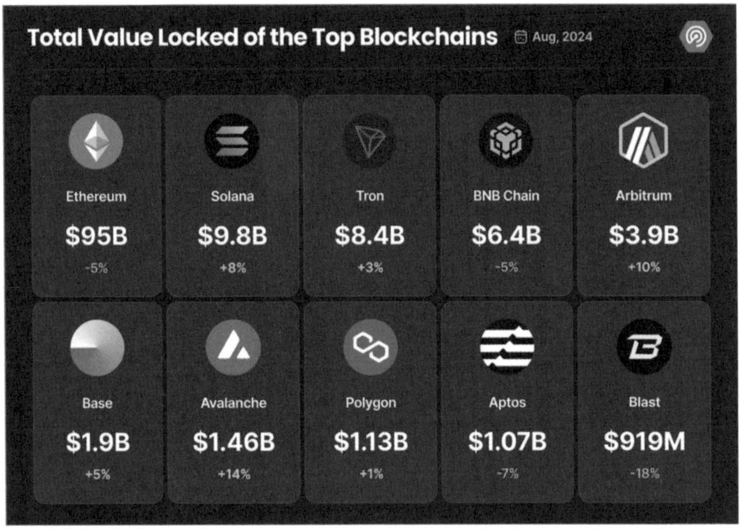

출처: DappRadar.com

디앱의 평가는 다양하게 측정할 수 있지만 현재로서는 디파이의 TVL로 해당 생태계의 가치를 평가하는 것이 가장 손쉬운 접근 방법이다. 우리가 은행을 평가할 때 얼마나 많은 예금을 보유하고 있는지를 중요한 가치 평가로 여기는 방식과 유사하다. 디파이에서 토털 벨류드 록은 은행이 보유하고 있는 예금과도 같다. 많은 자금이 해당 생태계에 있다면 이 자금을 바탕으로 디앱 생태계가 더 활발해질 수 있다.

2024년 8월 기준, 디파이에서 가장 큰 볼륨을 가지고 있는 생태계는 이더리움이다. 그다음으로 솔라나, 트론, 바이낸스체인, 아비트럼, 베이스, 아발란체, 폴리곤 앱토스, 블라스트 순이다.

가장 인기가 많은 디앱이면서 시가총액이 높은 생태계에 존재한다면 그 디앱은 생존 가능성도 높고 앞으로 발전할 잠재력도 높다. 반면에 디앱의 자체 볼륨은 크지만 소속된 레이어1 혹은 레이어2가 상대적으로 볼륨이 낮다면, 성장 가능성 역시 높지 않다고 볼 수 있기 때문에 디앱은 소속된 레이어가 어디인지를 항상 같이 평가해야 한다.

디앱을 투자할 때 참고할 수 있는 지표 중 중요한 것은 활성화된 지갑 수이다. Dappradar.com에서 활성화된 지갑 수를 기준으로 최근 순위를 정리해 놓았다. 메뉴는 UAWUnique Active Wallet 기준으로 정렬하면 순위가 나온다. 물론 이 기준이 디앱의 최종 평가가 될 수는 없지만, 디앱 특성상 실제 사용하는 사용자 수가 중요하기 때문에 평가할 때 눈여겨볼 요소다.

디앱에 투자하기 전 최소한 실제 지갑 사용자 활성화 수의 순위, 디앱의 실제 볼륨, 마지막으로 어떤 체인에서 디앱이 활용되고 있는지를 살펴보는 것이 필요하다. DappRadar에서 이 세 가지 기준을 모두 확인할 수 있는데, 볼륨 기준으로 정렬이 가능하고 순위가 높은 디앱별로 해당하는 체인이 어디인지를 알 수 있다. 위 순위에서는 CARV가 활성화된

디앱 사용 유저지갑 기준 순위

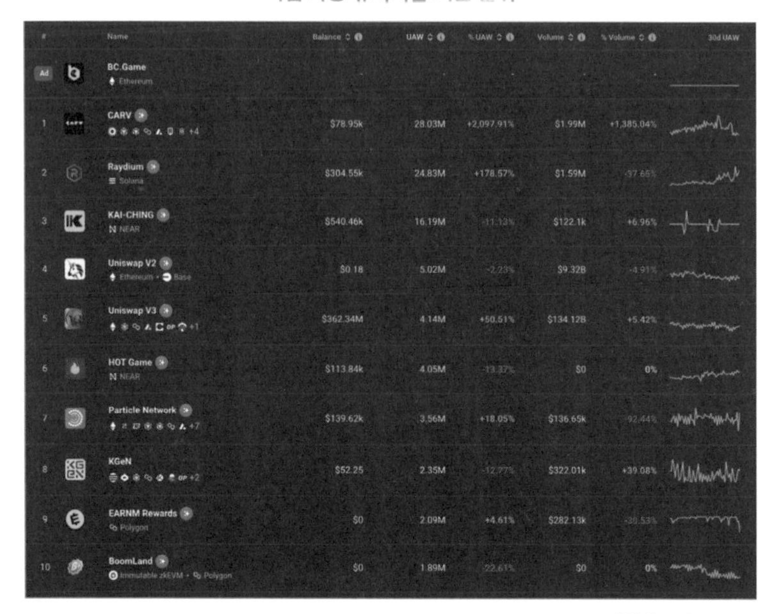

#	Name	Balance	UAW	% UAW	Volume	% Volume	30d UAW
Ad	BC.Game Ethereum	-	-	-	-	-	
1	CARV +4	$78.95k	28.03M	+2,097.91%	$1.99M	+1,385.04%	
2	Raydium Solana	$304.55k	24.83M	+178.57%	$1.59M	-37.65%	
3	KAI-CHING NEAR	$540.46k	16.19M	-11.13%	$122.1k	+6.96%	
4	Uniswap V2 Ethereum · Base	$0.18	5.02M	-2.23%	$9.32B	-4.91%	
5	Uniswap V3 OP +1	$362.34M	4.14M	+50.51%	$134.12B	+5.42%	
6	HOT Game NEAR	$113.84k	4.05M	-13.37%	$0	0%	
7	Particle Network +7	$139.62k	3.56M	+18.05%	$136.65k	-92.44%	
8	KGeN OP +2	$52.25	2.35M	-12.77%	$322.01k	+39.08%	
9	EARNM Rewards Polygon	$0	2.09M	+4.61%	$282.13k	-38.53%	
10	BoomLand Immutable zkEVM · Polygon	$0	1.89M	-22.61%	$0	0%	

출처: DappRadar.com

지갑 순위에서 가장 높다. 여기서 CARV가 속한 레이어1이 나온다. BNB 체인부터 대부분의 레이어2 체인에 속한다. 디앱은 한 체인에 속할 수도 있고 체인 여러 개에 분산될 수도 있다.

2위의 레이듐Raydium은 솔라나체인에 속하고 KAI-CHING은 니어프로토콜, 유니스왑 버전 2는 이더리움 및 베이스에, 유니스왑 버전 3은 다양한 체인에 속한다.

디앱은 한 체인에 속할 수도 있고 여러 체인에 속할 수도 있다. 최근 시장에서 인기 있는 디앱은 여러 체인에 분산되어 속하는 추세다. 투자자로서 디앱이라는 한 영역을 분석하다가, 어떤 레이어1, 레이어2가 인기가 많은지도 같이 평가한 뒤 투자할 곳을 정하는 것도 한 방법이다.

결론적으로 디앱 투자를 고민한다면 레이어1, 레이어2의 특성을 먼저 알아야 한다. 디앱 카테고리의 특징(디파이, NFT, 게임파이 시장)에 관한 기본적인 이해를 해야 한다. 이를 바탕으로 특정 디앱에 투자해야 시장 상황에 잘 대처하면서 손실을 최소화하고 수익을 극대화할 수 있다.

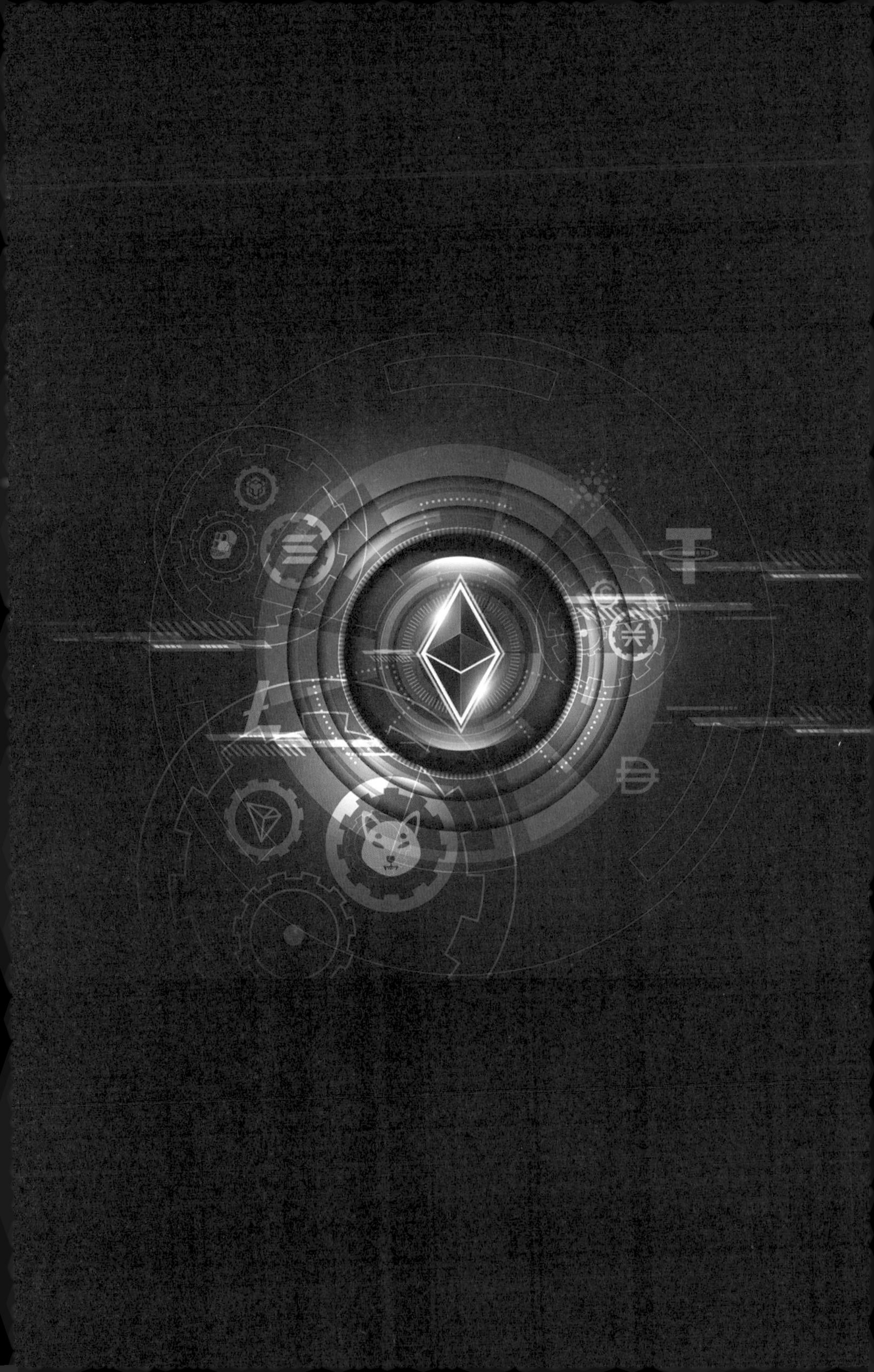

PART 3

알트코인 생태계의 이해

01 비트코인 생태계의 이해

비트코인은 최초의 암호화폐이고 시가총액이 가장 높다. 또한 알트코인 시장을 탄생시킨 주역이기도 하다. 시장에 신선한 변화를 주었고 많은 혁신가가 이 시장에서 혁신을 이루었다. 새로운 알트코인이 지금도 나오고 사라지고 있지만 비트코인은 탄생 이후 지금까지 아무런 문제 없이 지속해서 사용자가 늘어난다. 사라지는 알트코인은 상상되지만 비트코인이 사라지는 건 상상하기 어렵다. 그러므로 비트코인은 알트코인 생태계에서 아버지와 같은 역할을 한다고 볼 수 있다.

비트코인의 탄생 목적은 디지털 화폐다. 다시 말해 디지털 화폐의 기능에 목적을 두었기 때문에 자산의 저장, 전송 기능은 탁월하지만, 다른 부가적인 기능을 수행하기에는 한계가 있다. 예를 들어 잦은 소액결제를 비트코인으로 하거나 이더리움에서 동작하는 탈중앙화된 금융 서비스를 비트코인 위에서 실행하기 위해서는 여러 가지 제약이 따른다.

이더리움이 탄생하면서 NFT, 디파이(탈중앙화된 금융 서비스) 등이 등장했다. 이더리움은 비트코인과 달리 탈중앙화된 환경에서 다양한 애플리케이션 시장을 만들고 싶어 했기 때문에 서비스 측면이 강하다. 비트코인이 화폐라면 이더리움은 그 화폐를 다양하게 활용할 수 있도록 도와주는 플랫폼 역할을 한다.

비트코인은 디지털 화폐로서 문제가 없지만 이를 다른 플랫폼에서 활용하기 위해서는 개선이 필요하다. 개발자가 이 부분을 개선하려고 여러 방향에서 프로젝트를 진행해 왔다.

아래 이미지를 보면 비트코인 레이어1, 레이어2, 프로토콜, 크로스체

비트코인 생태계

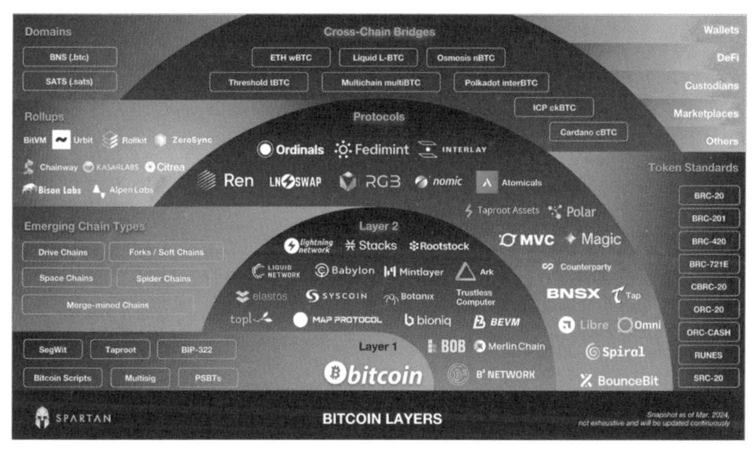

출처: 더 스파르탄 그룹

인 브릿지, 토큰 스탠더드 등이 있다. 레이어1은 비트코인이 현재까지 발전된 현황을 보여준다. 현재 사용하는 비트코인은 여러 번의 소프트 포크(마이너 업그레이드)를 진행했는데, 비트코인 코어 프로그램을 업데이트하는 영역을 레이어1로 분류한다.

레이어2는 비트코인과 연결하여 이더리움과 같은 스마트 콘트랙트 등을 실행하여 디파이 상품 등을 만들도록 제공하는 플랫폼 프로젝트다. 이러한 레이어2를 활용하면 비트코인 보안을 활용하면서 이더리움과 같은 플랫폼 기능을 비트코인 위에서 구현할 수 있다.

프로토콜은 비트코인 메인 체인을 활용하여 다양한 시도를 한다. '오디널스'가 유명하며 오디널스는 비트코인 위에서 NFT를 발행하고 비트코인 위에서 다양한 형태의 토큰을 발행한 프로젝트이다. 이러한 새로운 프로토콜 형태를 만들어서 비트코인 네트워크를 활용하는 것을 프로토콜 영역으로 구분한다.

마지막으로 크로스체인이 있다. 크로스체인은 서로 다른 체인 사이에 자산을 활용할 수 있게 도와준다. 예를 들어 비트코인 네트워크에서는 비트코인을 이용한 탈중앙화된 금융 상품이 어렵다. 이더리움 네트워크에서는 다양한 탈중앙화 금융상품이 있다. 이더를 예금으로 활용하여 대출을 일으킬 수 있는데 비트코인 네트워크에서는 불가능하다. 이런 경우 비트코인을 이더리움 네트워크로 보내어 이더리움의 다양한 금융상품을 활용하여 비트코인을 예치하고 대출을 일으킬 수 있다. 이렇게 비트코인을 다른 네트워크로 보낼 때 필요한 것이 크로스체인이다.

비트코인 생태계는 여전히 실험 중이다. 따라서 이를 꼭 인지해야 한다. 비트코인은 탈 중앙화된 환경에서 디지털 화폐가 문제없이 발행, 유통되고 활용될 수 있도록 만들어졌다. 목적이 디지털 화폐의 기능이 중요했기 때문에 다른 가능성에 대해서는 크게 고려해서 설계되지 않았다. 최초의 설계에 없는 다른 기능을 비트코인 네트워크를 활용하거나 새로운 개념을 도입하기 위해서는 넘어야 할 산이 많다. 그러므로 아직은 다양한 비트코인 생태계가 실험 중인 과정이다. 투자적인 관점에서는 이러한 실험에 참여하는 것이 큰 수익을 낼 기회이기도 하지만 초기 시장이라 적지 않은 리스크도 감안해야 한다. 다만 뛰어난 실험정신과 새로운 시장이 열린다는 기대감으로 비트코인 생태계를 살펴본다면 이익을 거둘 수 있을 것이다.

02 | 대표적인 비트코인 레이어2

비트코인 레이어2 중에서는 라이트닝 네트워크, 스택스, 루트스탁Rootstock, 리퀴드 네트워크Liquid Network가 대표적이다. 가장 많이 알려진 비트코인 레이어2는 라이트닝 네트워크다. 2018년 출시되었고 비트코

비트코인 레이어2 비교

	Bitcoin	Lightning	Stacks	Rootstock	Liquid
Token	BTC	BTC	STX	RBTC (Wrapped BTC)	L-BTC (Wrapped BTC)
Smart Contracts	N	N	Y	Y	Y
Programming Language	Bitcoin Script	Go	Clarity	Solidity	Simplicity
Consensus Mechanism	Proof of Work (PoW)	—	Proof of Transfer (PoX)	Proof of Work (Merged-mined with Bitcoin)	Federated Sidechain
EVM Compatible	N	N	N	Y	N

출처: 더 스파르탄 그룹

인에서 소액결제를 가능하게 하는 핵심 프로젝트였다. 이 프로젝트는 비트코인의 확장성과 거래 효율성 개선을 위한 것이다. 특히 엘살바도르 같은 나라에서 법정 화폐로 비트코인을 채택하였는데, 이를 활용하기 위해서는 라이트닝 네트워크가 필수적이다. 비트코인을 일상생활에서 소액결제로 활용하기에는 수수료 및 거래 처리 속도에 부담이 있는데, 라이트닝 네트워크를 활용하면 수수료가 거의 없고 바로 결제가 가능하다.

라이트닝 네트워크는 비트코인의 고유 기능인 디지털 화폐 기능의 확장성을 개선하기 위한 프로젝트이므로 다른 레이어2 프로젝트와 달리 비트코인 고유 기능을 확장한다. 다른 비트코인 레이어2와는 달리 자체 암호화폐가 없는 것도 라이트닝 네트워크의 특징이다. 라이트닝 네트워크에서는 비트코인만을 활용한다.

2024년 시장에서 크게 관심을 가진 '스택스'는 비트코인에서 다양한 스마트 콘트랙트를 활용할 수 있도록 도와주는 플랫폼이다. 비트코인은 최소한의 스마트 콘트랙트 기능을 하지만, 이를 활용해서 이더리움에서 존재하는 다양한 형태의 디파이 서비스는 활용이 어렵다. 스택스 프로젝트는 비트코인 위에서 이더리움과 동일한 형태의 디파이 서비스 등을 개발할 수 있도록 도와주는 플랫폼 역할을 한다.

라이트 네트워크는 합의 알고리즘이 없지만, 스택스는 별도의 합의 알고리즘이 있다. 자체 블록체인 서비스 기능을 갖추고 있다는 뜻이다.

스택스는 비트코인의 합의 알고리즘인 작업증명 합의를 활용하면서 자체적인 합의 알고리즘인 전송증명Proof Of Transfer 합의가 있다. 비트코인의 작업증명 합의 계산능력과 병렬로 실행되고 이를 재사용하는 전송증명 합의 과정을 추가로 거친다.

자체 합의 알고리즘과 비트코인의 보안을 활용하여 디파이 서비스를 스택스 위에서 구축하고 활용한다. 예를 들어 이더리움에서 동작하는 디파이 서비스라면 '이더리움 보안을 활용'하는 서비스를 제공하고 사용자가 이를 이용한다. 스택스에서 디파이 서비스는 비트코인과 스택스 보안을 활용한 디파이 서비스이고 사용자가 이용할 수 있도록 제공된다.

두 서비스의 차이점은 다음과 같다. 이더리움 자산을 예금, 대출 등으로 사용하려면 이더리움 위에서 디파이 서비스를 이용하는 게 보안 측면에서도 안정적이고 활용 면에서도 좋다. 하지만 비트코인 자산을 디파이 서비스에 이용하기 위해서 스택스 서비스를 활용하면 조금 더 비트코인의 보안을 이용하면서 비트코인에 친화적인 디파이 서비스를 이용할 수 있다.

두 서비스 모두 비트코인 네트워크에서 일정 부분 보안 리스크를 감안하면서 비트코인 자산을 활용하지만, 이더리움에 비하여 스택스가 비트코인 보안 리스크를 많이 고려하였다. 하지만 지금은 스택스가 발전 중이기 때문에 현재 단계에서는 이더리움보다 보안에 위험이 더 크다.

장기적인 관점에서 스택스 프로젝트의 기술이 성공적으로 발전한다면 이더리움 위에서보다는 스택스 위에서 비트코인 자산을 활용하는 것이 보안과 활용 면에서 더 훌륭하다. 다만 현재는 발전 중이기 때문에 프로젝트의 변화 과정을 조금 더 지켜봐야 한다.

다른 비트코인 레이어2는 루트스탁RootStock과 리퀴드 네트워크가 있다. 루트스탁은 EVM과 호환이 가능하다. 이더리움에서 운용되는 디앱 서비스를 루트스탁 위에서 운용 및 활용할 수 있다. 이 프로젝트가 성공적으로 진행되면 많은 이더리움의 서비스가 비트코인 네트워크 레이어2에서 운용될 것이다. 스택스는 EVM 호환이 없기 때문에 기존 이더리움 디앱 서비스를 그대로 활용하지 못하고 새롭게 스택스의 기술표준에 맞게 개발해야 한다.

리퀴드 네트워크는 사이드체인이다. 비트코인과 독립적으로 운영되며 자체 원장이 있으며, 회원으로 구성된 멤버가 새로운 블록을 만드는 방식이다. 비트코인 작업증명 합의 알고리즘을 활용하지는 않는다.

비트코인 레이어2는 여전히 발전 중이다. 프로젝트 팀에서 비트코인 레이어2를 개발하고 있으며 시장에서도 제법 여러 가지 시도를 하는 중이다. 비트코인 레이어2는 아직은 불안정하다. 하지만 비트코인을 다양하게 활용하기 위해서는 반드시 필요하기 때문에 투자자는 지속적으로 비트코인 레이어2 시장을 주목해야 한다.

03 이더리움 생태계의 이해

알트코인 중 가장 크고 영향력 있는 생태계는 바로 '이더리움 생태계'다. 이더리움은 최초의 디앱을 탄생시켰고 이후의 레이어1 대부분 및 새로운 알트코인을 탄생시킨 기반을 마련했기 때문이다. 가장 오랫동안 디

이더리움 대표 탈중앙화 거래소 디앱

출처: https://cryptorank.io/ecosystems/ethereum

파이 서비스가 운영되었고, 그만큼 서비스가 안정적으로 자리 잡았다.

옆 페이지의 이미지는 이더리움의 대표적인 탈중앙화 거래소Dex이다. 유니스왑부터 바이낸스체인에서 출발한 팬케이크스왑, 비영구적 손실을 최소한으로 만든 커브 등이 탈중앙화 거래소이다. 이 탈중앙화 거래소가 이더리움 레이어1에서 기본적으로 운용되지만 이더리움 레이어2 및 다른 체인에서 광범위하게 운용된다. 이더리움 생태계에서 운용되는 서비스는 이더리움뿐만 아니라 이더리움 레이어2, 다른 레이어1에도 서비스가 운용되는 형태로 변하고 있다.

투자자는 먼저 이더리움 생태계를 이해해야지 다른 생태계까지 이해하기 쉽다. 예를 들어 솔라나 투자자가 이더리움 생태계 및 이더리움의 디앱 서비스를 이해하지 못할 때와 이더리움 생태계를 이해하는 경우는 투자하는 종목의 이해 범위가 달라질 것이다.

특별히 이더리움 기반에서 가장 많이 활용되는 탈중앙화된 거래소 서비스를 기본적으로 이해하는 것이 중요한데, 이 탈중앙화된 거래소가 이더리움뿐만 아니라 브릿지를 넘어서 다양한 레이어1에 광범위하게 걸쳐서 운용되기 때문이다. 일반인이 모든 서비스를 이해하기는 어렵다. 그러므로 최소한 유니스왑 서비스를 먼저 살펴봐야 한다.

이더리움의 생태계 중 2번째로 이해해야 하는 부분은 대출Lending 서비스이다. 이는 암호화폐로 예금을 맡기고 그 암호화폐 예금을 담보로 하여 대출할 수 있다. 가장 오래되고 자금이 많이 묶여있는 대출 서비스

이더리움 대표 예금 및 대출 서비스

출처: https://cryptorank.io/ecosystems/ethereum

는 아베이다. 이 아베 역시 이더리움 레이어1에 있지만 점점 더 레이어2 및 다른 레이어1 영역으로 확장되는 추세이다.

특별히 레이어2의 확장에서 아베가 가장 많이 활용되고 있으므로 이더리움 레이어1에서 이더를 예금 및 대출하는 절차를 경험해도 좋고, 조금 더 수수료가 저렴한 레이어2 중에서 하나를 선택해서 아베 서비스를 한번 이용해 보기 바란다. 처음 서비스를 이용하기는 어렵지만 어느 정도 익숙해지면 디파이 서비스가 무엇을 의미하는지 깨닫게 될 것이다.

이더리움 안에서도 탈중앙화 서비스인 유니스왑과 대출 서비스인 아베가 대표적이므로 이들을 이용하는데, 이더리움이 아니라 레이어2를 활용하면 소액으로도 거래할 수 있다. 국내 거래소에서 이더리움 레이어2를 지원하는 거래소를 활용하면 1, 2만 원으로도 디파이 서비스를 활용해 볼 수 있다. 그러므로 한번 정도 시간과 노력을 들여서 서비스를 경험해 보기 바란다.

이더리움의 대표적인 탈중앙화 및 렌딩 서비스는 이더리움 레이어2에서 광범위하게 사용된다. 이더리움 레이어2 중에서 시가총액 10위권에 있는 레이어2는 아비트럼, 베이스, OP메인넷, 블라스트, 맨틀, 스크롤, 지케이싱크이알에이, 리네아, 스타크넷, 만타 퍼시픽이다. 10위권에 있는 레이어2뿐만 아니라 다른 레이어2에서도 동일하게 이더리움의 탈중앙화 거래소 및 예금, 대출 서비스를 활용할 수 있다.

개별적으로 레이어2 생태계 안을 들어가면 조금씩 그 특성이 다르다. 투자자는 몇 개의 레이어2를 선택하거나 1개 정도에 집중해서 해당 레이어2에서 발전하는 생태계 초기에 진입하여 여러 방면에서 투자 기회를 노려볼 수 있다.

레이어2 시가총액 10위

#	NAME	RISKS	TYPE	STAGE	PURPOSE	TOTAL	MKT SHARE
1	Arbitrum One		Optimistic Rollup	STAGE 1	Universal	$13.36B ▼3.26%	39.75%
2	Base		Optimistic Rollup	STAGE 0	Universal	$5.90B ▼1.38%	17.57%
3	OP Mainnet	?	Optimistic Rollup	IN REVIEW	Universal	$5.56B ▲1.16%	16.55%
4	Blast		Optimistic Rollup	STAGE 0	Universal, DeFi	$1.44B ▼7.10%	4.29%
5	Mantle		Optimium	n/a	Universal	$1.11B ▼3.84%	3.33%
6	Scroll		ZK Rollup	STAGE 0	Universal	$1.10B ▼5.20%	3.28%
7	ZKsync Era		ZK Rollup	STAGE 0	Universal	$758.47M ▼0.57%	2.26%
8	Linea		ZK Rollup	STAGE 0	Universal	$741.65M ▼8.85%	2.21%
9	Starknet		ZK Rollup	STAGE 0	Universal	$630.05M ▲9.93%	1.87%
10	Manta Pacific		Optimium	n/a	Universal	$468.79M ▲0.88%	1.39%

출처: https://l2beat.com/scaling/summary

레이어2의 현재 상황을 잘 알려주는 엘투비트 홈페이지에서 투자자는 다양한 자료를 얻을 수 있다. 현재 레이어2의 진행 단계도 알고 어느 정도 볼륨이 있는지를 실시간으로 볼 수 있다. 홈페이지에서 리스크도 안내하고 있으니 리스크를 자세히 살펴보고 투자 리스크를 최소화하면서 레이어2 투자를 결정할 수 있다. 여러 레이어2 중에서 베이스 레이어2 생태계를 살펴보겠다.

레이어2 베이스 생태계 중 밈 생태계

출처: https://cryptorank.io/ecosystems/base

이더리움 레이어2 중 베이스는 미국에서 가장 큰 거래소인 코인베이스가 출시한 레이어2다. 미국은 다른 나라보다 규제가 까다롭기 때문에 코인베이스에서 출시한 레이어2가 사람들의 신뢰도가 높은 편이다. 앞으로 암호화폐 시장이 발전할 때 가장 기대되는 레이어2로도 인기를 얻고 있다.

레이어2에는 특징이 있는데 특별히 베이스는 밈코인 영역이 현재 가장 많이 활용된다. 저렴한 수수료와 빠른 거래 속도 및 코인베이스 거래소의 힘을 얻어서 밈코인 프로젝트가 베이스에서 나온다. 암호화폐 시장은 빠른 트렌드가 중요하다. 따라서 많은 사용자를 유입시키고 좋은 프로젝트를 선점하기 위해서, 레이어2인 베이스에서는 이 밈코인 플랫폼의 역할을 전략적으로 채택하고 현재 활발히 운용 중이다.

베이스의 탈중앙화 거래소

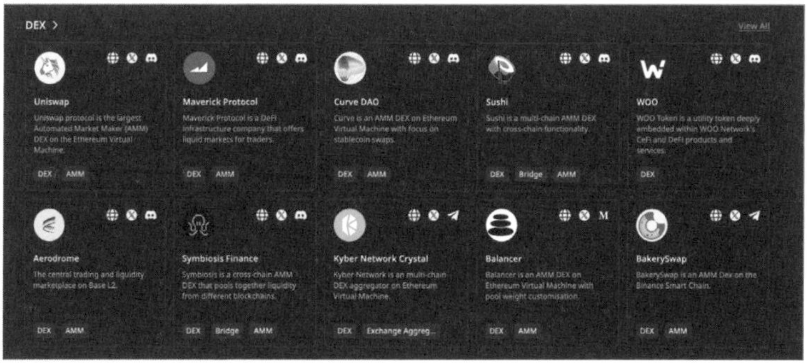

출처: https://cryptorank.io/ecosystems/base

레이어2는 이더리움 레이어1과 상호작용한다. 이더리움의 디앱이 레이어2에서 활발히 활용되는 게 이더리움의 최종 목표다. 이 목표를 이룬 기초가 되는 것이 레이어2이다. 레이어2에서는 다른 레이어2보다 자신의 레이어2에서 많은 인기 있는 디앱이 활용되는 것이 좋다. 유니스왑 및 커브 등의 탈중앙화 거래소가 베이스에서도 동일하게 활용된다.

이더리움 레이어2 생태계를 쉽게 이해하려면, 이더리움 메인넷에서 가장 유명하고 많이 활용되는 디앱을 먼저 이해한 상태에서 레이어2를 공부해야 한다. 이더리움에서 가장 많이 활용되고 있는 디앱이 레이어2에서도 활발히 활용된다면 해당 레이어2는 좋은 것으로 분석될 수 있다.

투자자는 대표적인 탈중앙화 거래소인 유니스왑 및 아베 등의 예금 및 대출 서비스를 베이스에서도 동일하게 받을 수 있다. 현재는 메인넷인 이더리움에서 이 서비스를 활용하는 것보다 레이어2인 베이스에서 활용하는 게 수수료가 더 저렴하다. 이자 수익도 조금 더 준다. 아직은 레이어1인 메인넷 이더리움에 비해서 보안성이 살짝 더 떨어지기 때문이다. 그럼에도 레이어2의 발전을 예상하고 투자하는 투자자는 높은 수익도 기대하면서 이러한 서비스를 레이어2에서 활용한다.

04 솔라나 생태계의 이해

솔라나는 이더리움 다음으로 큰 생태계를 보유한다. 비트코인은 디지털 화폐와 가치 저장을 목적으로 생겨났다. 그걸 전제로 부족한 부분을 확장하기 위한 생태계로 구성된다. 이더리움은 생겨난 목적이 탈중앙화된 애플리케이션 플랫폼이다. 이더리움이라는 플랫폼 위에서 각종 애플리케이션 서비스가 운용되는 게 목적이다. 그래서 대부분의 탈중앙화된 애플리케이션의 초기 모델은 이더리움에서 나왔다.

시장에서 활용되고 있는 탈중앙화된 애플리케이션은 이더리움에서 최초로 탄생했다. 대표적으로 탈중앙화된 거래소, NFT, 탈중앙화된 예금 및 대출 서비스 등이 있다. 이더리움은 레이어2 등의 전략으로 확장성을 준비하고 있지만 빠르게 변화하는 데 여러 가지 어려움이 있다. 가장 먼저 출시되어 탈중앙화된 애플리케이션 플랫폼 시장을 이끌었지만,

실제로 사용자가 서비스를 이용하는 데는 수수료와 사용성에서 조금 더 개선이 되어야 한다. 이러한 상황을 좀 더 빠르게 해결하기 위해 개발된 레이어1이 솔라나다.

솔라나는 이더리움과 동일하게 탈중앙화된 애플리케이션 플랫폼 기능을 하기 위해 개발되었다. 그래서 이더리움 경쟁 체인이라고도 불린다. 이더리움에서 대부분의 개념과 기술의 근간을 가져왔지만 사용자가 빠르게 이용하는 데는 여러 가지 한계가 있다. 기술력과 보안성은 이더리움이 훌륭하지만, 발전 속도에 제약이 있다. 비트코인이 가장 보안성이 좋지만 이더리움에서 기능을 잘 활용하지 못하는 것과 유사하다. 빠른 선점과 시장 우위는 있지만 변화에 빠르게 적응하는 데는 한계가 있다.

솔라나는 이러한 부분을 개선하기 위해서 개발되었다. 빠른 속도, 사용자에게 친화적인 애플리케이션, 혁신을 수용하는 서비스가 솔라나 개발 이후 지속해서 출시된다. 솔라나에도 이더리움과 동일한 형태의 탈중앙화된 애플리케이션이 모든 영역에 있다. 디파이(탈중앙화된 금융) 영역부터 소비자 중심의 애플리케이션 영역, 결제, 디핀, 인프라 등의 영역에서 애플리케이션이 안정적으로 운영되면서 꾸준히 발전한다.

디파이(탈중앙화된 금융) 영역에서는 탈중앙화된 거래소, 선물 거래소, 예치 서비스, 유동성 스테이킹 서비스, 스테이블코인, RWA 자산 등의 서비스를 제공한다. 컨슈머 영역에서는 밈코인, NFT 프로젝트 및 인프

솔라나 생태계

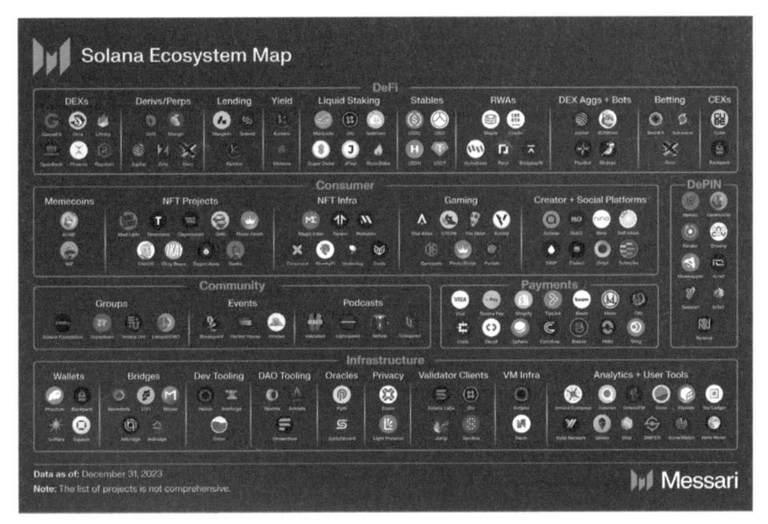

출처: 메사리 리포트

라, 게임, SNS 서비스가 있다. 또한 커뮤니티 기반의 팟캐스트, 모임, 이벤트 등의 서비스, 결제 서비스도 있다. 최근에 떠오른 디핀 영역에서도 서비스가 다양하다. 특별히 인프라 영역에서는 지갑, 브릿지, 다오, 오라클, 프라이버시, 가상 인프라, 분석 툴 등 레이어1 메인넷이 갖추어야 할 필수적인 인프라 영역을 모두 가지고 있다.

05 | 솔라나의 부흥을 이끈 밈코인 - WIF, 봉크

솔라나 생태계에서 솔라나 다음으로 시가총액이 높은 코인은 WIF라는 밈코인이다. 정확한 이름은 도그위프햇Dogwifhat이다. 암호화폐 생태계에서 밈코인이 가지는 의미는 다양하다. 가장 대표적인 밈코인이 도지코인이다. 도지코인 탄생 이후 수많은 밈코인이 등장하였고 암호화폐 생태계의 문화적인 특징을 잘 보여준다. 얼핏 보기와 다르게 시장가격이 꽤 높이 형성된다. 특히 솔라나 생태계에서 솔라나 이후에 둘째로 시가총액이 높은 코인이 밈코인이므로 솔라나 생태계를 이해하는 데 도움을 준다.

WIF는 홈페이지에 들어가면 모자를 쓰지 않은 시바이누가 보이고 마우스로 오른쪽으로 드래그하면 모자를 쓴 시바이누로 변한다. 도지코인에 모자를 씌운 코인이다. 이 코인은 이더리움의 ERC20과 유사한 형태로 솔라나 생태계에서 토큰으로 발행되었다. 특별한 기술력과 가치가 있는 것이 아니라 단순한 밈이다. 그렇지만 많은 투자자가 새로운 형태의 밈코인에 투자하고 커뮤니티를 형성하고 이벤트를 진행한다.

솔라나 밈코인 위프

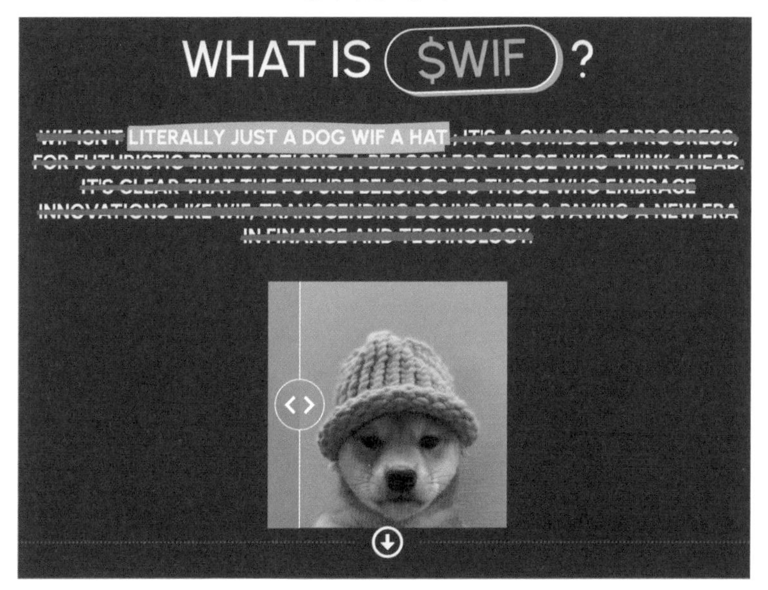

출처: https://dogwifcoin.org/

솔라나 밈코인 봉크

출처: https://bonkcoin.com/

솔라나에서 최초의 밈코인은 봉크다. 봉크 역시 밈코인이다. WIF보다 먼저 출시되어 가장 시가총액이 높은 밈코인이었지만 2023년 11월 출시된 WIF 밈코인에 비해서 순위가 밀렸다. 그런데도 다른 기술력을 갖춘 솔라나 생태계 서비스보다 시가총액이 높다.

두 가지 밈코인 이외에도 솔라나 생태계에는 수많은 밈코인이 존재한다. 이들의 시가총액은 생각보다 높고 많은 투자자가 관심을 둔다. 다른 생태계에 비하여 솔라나 생태계에서 밈코인이 특별히 시가총액이 높은 이유에 대해서 투자자는 눈여겨봐야 한다.

솔라나 생태계는 암호화폐 문화에 굉장히 친화적이고 변화에 상당히 빠르게 적응한다. 주식시장과 달리 암호화폐 시장은 시장이 먼저 가치를 주도하고 투자자금이 모인 이후에 추가적인 가치를 만들어 가는 일이 빈번하다. 특히 인터넷 중심의 문화가 강하다. SNS에서 유명 인플루언서의 글 하나가 순식간에 굉장한 가치를 만들어 내기도 하고 반대로 가치를 갑자기 떨어트리기도 한다.

앞으로도 솔라나 생태계에서는 다양한 밈코인이 등장할 것이다. 밈코인을 이해하면 현재 암호화폐 시장의 트렌드를 다른 이들보다 빠르게 파악할 수 있다. 밈코인은 실체가 없는 것 같지만 최근 트렌드 및 새로움과 변화를 좋아하는 암호화폐 시장의 특성을 가장 잘 반영한 영역이기도 하다.

06 | 솔라나 기반 디파이가 뜬다

이더리움을 포함한 모든 레이어1에서 시장의 가치를 평가하는 또 한 가지 기준은 해당 레이어1에서 서비스되는 디파이에서 TVL다. TVL는 해당 생태계에 얼마나 많은 자금이 현재 있는지를 나타내는 중요한 지표

솔라나 디파이 TVL

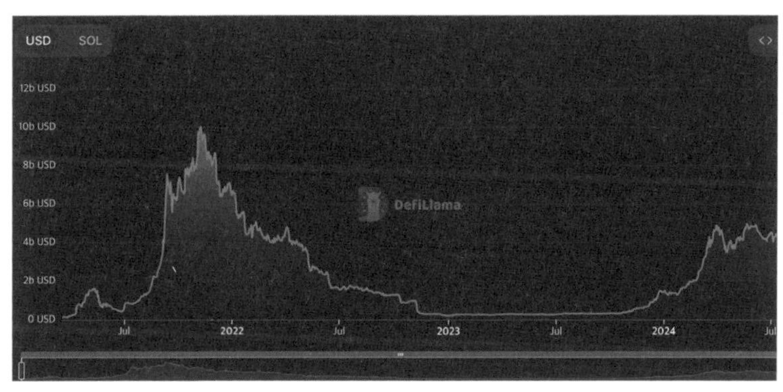

출처: 디파이라마

이다. 은행으로 예를 들면 은행에 얼마나 많은 예금이 예치되어 있는지에 따라서 은행의 존립이 안정적인지 본인의 비즈니스에서 활용 가능한지 평가할 수 있는 것과 유사하다.

앞 페이지 이미지는 솔라나 생태계에서 서비스되는 모든 디파이의 TVL 수치를 나타낸다. 2021년, 제일 자금이 많았을 때는 100억 달러 이상의 자금이 솔라나 디파이 생태계에 예치되어 있었고, 2024년 6월 기준으로는 45억 달러 이상의 자금이 솔라나 디파이 생태계에 예치되어 있

솔라나 디파이 상위 TVL

Name	Category	TVL
1 Jito 1 chain	Liquid Staking	$1.696b
2 Marinade 1 chain		$1.154b
3 Kamino 1 chain		$1.121b
4 Raydium 1 chain	Dexes	$947.58m
5 Sanctum 1 chain		$833.95m
6 Jupiter Perpetual E... 1 chain	Derivatives	$480.24m
7 marginfi 1 chain		$386.11m

출처: 디파이라마

다. 원화로 환산하면 대략 60조 이상의 자금이 솔라나 생태계 중에서 디파이 영역에만 예치된 금액이다. 국내 주식시장에서 4위에 해당하는 현대자동차가 시가총액이 58조 원 정도이다. 이처럼 솔라나 전체 시가총액이 아닌 솔라나 생태계 중에서 디파이 영역만 단순히 비교한 가치가 생각보다 크다.

이더리움 생태계에서 이더리움 다음으로 시가총액이 가장 큰 코인은 리도 스테이크 이더Lido Stake Ether다. 코인 명이 STETH이며 스테이킹 시스템에서 유동성을 자유롭게 활용할 수 있도록 만들어졌다. 스테이킹에서는 잠금 기간이 존재하는데, 이 잠금 기간을 자유롭게 설정할 수 있어서 보유자가 언제든지 코인을 현금화하거나 시장에서 다양한 형태로 전환할 수 있도록 설계된 시스템을 유동성 스테이킹이라고 한다. 이러한 대표적인 유동성 스테이킹이 이더리움 생태계의 리도 스테이크 이더다.

대부분의 레이어1 생태계 중에서 스테이킹 시스템을 기본적인 합의 방식으로 사용할 때, 이러한 형태의 유동화된 스테이킹 토큰이 있다. 솔라나에서는 지토Jito가 유동성 스테이킹으로 시가총액이 가장 크며 특히 솔라나 디파이 생태계 내에서 활용성이 가장 높다. 스테이킹 시스템을 합의 방식으로 채택하는 레이어1에서는 스테이킹 기간에 따른 자금을 필요시 출금할 수 없는 리스크가 있다. 스테이킹 개념이 해당 블록체인의 보안성에 기여한다는 의미가 있기 때문에 스테이킹에 따른 일정 기간의 잠금 시간은 필수 불가결하다. 하지만 시장에 충분한 스테이킹 자금이 묶여 있으면 이를 일부 활용할 수 있는 방안도 생긴다. 이를 잘 적용하고 활용한 것이 유동성 스테이킹의 핵심이다.

물론 유동성 스테이킹은 기본적으로 채택하고 있는 네이티브 스테이킹 보다는 리스크가 조금 더 생기지만 자금을 자유롭게 활용하고 급격한 시장 변동성에 따른 가격 하락에 대비할 수 있는 좋은 전략이 되기도 한다. 투자자는 네이티브 스테이킹을 통한 가장 안정적인 스테이킹 시스템에 참여하여 네트워크 보안에 기여하고 보상받을 수 있다. 또한 유동화한 스테이킹 토큰으로 스테이킹 시스템에 간접적으로 참여하면서 자금의 활용을 극대화할 수도 있게 된다.

기존 금융상품과 비교하면 유동성 스테이킹은 일종의 파생상품과도 유사하다. 파생상품이 1차, 2차가 존재하듯이 유동성 스테이킹 토큰은 1차 파생상품이고 유동성 스테이킹을 활용해서 여러 군데 디파이 서비스에 참여하면 2차 파생상품의 리스크가 따라온다. 리스크가 늘지만, 리스크에 따른 시장의 효용성이 증대하고 이에 따른 추가적인 수익 증대도 많아지는 원리이다.

솔라나 디파이에서는 마리네이드Marinade가 둘째로 시가총액이 높다. 마리네이드는 기존 스테이킹 시스템에서 사용자들이 검증인 선택에 불편을 겪은 문제를 해결해 주는 서비스다. 일반적으로 스테이킹 시스템에서 사용자들은 검증인을 선택하고 해당 검증인을 감시해야 한다. 검증인을 잘못 선택하면 자신이 맡긴 자금에서 '슬래싱'이라는 제도를 통해서 일부 맡긴 자금의 손실이 발생한다. 검증인마다 수수료가 모두 다르데, 이러한 수수료도 주기적으로 변화하기 때문에 일반 투자자 입장에서 매번 검증인을 선택하고 변경하는 건 어려운 일이다. 이를 자동으로 시스템화한 것이 솔라나에서의 '마리네이드'다.

솔라나 스테이킹 마리네이드

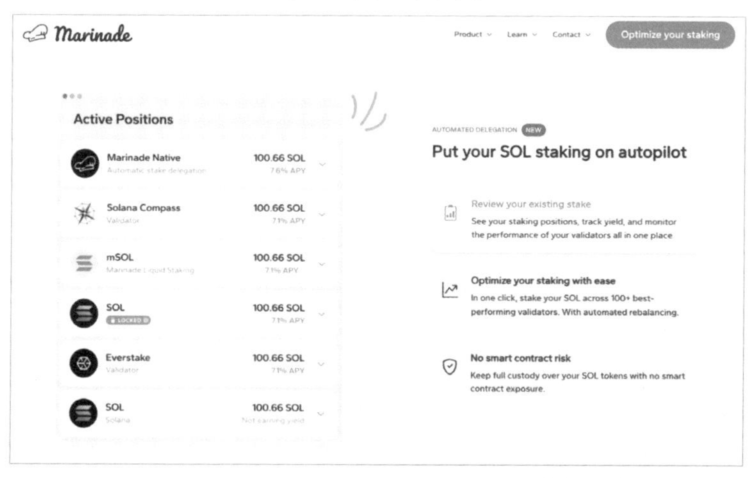

출처: https://marinade.finance/

마리네이드는 사용자가 솔라나를 스테이킹할 때 주기적으로 가장 이율이 높은 검증인 위주로 포트폴리오를 자동으로 구성해 준다. 검증인은 시기적으로 더 많은 토큰 홀더가 필요하기 때문에 수수료율을 낮추고 이자를 더 주며 홍보한다. 검증인의 수수료율은 상황에 따라서 적어지는 프로모션 혜택을 주는데, 이를 마리네이드에서 주기적으로 검색하면서 자동으로 검증인을 변경시켜 준다.

사용자가 마리네이드에게 한 번만 자신의 솔라나를 스테이킹 하면 마리네이드가 자동화된 시스템으로 최적의 검증인을 선택하고 해당 보상을 사용자에게 공유한다. 또한 자체 마리네이드 거버넌스 토큰도 보상으로 주기 때문에 솔라나를 스테이킹 하려는 투자자 입장에서는 괜찮은 선택이다.

카미노 예금 및 대출 서비스

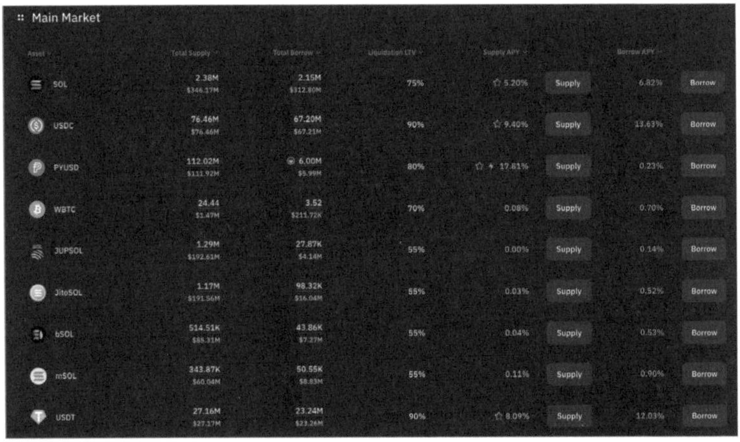

Main Market

Asset	Total Supply	Total Borrow	Liquidation LTV	Supply APY		Borrow APY	
SOL	2.38M $346.17M	2.15M $312.80M	75%	5.20%	Supply	6.82%	Borrow
USDC	76.46M $76.46M	67.20M $67.21M	90%	9.40%	Supply	13.63%	Borrow
PYUSD	112.02M $111.92M	6.00M $5.99M	80%	17.81%	Supply	0.23%	Borrow
WBTC	24.44 $1.47M	3.52 $211.72K	70%	0.08%	Supply	0.70%	Borrow
JUPSOL	1.29M $192.61M	27.87K $4.14M	55%	0.00%	Supply	0.14%	Borrow
JitoSOL	1.17M $191.56M	98.32K $16.04M	55%	0.03%	Supply	0.52%	Borrow
bSOL	514.51K $85.31M	43.86K $7.27M	55%	0.04%	Supply	0.53%	Borrow
mSOL	343.87K $60.04M	50.55K $8.83M	55%	0.11%	Supply	0.90%	Borrow
USDT	27.16M $27.17M	23.24M $23.26M	90%	8.09%	Supply	12.03%	Borrow

출처: https://app.kamino.finance/

솔라나 디파이에서 셋째로 시가총액이 높은 서비스는 카미노Kamino다. 카미노에서는 솔라나의 자산 및 USDC를 예금하고 이자를 받는다. 일반적으로 솔라나를 예치하면 4%대의 이자를 받고 스테이블코인

USDC는 10%의 이자가 생긴다. 시장 상황에 따른 변동성이 적용되므로 이자율은 변한다. 또한 자신이 맡긴 자산을 담보로 대출도 가능하다. 예를 들어 스테이블코인인 USDC를 예치하고 이를 담보로 솔라나를 대출하거나 USDC를 그대로 대출하여 다른 코인을 구매한다. 시의적절하게 예금, 대출 서비스를 잘 활용하면 시장 상황 변화에 대응하면서 투자 수익률을 높일 수 있다.

기본적인 예금, 대출 서비스를 기반으로 솔라나 생태계 내에서 디파이 서비스에 유동성을 제공할 수도 있고 레버리지 상품도 있다. 이러한 상품을 활용하거나 예치 등의 서비스를 이용하면 추가로 카미노 토큰을 주기적으로 보상해 준다. 이는 자산을 예치하여 추가적인 수익을 늘리면서 필요할 때 적절히 대출하여 자금을 활용하면서 카미노의 보상 토큰으로 추가적인 이익을 얻는 디파이 서비스다. 이러한 서비스를 활용할 때 단순히 스테이블코인인 USDC, USDT 등을 예치할 때는 리스크가 적지만, 솔라나나 기타 코인을 예치 및 대출, 레버리지를 활용할 때 시장의 하락에 대비하여 리스크가 커지는 것도 투자자가 사전에 알아야 한다.

가장 큰 리스크는 카미노 서비스 자체에 결함이 발견되었을 때이다. 이 서비스에 예치한 자금의 치명적인 손실이 발생할 수 있기 때문에 투자자는 모든 디파이 서비스에 투자하기 전 디파이 서비스의 결함에 따른 손실이 클 수 있다고 알고 투자해야 한다.

솔라나에는 다양한 탈중앙화 거래소가 있다. 주피터Jupiter, 오카Orca,

레이듐 탈중앙화 거래소

출처: https://raydium.io/

드리프트 프로토콜Drift Protocol, 레이듐 등이다. 2025년 1월 기준, 시가총액이 제일 높은 탈중앙화 거래소는 레이듐이다. 일반적으로 주피터나 오카 등이 많이 알려졌지만, 전체 거래 볼륨과 유동성이 레이듐이 가장 높다. 재미난 것은 대표적인 코인인 솔라나, USDC 등의 거래 볼륨이 제일 크지 않고 밈코인 중심으로 유동성과 거래 볼륨이 크다는 점이다.

솔라나 생태계에서는 수많은 밈코인 등이 등장하고 사라진다. 초기에 큰 볼륨을 만들었다가 사라지는 밈코인이 아주 많고 어떤 밈코인이 갑자기 급성장할지 모른다. 이러한 밈코인의 유동성 및 거래 볼륨이 가장 큰 탈중앙화 거래소가 레이듐 거래소다. 이곳에서는 밈코인을 초기에 상장하고 유동성 제공자에게 돌아가는 이자 수익이 높다. 밈코인을 초기에 부스팅 해주는 거래소라 볼 수 있다.

솔라나 생태계에서 다른 코인도 거래되지만 밈코인이 주로 거래의 볼륨을 크게 차지한다는 것이 다른 레이어1 생태계와 비교하여 솔라나 생태계에서의 가장 큰 차이다. 솔라나 생태계는 누구나 쉽게 접근할 수 있는 밈코인으로 시장의 생태계를 키우고 지속해서 투자자의 관심을 끄는 방식으로 조금씩 성장하고 있다. 수많은 밈코인 중에 옥석을 가리기가 어렵지만 솔라나 생태계에서는 이를 적극적으로 활용한다. 솔라나 생태계는 밈코인 중에서 암호화폐 시장을 이끌 트렌드 밈코인을 만들어 내는 밈코인 공장의 역할에 선도적이다.

솔라나 생태계에서 주목할 만한 밈코인 트렌드, 디파이 영역을 살펴보았다. 이외에도 컨슈머Consumer, 디핀, 결제, 커뮤니티, 인프라 등에서도 시장 주도적인 프로젝트가 많으므로 처음 소개한 솔라나 생태계 전체 이미지를 참고하여 프로젝트를 찾아볼 수 있을 것이다.

07 코스모스 생태계의 이해

코스모스 생태계는 자신만의 레이어1 블록체인 서비스를 구축하려는 프로젝트를 위해서 탄생했다. 이더리움은 최초의 스마트 콘트랙트 및 탈중앙화된 애플리케이션 플랫폼을 탄생시켜서 다양한 디앱 서비스를

코스모스 생태계 시가총액

출처: https://cosmos.network/ecosystem/tokens

가능하게 해주었다. 하지만 이더리움의 표준을 벗어날 수가 없으므로 자신만의 완전한 블록체인 서비스를 구축하기에는 한계가 있다. 시장에서 요구하는 서비스가 각양각색이고 프로젝트 빌더 입장에서도 요구에 맞추어야 한다. 이러한 필요를 채워주는 코스모스 서비스가 탄생했다.

코스모스에서 레이어1 블록체인 서비스를 구축하기 위해 필요한 엔진, 툴 등을 무료로 제공해 준다. 이러한 엔진과 툴을 사용하여 자신만의 레이어1 블록체인 서비스를 구축할 수 있다. 그뿐만 아니라 코스모스에서 제공한 엔진과 툴을 사용하여 만든 다른 레이어1과도 토큰의 이

코스모스 생태계 상위 시가총액 순위

RANK	NAME	SYMBOL	PRICE	24H	MARKET CAP
1	BNB Chain	BNB	$538.52	0.51% ▲	$82.84B
2	fetch-ai	FET	$1.22	3.62% ▲	$3.08B
3	Cronos	CRO	$0.092	3.19% ▲	$2.46B
4	Cosmos Hub	ATOM	$6.2	-0.53% ▼	$2.42B
5	Injective	INJ	$20.53	1.36% ▲	$2B
6	Thorchain	RUNE	$3.76	3.07% ▲	$1.27B
7	Celestia	TIA	$6.26	-2.21% ▼	$1.23B
8	Sei	SEI	$0.334	6.15% ▲	$1.02B
9	Akash Network	AKT	$3.43	-0.40% ▼	$829.95M
10	Axelar	AXL	$0.72	0.67% ▲	$518.6M

출처: 코스모스 홈페이지

동 및 통신을 자유롭게 할 수 있다. 레이어1과 레이어1의 통신을 브릿지가 아니라 조금 더 보안이 성숙한 단계에서 통신할 수 있는 서비스를 구축할 수 있는 것이다.

코스모스에서 제공한 툴로써 자신만의 레이어1을 구축하여도 코스모스 생태계의 다른 레이어1과 반드시 연결할 필요는 없다. 자신만의 온전한 서비스를 만들 수 있도록 하는 것이 코스모스의 주요 비전이므로 자유롭게 코스모스 엔진을 사용한 다른 레이어1과 연계할 수 있다.

코스모스 엔진을 사용하여 자신만의 레이어1을 구축하여 서비스한 전체 시가총액은 112억 달러이고, IBC라는 코스모스 엔진을 사용하여 서로 연계해서 서비스할 수 있도록 허용해 준 레이어1 규모는 21억 달러다.

시가총액이 높은 바이낸스 거래소의 토큰 BNB도 코스모스 엔진을 사용하여 서비스를 구축했다. 다만 BNB는 코스모스 생태계의 IBC와 통신하여 사용하지 않는다. 코스모스 엔진을 사용하여 누구나 레이어1 블록체인 서비스를 구축하는 것은 오픈 소스이기 때문에 자유롭게 사용할 수 있다. 원한다면 다른 코스모스 생태계와 연결하여 더 많은 유동성과 연계될 수 있다. 다만 자신만의 목적에 맞게 서비스를 구축하기 위해서 IBC를 쓰지 않고 사용할 수 있도록 설계되어 있다.

IBC는 인터내셔널 블록체인 커뮤니케이션Internet Blockchain Communication의 줄임말이다. 블록체인은 서로 다른 레이어1과는 통신이 불가능한데

이를 극복하고자 탄생한 것이 코스모스 생태계이다. 코스모스 생태계에서는 IBC를 통해서 레이어1끼리 원활한 통신이 가능하다. 일반적으로 서로 다른 레이어1끼리 연결하기 위해서는 브릿지를 사용하는데, 브릿지는 태생적으로 보안에 취약하고 서로 다른 레이어1의 차이점을 잘 수용하지 못한다. 브릿지를 사용하면 여러 가지 제약이 따르고 보안상 취약하다. 반면에 코스모스 IBC를 활용하면 보안상 브릿지보다 뛰어난 형태의 커뮤니케이션이 여러 갈래로 가능한 기본 인프라를 구축하게 된다.

위와 같은 IBC를 사용하여 레이어1 서비스를 구축한 경우 이용자는 서로 다른 레이어1 들과 자유롭게 통신하고 자신의 토큰 및 정보를 공유한다. 보안이 잘 되어있고 비용이 저렴한 IBC를 통해서 빠르고 간편하

IBC 설계구조

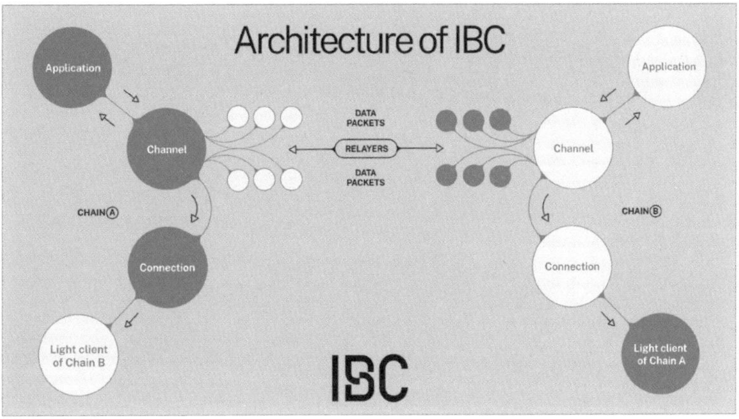

출처: https://ibc.cosmos.network/v8/

게 자산을 이동한다. 결국 블록체인 생태계가 확장될수록 서로 다른 블록체인과 통신 및 이동이 자유로워져야 하는데, 이러한 부분을 핵심적인 과제로 해결하고자 하는 것이 바로 '코스모스 프로젝트'다.

현재 코스모스 생태계에서 IBC를 사용하여 서로 자산을 주고받는 생태가 형성되어 있다. 아래 이미지에서 가장 가운데 있는 원이 가장 많은 자산이 이동하고 있는 원이고 둘째, 셋째 원 순서대로 자산 이동의 볼륨이 적다. 생태계 내에서 첫째 원이 코스모스 생태계에서 가장 규모가 크고 안정적이며 둘째, 셋째 원으로 갈수록 리스크가 커지면서 새롭게 서비스를 론칭하거나 시장에서 볼륨이 작아진 프로젝트이다.

적극적인 투자자라면 셋째 원 중에서 성장할 만한 프로젝트를 선별

코스모스 생태계 IBC 자산 이동 현황

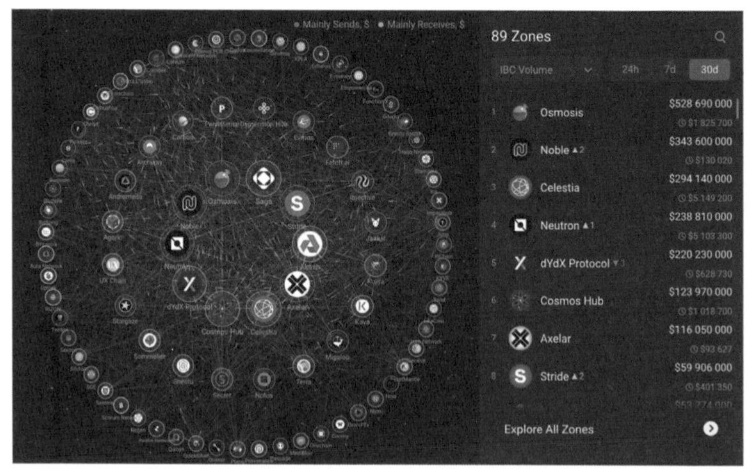

출처: MapOfZones 홈페이지

해서 리스크를 고려하면서 투자하는 전략도 구상해 볼 만하다. 하지만 리스크가 크다는 점을 염두에 두고 자산을 배분하는 게 중요하다.

08 | 코스모스를 대표하는 탈중앙화 거래소, 오스모시스

코스모스 생태계의 가장 큰 장점은 누구나 쉽게 레이어1 블록체인 메인넷을 구축할 수 있다는 점이다. 레이어1 블록체인 서비스를 구축하기도 어렵지만 구축 이후에 다른 레이어1과 자산을 이동하는 건 더욱 어렵다. 이더리움 위에서 서비스를 운용하면 이더리움 사용자와 이더리움 위에서 동작하는 다른 디앱과 상호 작용하기가 쉽다. 그래서 대부분 이더리움 위에서 서비스를 구축하기를 원한다. 반면에 독자적인 레이어1 기반의 메인넷을 구축한다면 이더리움 생태계에서도 멀어지고 자신만의 네트워크 방식이 있기 때문에 다른 생태계와 상호작용이 어렵다.

특히 새로운 체인이라면 거래소 상장 또한 매우 까다롭다. 기존에 없던 기술이므로 그 기술을 거래소에서도 새롭게 개발해야 하기 때문이다. 그래서 대부분 이더리움 기반의 EVM 호환성이 있는 체인으로 개발한다. 가장 많은 사용자와의 호환성 때문이다.

그런데도 자신만의 레이어1을 구축하고자 하는 알트코인은 이 난관을 넘어야 한다. 예를 들어 솔라나는 이미 많은 이용자를 확보하고 있지만 여전히 솔라나 생태계의 디앱은 솔라나 생태계 안에서 한계를 보인다. 순위가 낮은 디앱 서비스는 다른 생태계와 상호운용에 여러 가지 한계가 있다.

코스모스 생태계에서 자신만의 레이어1로 서비스를 구축하면 독자적인 서비스를 만들어 자신만의 거버넌스 안에서 자유롭게 체인을 운용할 수 있다. 이런 독자적인 메인넷 서비스는 고립되기가 쉬운데, 다행히 코스모스 생태계는 IBC라는 좋은 상호운용 메커니즘을 활용한다. 그래서 레이어1의 메인넷을 구축하면서도 고립되지 않고 코스모스 생태계 내에서 자유롭게 자산을 이동하고 거래소에 유동성을 제공받으면서 생태계 내에서 조금씩 확장하면서 성장할 수 있다.

결국 이런 잠재력을 활용하기 위해서는 코스모스 생태계에서 자유롭게 자산을 옮기면서도 풍부한 유동성을 보유한 탈중앙화된 거래소가 필요하다. 코스모스 생태계에서 가장 먼저 탄생한 탈중앙화 거래소가 오스모시스다.

다음 페이지 이미지는 IBC와 연결된 수많은 코스모스 생태계의 레이어1 블록체인 서비스가 오스모시스와 연결된 모습을 보여준다. 신생 레이어1 체인은 관심을 받기가 힘들고 유동성을 제공받지 못하면 오래 생

오스모시스와 연결된 코스모스 생태계

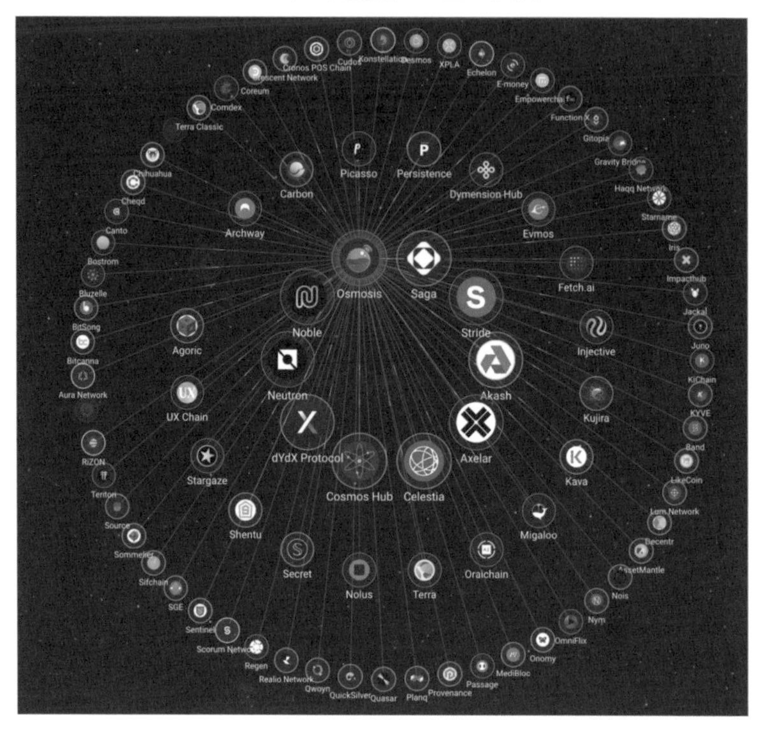

출처: MapOfZones 홈페이지

존하기 어렵다. 특히 프로젝트 초기에는 거래소 상장도 어렵기 때문에 시작도 해보지 못하고 프로젝트 다수가 사라진다. 이런 초기 시장에서 살아남기 위해서는 비용을 최소화하면서도 자유롭게 탈중앙화된 거래소에서 유동성을 제공받으면서 조금씩 프로젝트를 키워나가는 전략이 필요하다.

신생 스타트업과 같은 블록체인 프로젝트를 하는 입장에서는 코스모스 생태계 내에서 오스모시스 덱스를 활용하면 쉽게 유동성이 생기고 투자자로부터 초기에 최소한의 자금을 모을 수 있다. 투자자 역시 신규 프로젝트의 초기에 코스모스 생태계 내에서 성장하는 프로젝트의 초기 투자 기회를 노릴 수 있다. 아직은 중앙화 거래소에 상장되기 전이므로 리스크는 많지만 오스모시스 거래소를 통해서 언제든지 자금을 다른 코스모스 자산과 교환하거나 중앙화된 거래소로 보내서 거래가 가능하다. 그러므로 가격 하락에 관한 리스크가 있어도, 거래를 할 수 없는 리스크는 많이 해결된다.

오스모시스 출시 이후 거래량 데이터

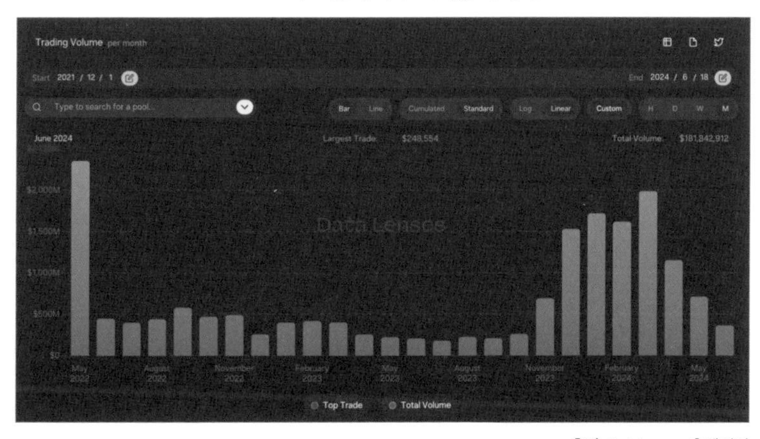

출처: DataLenses 홈페이지

위의 이미지는 오스모시스 탄생 이후 거래 볼륨의 그래프다. 평균적으로 한 달에 5억 달러 정도를 유지하고 있고 거래 볼륨이 크다면 20억 달러 가까이 올라가기도 한다. 이런 거래 볼륨에는 코스모스를 활용한 인기 있는 레이어1이 나왔을 경우에 거래량이 많이 올라간다. 2024년 상반기는 셀레스티아가 시장에서 관심을 많이 받으면서 오스모시스에서 큰 거래 볼륨을 만들었다.

현존하는 코스모스 생태계에서 가장 쉽게 거래할 수 있는 플랫폼이 오스모시스이기도 하고, 앞으로 탄생하게 될 새로운 코스모스 생태계의 서비스도 오스모시스에서 가장 빠르게 거래할 수 있다. 코스모스 생태계가 존재하는 한 오스모시스 역시 계속 있을 수밖에 없는 운명이므로 코스모스 생태계의 발전과 함께하는 주요한 프로젝트 중 하나다. 물론 언제든지 오스모시스 보다 더 나은 탈중앙화 거래소가 나올 수 있지만 현재까지는 코스모스 생태계에서 대체 불가능한 탈중앙화 거래소로 인식되고 있다.

코스모스 생태계 내에서 오스모시스를 중심으로 새롭게 탄생하는 탈중앙화 거래소를 살펴보고 발전 가능성이 있거나 특별한 경쟁력이 있는 서비스와 함께 시장을 파악해 보는 것이 좋다. 특히 디파이 시장은 변화가 빠르기 때문에 오스모시스가 거래량이 많은 서비스면서 안정적이라 하여 시장에서 계속 우위를 점한다고 장담은 못하기 때문이다.

09 | 코스모스를 대표하는 리퀴드 스테이킹 서비스, 스트라이드

코스모스 생태계는 기본적으로 합의 알고리즘을 위임지분증명DPOS, Delegated Proof Of Stake을 사용한다. 코인을 검증인에게 맡기면 검증인이 '블록을 만들고 블록에 관한 보상을 검증인에게 맡긴 홀더에게 수수료를 제외하며 보상을 같이 공유하는 것'이 바로 위임지분증명 합의 알고리즘이다.

코스모스 생태계는 기본적으로 모두 스테이킹으로 보안을 유지하는 시스템이므로 블록 생성에 참여하여 보안에 기여하고 투표권을 얻고 보상을 받기 위해서는 반드시 스테이킹을 해야 한다. 짧게는 14일 길게는 21일 정도 스테이킹 해제 기간이 소요된다.

스테이킹 이후에 다시 급하게 코인을 시장에서 현금화하기 위해서는 14일, 21일이 소요된다. 특히 시장의 변동성이 큰 알트코인에서 이 기간을 기다리는 동안 투자자가 큰 부담을 느낀다. 한편 스테이킹 된 자산이 해당 체인의 보안에는 기여하지만 시장에서 유동성으로 활용되지 못하는 단점도 오랫동안 제기되어 왔다.

이 두 가지를 모두 해결하기 위해서 리퀴드 스테이킹Liquid Staking이라는 개념이 새롭게 등장했다. 리퀴드 스테이킹은 스테이킹과 똑같은 효과를 주지만 시장에서 언제든지 거래할 수 있게 해준 토큰을 의미한다.

검증인에게 맡긴 스테이킹된 토큰을 기준으로 사용자에게 스테이킹된 토큰에 관한 증서와 같은 토큰을 제공해 준다. 이 토큰은 스테이킹

스트라이드 유동성 제공 볼륨

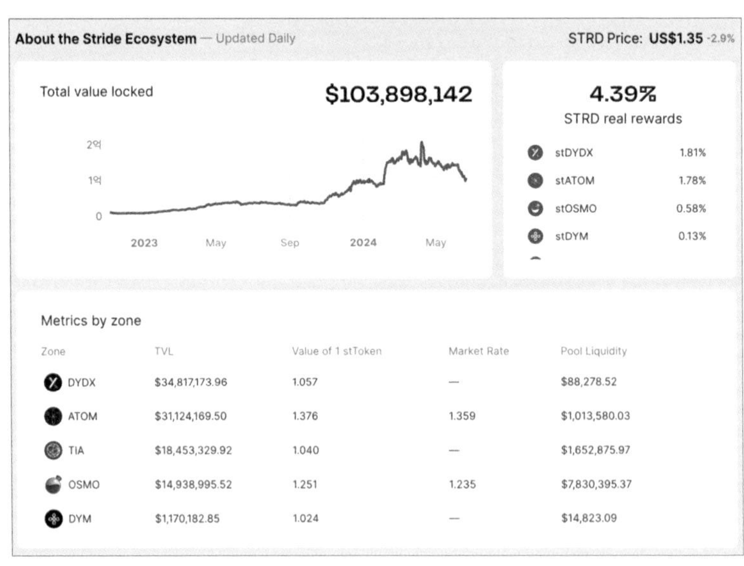

Zone	TVL	Value of 1 stToken	Market Rate	Pool Liquidity
DYDX	$34,817,173.96	1.057	—	$88,278.52
ATOM	$31,124,169.50	1.376	1.359	$1,013,580.03
TIA	$18,453,329.92	1.040	—	$1,652,875.97
OSMO	$14,938,995.52	1.251	1.235	$7,830,395.37
DYM	$1,170,182.85	1.024	—	$14,823.09

출처: 스트라이드 홈페이지

된 것에 관한 증서이므로 시장에서 언제든지 사고팔 수 있다는 장점이 있다.

옆 페이지의 지표는 코스모스 생태계에서 대표적인 리퀴드 스테이킹 서비스인 스트라이드에 관한 통계수치다. 스트라이드를 활용해서 유동화된 스테이킹 자산으로 가지고 있는 코스모스 생태계의 주요 코인들과 볼륨을 나타낸다.

리퀴드 스테이킹은 유동성이 자유롭고 스테이킹과 유사한 효과를 주지만 리퀴드 스테이킹은 스테이킹보다는 보안성이 낮을 수밖에 없다. 가격이 일시적으로 디패깅(원래 스테이킹 된 자산과 가격의 차이)이 발생하거나 디패깅에 의해서 시장에 영향을 줄 수도 있다. 스테이킹보단 조금 더 손실 위험이 있는 파생 상품으로 이해하면 된다.

시장은 스테이킹 시스템의 기본적인 메커니즘을 잘 유지하면서 스테이킹 시스템의 한계를 극복하기 위해서 리퀴드 스테이킹 등 다양한 형태의 디파이 상품을 지속해서 출시한다. 아직은 시장이 초기이므로 기존 금융상품에 비하여 리스크가 크다. 반면에 리스크를 감안하면서 초기에 괜찮은 서비스를 잘 선별할 수 있는 안목이 있다면, 리스크 대비 괜찮은 투자 수익을 안겨줄 상품이 지금도 계속 출시되고 있다. 변화하는 시장에서 서비스를 일부 사용해 보고 가능성을 열린 마음으로 살펴보는 자세가 중요하다.

10 | 대표적 탈중앙화 무기한 선물 거래소Perp Dex DYDX

DYDX는 이더리움 생태계에서 가장 먼저 출시된 탈중앙화된 무기한 선물 거래소로 유명하다. 이더리움은 이더리움의 보안을 활용하고 이더리움 내의 다른 서비스와 자유롭게 통신할 수 있는 장점이 많다. 반면에 이더리움 규칙 안에서 구동되어야 하므로 애플리케이션 서비스의 특화된 자율성을 구현하기에 어려움이 따른다.

DYDX는 이러한 한계로 인하여 코스모스 생태계에서 변화를 추구했다. 코스모스 SDK를 활용하여 레이어1의 선물 거래소를 구축한 것이다. 특히 선물 거래소는 속도와 자율성이 중요하기 때문에 코스모스 생태계의 자율성과 주권을 부여해 주는 특징과 잘 어울린다.

특별히 DYDX를 스테이킹하여 체인의 보안 및 시스템을 유지하는데 기여하는 홀더에게 주는 혜택이 다양하다. 홀더는 자유롭고 빠르게 탈중앙화된 선물 거래소의 특징을 활용해서 거래할 수 있다. 보안을 유지하기 위해서 DYDX 토큰을 활용하여 검증인들에게 위임하면서, DYDX 거래소에서 발생하는 수수료를 이자로 받도록 선물 거래소만의 특징을 시스템에 활용했다.

장기적인 관점에서 투자하는 DYDX 토큰 홀더가 지속해서 토큰을 보유하려면 시스템이 유지되어야 하고 보안이 뒷받침되어야 한다. 안정적인 시스템 환경에서 코인의 가치도 올라가며 선물 거래소에서 거래하는 트레이더가 자유롭고 안전하게 투자할 수 있다.

아직은 탈중앙화된 선물 거래소가 중앙화된 거래소에 비하여서 규모

DYDX 거래 현황 및 목록

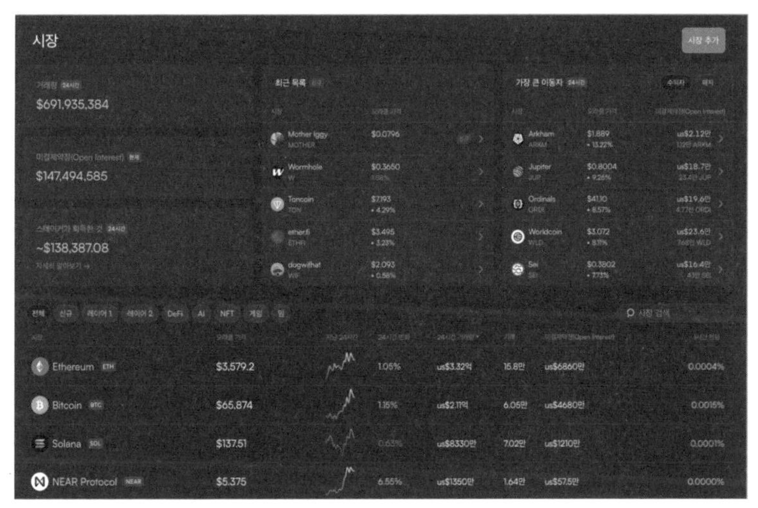

출처: DYDX 홈페이지

도 작고 거래량이 크지 않아서 트레이더가 많지 않다. 그러나 시간이 지나서 중앙화 거래소에 비교하여 적지 않은 거래량이 생긴다면 이러한 무기한 선물 거래소는 장기적으로 성장 가능성이 높다.

결국 비용을 줄이고 트레이더에게 혜택을 주면서 토큰 홀더들을 장기적으로 보유할 수 있도록 제공하는 근원적인 시스템이 갖추어져 있다면 현재보다 미래의 잠재적인 수익을 안겨줄 수 있다. 물론 시간이 지나서 더 나은 서비스가 출시하여 가진 토큰의 가치가 떨어지거나 해킹이나 코드가 취약하여 디파이 시스템에 치명적인 손실을 볼 수도 있다. 이러한 리스크를 잘 이겨내야 수익이 발생한다.

기존의 이더리움 생태계에서 가장 유명했던 탈중앙화 선물 거래소가 코스모스 생태계에서 서비스를 시작했다는 건 앞으로도 코스모스 생태계 내에서 특화된 서비스가 많이 출시될 가능성을 시사하기도 한다. 암호화폐 생태계가 발전할수록 지금과는 다른 새로운 영역의 서비스가 많이 필요한데 이런 필요에 맞추어 생태계도 성장할 것이다. 투자자로서 탈중앙화 선물 거래소의 대표 격인 DYDX의 발전과 새롭게 출시되는 선물 거래소와의 경쟁도 주의 깊게 봐야 한다.

11 텔레그램 기반의 새로운 생태계, 톤

알트코인 중에서 최근에 주목할 만한 것은 '톤TON 생태계'로 이는 텔레그램 기반의 암호화폐 생태계이다. 텔레그램은 전 세계적으로 연결되어 가장 많은 정보가 실시간으로 오고 가므로 암호화폐 투자자 대부분이 텔레그램에서 정보를 주고받는다. 텔레그램은 일반적인 메신저 애플리케이션이지만 투자 정보를 가장 빠르게 얻을 수 있는 최고의 커뮤니케이션 툴이기도 하다.

기존의 암호화폐 생태계는 기술이 먼저 개발되고 난 뒤 사용자를 모아 왔다. 반면에 텔레그램은 이미 사용자를 확보했기 때문에 사용자를 모으는 방법에서 우위가 있다. 이러한 텔레그램에서 탄생한 톤 생태계는 텔레그램 사용자를 중심으로 쉽고 빠르게 전파될 수 있다는 게 장점이다.

톤 생태계가 시작되고 가장 먼저 인기를 끈 애플리케이션은 낫NOT 코인이다. 이름에서 알 수 있듯이 아무런 가치가 없는 코인이라는 마케팅으로 시작했고, 텔레그램 애플리케이션에서 쉽게 낫코인 애플리케이션을 실행해서 열심히 손가락으로 탭을 하면서 클릭하면 낫코인을 채굴하는 방법으로 사람들에게 처음 알려졌다. 대부분은 어떤 가치가 있을지 모르고 시작했으나 어느 정도 사용자가 생기고 채굴이 끝나는 시점에 낫코인은 상장했고 예상외로 노력에 비하여 코인의 가격이 많이 올랐다. 그 이면에는 텔레그램의 사용자를 이미 확보하고 있던 이유도 있지만 기존과 다른 콘셉트로 사용자를 모았다는 점과 낫코인의 토큰 이코노미가 다른 암호화폐와는 큰 차이가 있어서 시장에서 고유한 가치가 있었다.

대부분의 신생 코인에 암호화폐 벤처 캐피털이 먼저 투자하므로 일반 투자자는 어느 정도 비싼 가격에 살 수밖에 없는 구조이다. 반면에 낫코인은 채굴 물량을 78%로 설정해서 대부분의 물량을 일반 사용자(채굴자)가 가져갈 수 있게 토큰 이코노미를 구성했다. 개발팀을 위한 물량은 5%밖에 되지 않고 나머지 낫코인 생태계 발전을 위해서 사용할 펀드 9%를 제외한 모든 물량이 투자자에게 모두 풀렸다. 투자자 입장에서는 벤처 캐피털이 먼저 투자하고 그 뒤에 물량을 받아내야 하는 불리한 조건을 해소한 프로젝트이다.

아무런 가치가 없는 것 같은 낫코인이었지만 상장과 함께 시가총액

낫코인 토큰 이코노미

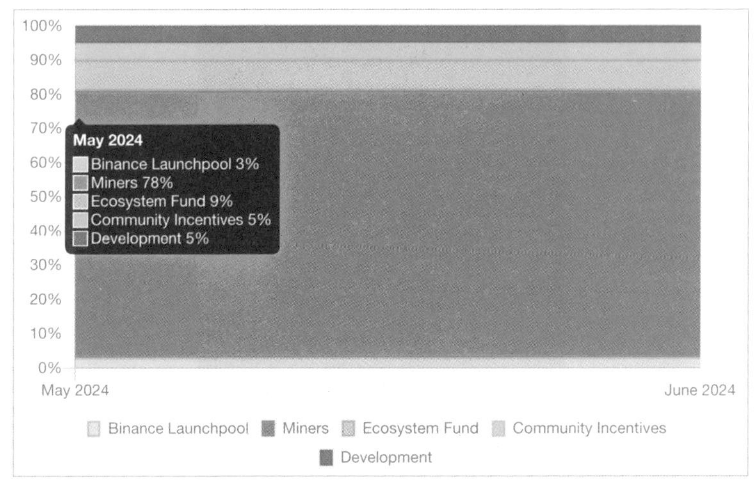

출처: 바이낸스 리서치

100위권 안에 들면서 톤도 같이 시가총액 10위권 안으로 진입했다. 더불어 많은 프로젝트가 톤 생태계 안에서 제2의 낫코인이 되기 위해서 프로젝트를 연계하고 있다. 톤이 장점을 내세워 텔레그램 사용자를 기반으로 쉽고 빠르게 커뮤니티를 확장할 수 있는 애플리케이션 서비스까지 론칭하였다.

텔레그램이라는 강력한 커뮤니케이션 메신저를 중심으로 기존 앱스토어, 구글플레이와 같은 생태계도 텔레그램 내에서 조금씩 구축해 나가고 있다. 기존의 웹3은 지갑 설치 및 사용자 UI가 불편하고 접근성에 한계가 많지만, 텔레그램은 암호화폐 사용자와 단순히 텔레그램을 커뮤니케이션 용도로 사용하는 사용자 모두를 문제없이 수용한다.

텔레그램 톤 게임 생태계 앱

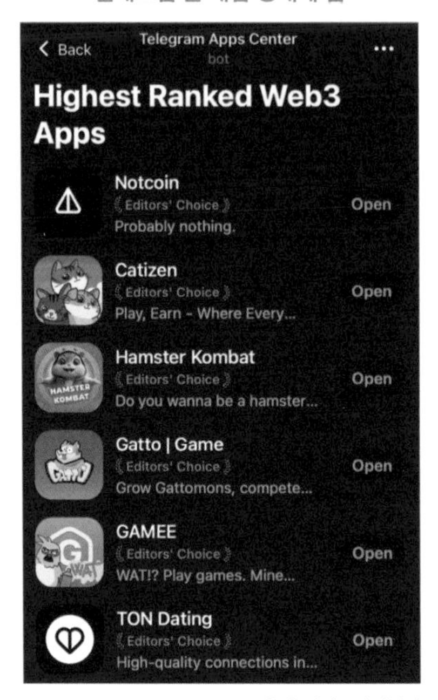

출처: 텔레그램 메신저

결국 누구나 쉽게 사용할 수 있는 게임 위주의 애플리케이션을 빠르게 출시하는 생태계를 만들었고, 암호화폐 투자자를 중심으로 일반 사용자까지 모두 사용할 수 있으면서 부가적인 수익까지 만들 수 있는 차별점을 강점으로 빠르게 성장하고 있다.

암호화폐 생태계가 대부분 스타트업 같은 상황이라면 텔레그램은 기존 대기업과도 유사한 위치에서 시작하기 때문에 기존의 암호화폐 생태계의 단점을 극복하면서 더 빠르게 생태계에서 독보적인 위치에 오를 수 있는 장점을 갖추었다.

톤 생태계는 텔레그램으로 시작한 커뮤니케이션 애플리케이션에서 자체 암호화폐 생태계를 구축하였고, 여느 참여자와 프로젝트 팀이 손쉽게 서비스를 시작할 수 있도록 여러 가지 제한을 많이 해결하였다. 앞으로 알트코인 생태계에서 주목할 만하다.

12 | NFT를 중심으로 한 새로운 생태계, 베라체인

베라체인은 1억 4천 2백만 달러(원화로 약 2,000억 원)를 투자받았다. 시리즈A에서 4천 2백만 달러를 투자받고 시리즈 B에서 1억 달러를 투자받았다. 시리즈A에서는 폴리체인 캐피탈이 리드투자자이며, 시리즈B에서는 프레임워크벤처스가 리드 투자자로 참여하였다.

암호화폐 생태계는 밈 생태계가 큰 영향을 끼친다. 인터넷 중심의 문화 특성도 있고 기존 시장과의 차별성을 주고 싶어 하는 특징도 있다. 베라체인은 봉 베어즈Bong Bears라는 NFT를 중심으로 커뮤니티가 먼저 형성되었다. 커뮤니티 주도의 생태계가 프로젝트를 이끌다가 기존의 커뮤니티를 기반으로 레이어1 메인넷 체인으로 발전하게 된다.

일반적으로 레이어1이 먼저 형성되고 해당 레이어1에서 생태계가 여러 양상으로 생겨난다. 그런데 베라체인은 이를 반대로 실행했다. 커뮤

베라체인 펀딩 규모

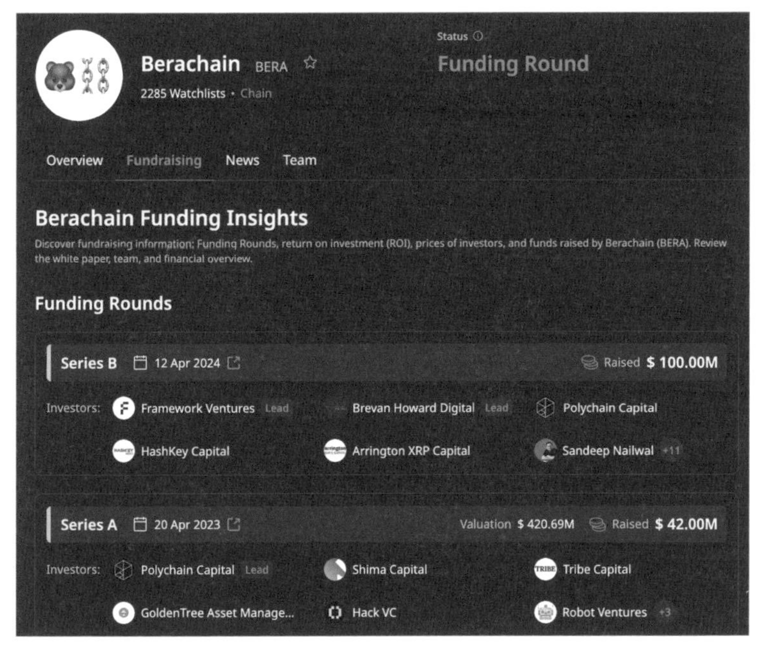

출처: https://cryptorank.io/ico/berachain

니티가 먼저 형성되었고 이를 기반으로 기존에 없었던 새로운 개념의 레이어1을 만들었다. 이런 과정에서 주요한 벤처 캐피털로부터 큰 투자도 끌어낸다.

베라체인은 유동성 증명Proof Of Liquidity이라는 새로운 개념을 도입하였다. 합의 알고리즘의 핵심 엔진은 텐더민트를 사용하였고 디앱의 사용자 친화성을 위해서 가장 대중적인 EVM 기반을 도입했다. 기존에 검증된 합의 알고리즘을 사용해서 레이어1을 안정되게 구축하면서 최대한 많은 사용자를 가지고 있는 이더리움 생태계에서 쉽게 사용할 수 있도록 설계했다.

베라체인에서 사용하고 있는 합의 알고리즘인 유동성 증명은 기존 디파이에서 지속해서 생기고 있는 유동성 부족 현상을 해결하기 위해서 제안되었다. 대부분 디파이 서비스는 유동성 제공자를 모집하고자 초반에 많은 인센티브를 제공한다. 그런데 대부분 이 인센티브를 받으려고 유동성 제공자가 특정 서비스에 진입하였다가 초반 인센티브만 받고 다른 디파이로 떠나는 일이 대부분이다. 그래서 신규 디파이 서비스가 초반에 반짝 시장의 관심을 받다가 시간이 지나면서 시장에서 외면당하는

베라체인 유동성 증명 합의 알고리즘 구조

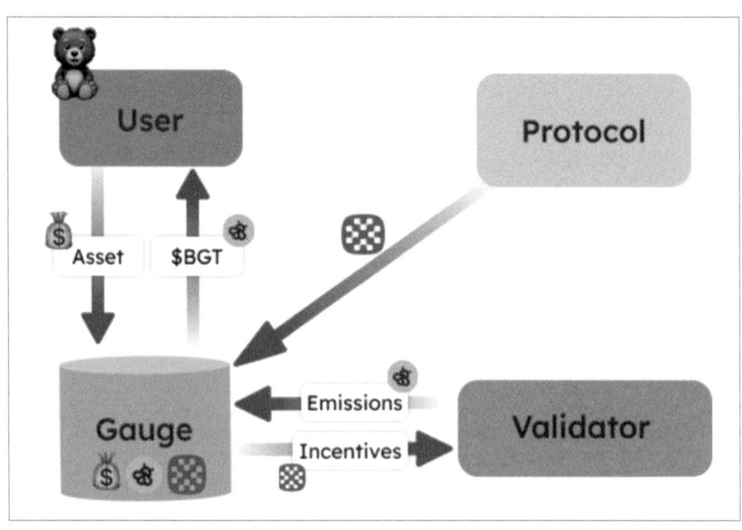

출처: https://blog.berachain.com/blog/the-pol-post

일이 빈번하다. 이런 흐름은 장기적으로 봐도 프로젝트가 건강하게 성장할 수 없으므로 해결책이 필요하다.

베라체인은 이러한 디파이 서비스 한계를 극복하기 위한 새로운 합의 알고리즘을 제시한다. 유동성 공급자가 지속해서 체인에 머무를 수 있도록 레이어1에서 블록을 생성하고 토큰받는 인센티브를 기존의 검증인만 받는 게 아니라, 유동성을 제공하는 일반 투자자도 가능하도록 합의 알고리즘을 구상한 것이다. 기존에는 레이어1의 블록 보상을 검증인과 검증인에게 자산을 스테이킹 한 투자자가 받았다. 베라체인은 '검증인과 자산을 스테이킹 한 투자자뿐만 아니라 체인에 유동성을 공급한 유동성 공급자'에게도 이 블록 보상을 해주는 시스템으로 업그레이드한 것이다.

기존에 디파이 투자자가 지속해서 특정 디파이에 머무르지 못한 근본적인 해결책을 가장 하위 레벨의 블록 보상에 관한 토큰 인센티브 구조까지 확장한 것이다. 조금 쉽게 설명하면 기존에 디파이 서비스는 레이어1 위에 존재하는 탈중앙화된 애플리케이션의 한 종류였다. 그런데 베라체인은 이 디파이 서비스를 레이어1 레벨로 내려오게 한 것이다. 다시 말해 최초의 레이어1 디파이 서비스로 이해할 수 있다.

시장의 기대감은 있지만 베라체인이 론칭이 되고 나서 어떤 시장의 평가를 받을지는 아직 정확히 알 수 없다. 다만 알트코인 투자자들은 시장에 론칭하기 전에 어떤 벤처 캐피털이 얼마만큼 투자했는지, 그 과정이 어떠했는지, 기존에 존재했던 프로젝트와 차별점은 어떤 게 있는지, 시장의 평가는 어떠한지에 관해 종합적으로 분석해 보고 투자를 결정해야 한다.

신규 프로젝트도 마찬가지이다. 시장에 론칭하고 나서 초반에는 많은 관심을 받지만, 시간이 지나면서 금방 시장의 반응에서 멀어져 간다. 출시 전에 과도한 관심을 받다가도 프로젝트가 출시되고 나면 그 열기가 오래 가지 않는 경우가 많다. 베라체인 뿐 아니라 암호화폐 생태계에서 새로운 프로젝트를 많이 시도한다. 따라서 투자자는 벤처 캐피털과 같은 마인드로 10개를 투자해서 그중에 1개 정도 성공할 거라는 확률로 분산 투자하는 전략이 필요하다.

이미 시장에서 어느 정도 성숙기에 들어간 프로젝트는 투자 방식이 달라야 하지만 시장의 초기에 크게 관심이 쏠리는 프로젝트들은 리스크가 크기 때문에 적절히 자산을 배분해서 투자해야 한다. 베라체인 뿐 아니라 새롭게 론칭하는 프로젝트를 볼 때 '기존에 이러한 서비스가 존재했는가?'이고 또 하나는 '이 프로젝트의 장기 성장 가능성이 어느 정도 되는가?'라는 관점으로 신규 프로젝트를 분석하는 것이 바람직하다.

암호화폐 생태계는 밈 생태계가 큰 영향을 끼친다. 인터넷 중심의 문화 특성도 있고 기존 시장과의 차별성을 주고 싶어 하는 특징도 있다. 베라체인은 봉 베어즈Bong Bears라는 NFT를 중심으로 커뮤니티가 먼저 형성되었다. 커뮤니티 주도의 생태계가 프로젝트를 이끌다가 기존의 커뮤니티를 기반으로 레이어1 메인넷 체인으로 발전하게 된다.

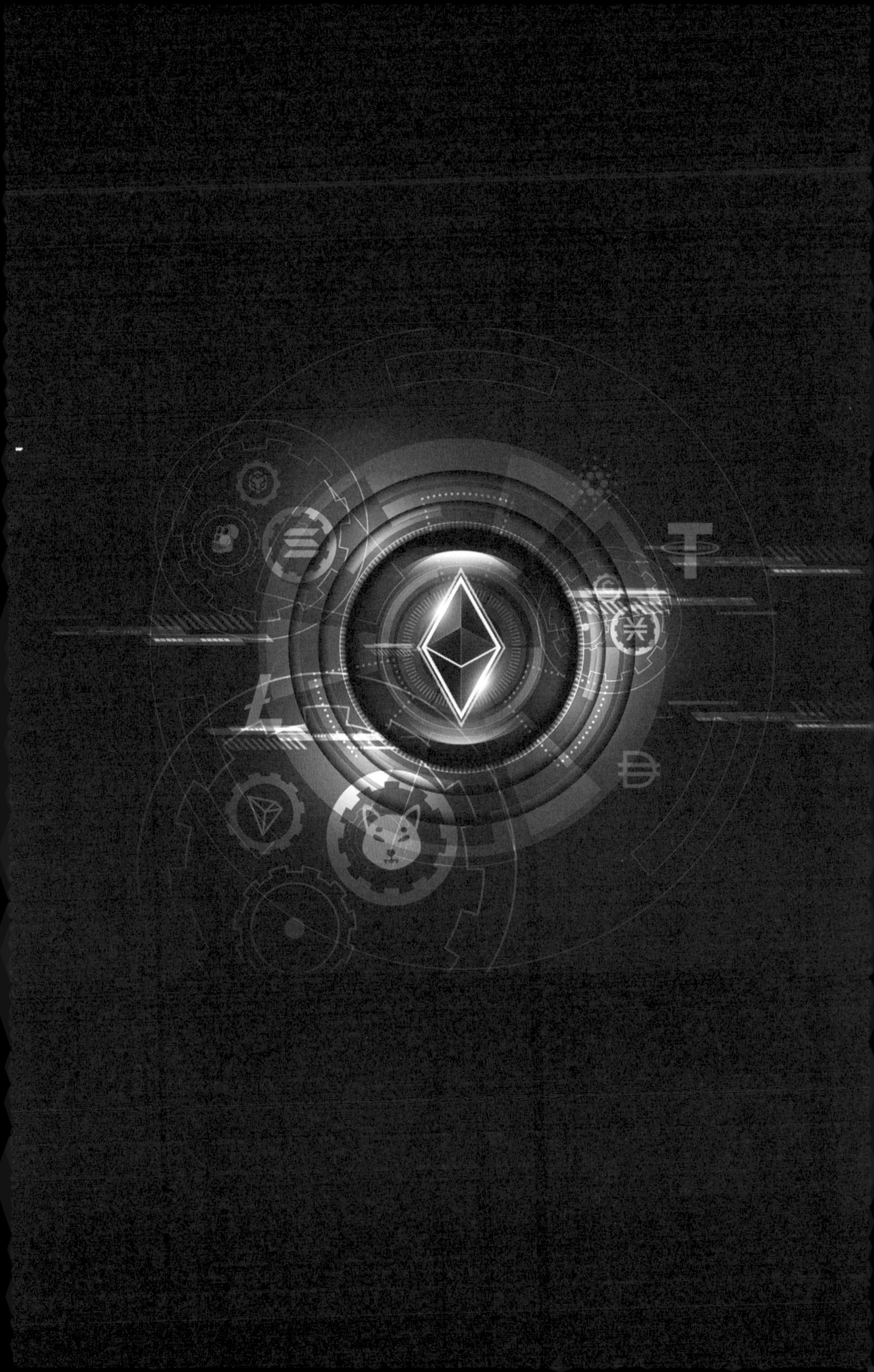

PART 4
알트코인 투자 전략

01 비트코인 투자와 다른 알트코인 투자

알트코인 투자는 비트코인 투자보다 어렵다. 비트코인은 인플레이션 헤지 수단으로서, 확고한 가치 저장 수단으로 자리매김했다. 따라서 꾸준히 모아 나가고, 오랫동안 보유하고 있으면 된다. 미래지향적이고 기술적인 자산으로서 다면적인 성격도 지니고 있기 때문에 위험 자산으로도 분류된다. 향후 큰 수익 상승도 기대된다. 필자는 비트코인은 장기적으로 우상향할 것이 확실하다고 본다. 따라서 비트코인 투자에서 중요한 덕목은 인내심, 꾸준함, 용기 이런 것이다.

반면 알트코인을 비트코인처럼 투자하면 실패 가능성이 훨씬 높다. 알트코인은 비트코인처럼 꾸준히 모아나가기만 해서는 안 된다. 무엇보다 펀더멘털에 관해서 비트코인보다 훨씬 더 고민해야 한다. 중요한 순간에 매도도 할 수 있어야 한다. 트레이딩 관점과 전략을 필수적으로 탑재하고 가야 한다는 의미이다. 그렇기에 알트코인은 비트코인과 비교했을 때 확인해야 하는 지표가 많다.

알트코인의 변동성은 비트코인을 월등하게 뛰어넘는다. 시장의 변화를 꾸준히 관찰하고, 대응해야 투자에 성공할 수 있다. 알트코인 투자는 내러티브와 트렌드의 변화에 민감해야 한다. 하나의 코인을 충실하게 모아나가는 것이 좋은 전략이 아닐 수 있다는 의미이다. 더군다나 다음 대세상승장 시즌까지 자신이 보유한 코인이 살아남을지 누구도 장담할 수 없다. 이는 시가총액 상위권의 코인도 예외가 아니다.

알트코인의 단기 변동성을 좌우하는 건 내러티브이다. 내러티브는 쉽게 말해서 이 코인이 얼마나 현재 트렌드에 부합하고, 대세이며, 매력적인지를 의미한다. 내러티브가 좋은 코인은 단기적으로 상승할 가능성이 높다. 코인의 펀더멘털이 높지 않더라도 상관은 없다. 아무런 가치가 없는 코인일지라도 내러티브가 좋으면 짧은 기간에 급등이 가능하다. 밈코인처럼 내재가치가 없지만, 단기간에 몇 배에서 수십 배 급등하기도 한다. 마가MAGA 밈코인을 예로 들어보자. 도널드 트럼프 대통령이 유세 현장에서 총격당하고도 주먹을 불끈 들어 올리자 마가 가격이 급등했다. 미 대선을 중심으로 한 변화, 그에 따른 내러티브가 반영된 예이다.

'정치적인 스토리가 있다'는 측면에서 마가 코인의 상승은 나름대로 예측 범위 내에 있을 수 있다. 예를 들어 카멀라 해리스Kamala Harris의 지지율이 높아졌을 때는 해리스 밈코인의 가격이 급등했다. 그런데 밈코인의 중심에는 그런 가시적인 내러티브보다 강아지, 고양이, 하마, 개구리 등이 있다. 이번에는 어떤 강아지 밈코인과 고양이 밈코인이 뜰 지 예측하는 것은 불가능에 가깝다. 수만 개의 밈코인이 존재하기 때문이다.

내러티브는 단지 밈코인에만 적용되는 것은 아니다. 인프라 프로젝트에도 적용된다. 특정 인프라 프로젝트가 상승하기 위해서는 인프라를 얼마나 잘 확충하고, 확장했는지가 중요하다. 프로젝트의 근본적인 성장을 펀더멘털 지표로 확인해야 한다.

하지만 높은 수준의 인프라를 제공하고, 성과를 내야지만 가격이 상승하는 것은 아니다. 그동안에 누구도 시도하지 않았던 영역에서 새로운 인프라를 구축하겠다고 선포하거나, 새로운 방향성을 제시하거나, 새로운 기술이나 방법론을 선보이면 내러티브에 의해서 충분히 단기적으로 상승할 수 있다. 셀레스티아나 세이 네트워크 등을 예로 들 수 있다. 셀레스티아는 최초의 모듈형 블록체인이라는 새로운 내러티브를 제시했다. 세이 네트워크는 병렬식 EVM 체인이라는 점을 강조했다. 이 내러티브는 상승장 흐름과 맞물리면서 시장에서 설득력을 얻었고, 결국 큰 가격 상승으로 연결되었다.

내러티브가 단기적인 상승세에 큰 영향을 미친다면 장기적인 상승은 펀더멘털로 수렴된다고 보는 편이 맞다. 펀더멘털이 없는 상태에서 상승하면, 하락 역시 시간문제다. 크게 상승한 만큼, 크게 하락하는 경우가 많다. 밈코인을 예로 들면 쉽게 알 수 있다. 암호화폐 시장이 하락

추세로 접어들면서 인프라 관련 프로젝트가 20~30% 빠지는 동안에 밈 코인은 60~70%씩 하락하기도 했다. 메이저가 아니라 마이너 밈코인은 90%씩 빠지는 일도 허다했다.

02 | 수익성과 안정성을 동시에 잡는 3대 항목

모든 자산 투자에서 가장 중요한 세 가지는 '종목 선택, 마켓 타이밍, 자산배분'이다. 셋은 서로 우열을 가리기 어려울 정도로 중요하다. 알트코인 투자에서도 마찬가지다.

종목 + 마켓 타이밍 + 자산배분
종목: 펀더멘털 + 내러티브
마켓 타이밍: 저평가
자산배분: 포트폴리오 리밸런싱

그런데 기본적으로 좋은 알트코인을 선택하지 않는다면 타이밍이나 자산배분은 의미가 없다. 따라서 셋 중에서 굳이 우열을 가린다면 종목

선택의 중요도가 상대적으로 높다.

다음으로 고민해야 하는 것은 '마켓 타이밍'이다. 효과적인 매매 타이밍을 잡는 것은 암호화폐 투자에서 지속적인 수익을 창출하기 위한 핵심 요소다. 아무리 펀더멘털이 좋은 프로젝트더라도 고점에서 잡는다면 어떻게 될까? 다시금 고점을 경신하고 이익을 얻기 위해서 많은 시간이 필요하다. 특히 대세상승장 정점에서 잡았을 때는 원금을 회복하는 데 수년의 시간이 걸리기도 한다. 따라서 알트코인은 '저평가 구간'에서 매수 타이밍을 잡아야 한다. 이 사실을 반드시 기억하기 바란다.

대세상승장이 시작되면 매일 특정 알트코인의 가격은 이유 없이 펌핑한다. '순환매'라고 한다. 시장이 뜨거워질수록 많은 투자자가 펌핑하는 코인에 함부로 올라타고, 결국 손실을 본다. 다시 한번 강조하지만, 알트코인은 저평가 구간으로 진입했을 경우에만 사야 한다. 이것이 바이더딥Buy The Dip 전략이다.

다시 말해 크게 하락한 이후 반등 시그널이 나타날 때 진입하는 것이 좋다. 만약 투자를 원하는 알트코인이 상승 추세를 타게 되었는데, 아직 원하는 만큼 물량을 담지 못했다면 차분하게 기다리면 된다. 가격은 큰 상승 흐름 이후 원점으로 돌아오는 일이 빈번하다. 알트코인은 그만큼 변동성이 높다. 트레이딩 관점을 가지고 가야 하는 이유는 크게 상승한 구간에서 수익 실현을 해야 하기 때문이다. 비트코인과 다르게 빠른 대응이 중요하다. 마켓 타이밍은 온체인 지표와 기술적인 차트 분석 등을 통해서 정한다. 이에 관해서는 앞으로 자세히 살펴보겠다.

셋째, 자산배분이다. 암호화폐 투자에는 자산배분 관련해서 중요한 원칙이 있다. 바로 '비트코인과 이더리움의 비중을 유의미하게 가지고 가야 한다'는 것이다. 앞서 비트코인은 다면적인 정체성을 지니고 있다고 강조했다. 시장에서는 두 가지 관점이 팽팽하게 균형을 이루고 있다. 누군가는 비트코인을 높은 수익률을 추구하는 위험성 자산으로 인지한다. 누군가는 디지털 금, 인플레이션 헤지에 특화된 자산으로 여긴다. 거기다 비트코인은 유동성에 민감한 자산이다. 24시간 거래가 가능하고, 바로 현금화가 가능하다는 점에서 자본순환이 빠르다. 자본이 들어올 때는 가장 먼저 들어와 가격이 높이 상승하지만, 시장의 급격한 위기 상황으로 자본이 빠져나갈 때는 다른 자산보다 먼저 진행된다는 의미이다. 그런데 더 큰 문제는 따로 있다. 비트코인보다 알트코인에서 먼저 유동성이 빠져나간다는 것이다. 이것이 비트코인 대비 알트코인의 변동성이 훨씬 높은 이유다. 더욱이 알트코인은 시가총액이 작기 때문에 비트코인 대비 작은 자본 유출에도 가격이 크게 하락한다. 비트코인이 10% 하락할 때 알트코인은 20~30% 혹은 그 이상 하락한다.

따라서 비트코인과 이더리움 같은 시가총액이 큰 암호화폐를 메인 포트폴리오로 구성하지 않으면 변동성을 감당하기 어렵다. 전형적인 하이 리스크, 하이 리턴 시장이다. 높은 수익을 추구할수록 높은 손실을 감당해야 한다. 따라서 리스크 헤지를 위한 포트폴리오 전략을 구성해야 한다.

참고로 시장에 처음 진입한 투자자는 어떤 종목을 사야 할지 주로 자문한다. 하지만 점점 투자에 익숙해질수록 특정 코인을 언제 사서, 언제 팔아야 하는지, 어느 정도 물량으로 포트폴리오에 배분해야 하는지에 관심을 돌린다. 즉, 알트코인 투자에서는 세 가지 요소를 균형 있게 고려해야 한다. 큰 변동성을 대비하기 위해서는 투자자는 단순히 종목 선정에만 관심을 가질 것이 아니라 매매 타이밍과 자산배분의 관점을 명확히 해야 한다.

03 내러티브와 펀더멘털을 활용한 투자

알트코인 종목 선택을 위해서는 펀더멘털과 내러티브 두 가지를 중요하게 보아야 한다. 내러티브는 매력도라고 이야기했다. 먼저 내러티브에 관해서 간단하게 살펴보고 이후 펀더멘털을 깊이 있게 살펴보겠다. 내러티브는 현재 시장에서 가장 주목하고 있는 분야나 테마, 섹터, 혹은 코인을 의미한다. 예를 들어 2024년 상반기에 AI 코인이 크게 상승 추세를 보였는데, 이는 펀더멘털보다는 내러티브에 의한 상승이라고 볼 수 있다. 앞으로 AI가 대세가 될 것이라는 기대감과 엔비디아 등의 성장세가 맞물리며 상승한 것이다.

알트코인 대세상승장이 시작되면 내러티브에 의한 상승이 더 가파르게 이루어질 수 있다. 그런데 내러티브는 장기적인 성장세를 담보하기는 어렵다. 아직은 기대감이나 트렌드 등에 의한 것이기 때문에, 만약 내러티브가 펀더멘털로 전환되지 않는다면 향후 큰 하락세로 접어들 수 있다.

내러티브는 어떻게 파악할까? 시장을 꾸준하게 관찰하면서 계속해서 자료를 찾아내는 것에서 비롯된다. 최초의 내러티브가 발굴되는 곳은 주로 X(트위터)이다. 프로젝트 재단이나 주요 관계자는 X를 가장 중요한 SNS로 활용한다. 이어서 흐름은 텔레그램이나 디스코드 등으로 이어지고, 유튜브에서 특정한 코인을 접하는 경우 이미 내러티브가 많이 회자한 상태다. 유튜브에 소개된다는 것은 내러티브 초기에서 대중 확산의 단계로 접어들었다는 것을 의미한다.

내러티브는 변화무쌍하다. 특히 암호화폐 시장에서는 변화가 빠르다. 따라서 계속해서 리서치 보고서와 기사 등을 접하면서, 흐름을 파악해야 한다. 본인이 투자한 알트코인이라면 반드시 모니터링을 거쳐야 한다. 온체인 지표나 차트를 통해서 중요한 구간을 꾸준히 포착하는 절차도 중요하다. 그만큼 내러티브 기반의 코인으로 장기 투자에 성공하기는 어렵다. 따라서 내러티브성 코인으로 투자에 성공하기 어려운 투자자는 펀더멘털이 좋은 프로젝트를 보유하고 있다가 대세상승장 정점에서 매도하고 나가는 전략이 유효하다.

지금부터는 펀더멘털에 관해서 살펴보겠다. 펀더멘털은 내재 가치라는 의미로 해당 프로젝트가 근본적으로 성장하고 있는지를 판단하는 의미있는 척도다. 블록체인은 네트워크라는 점에서 펀더멘털은 더욱 중요한 측정 항목이다.

펀더멘털은 구체적인 수치로 표현할 수 있는 성과다. 주식을 예로 들면 매출, 이익 등이 재무제표에서 성과로 제시된다. 알트코인도 비슷하다. 특히 레이어1 프로젝트는 블록체인 네트워크에서 자산의 이동 과정에서 수수료 수익이 발생하기 때문에 유의미한 수준의 펀더멘털을 측정할 수 있다.

펀더멘털 평가는 주로 정량적인 평가에 의존하지만, 정성적인 평가도 못지않게 중요하다. 해당 프로젝트가 구현하려는 목표를 확인하고 주요 문제를 해결할 수 있는지, 그 기술이 시장에서 어떻게 채택될지를 이해하는 과정이 포함된다. 백서에 명시한 프로젝트의 비전과 목표, 구현 계획을 구체적으로 이해하고, 프로젝트의 커뮤니티 활동 및 생태계 지원 수준을 평가하는 것이 필수다.

그런데 프로젝트의 분석은 여기서 끝이 아니다. 경쟁 프로젝트와의 차별성을 분석하여 해당 종목만의 독자적 강점을 파악해야 한다. 수없이 많은 알트코인 프로젝트가 쏟아져 나온다. 상당수는 비슷한 목표를 향해서 가고, 비슷한 기능을 구현한다. 비슷한 프로젝트 중에서 더 멀리 비상할 알트코인을 찾아내기 위한 노력이 필요하다.

04 | 장기적 상승은 펀더멘털에 달렸다

지금부터는 펀더멘털에 관한 이야기를 해보겠다.

'알트코인에 무슨 펀더멘털이 존재하는가?'

앞서 펀더멘털과 관련해서 설명했지만, 여전히 이런 오해를 한다. 알트코인 투자는 추세와 모멘텀의 개념만 알아도 된다는 투자 요령을 강조하는 의견도 있다. 단기적으로는 그럴 수 있다. 하지만 투자 기간을 대세상승장 전반으로 두고 본다면 그렇지 않다. 펀더멘털에 따라서 중·장기적인 등락은 큰 차이를 보인다. 예를 한 번 들어보겠다. 진행하고 있는 라이브 클래스에서 실시간으로 펀더멘털의 변화를 함께 관찰한 적이 있다. 당시 셀로코인의 펀더멘털이 크게 확장하는 국면을 확인했는데, 그 이후 다음 날 셀로코인 가격이 급등했다. 이것이 바로 펀더멘털의 힘이다. 물론 펀더멘털이 빠르게 가격에 반영되지 않을 수 있다. 하지만 펀더멘털이 좋은 프로젝트는 중·장기적으로 크게 상승하는 일이 많다.

알트코인의 펀더멘털을 확인하는 지표는 많다. 투자의 관점에서 어떤 지표에 주목해야 할까? 지표마다 의미가 다르다. 큰 범주에서 유동성, 네트워크의 활동성, 성장성을 확인하는 것이 중요하다. 이를 위해서 구체적으로 여섯 가지 정도의 지표는 살펴보기 바란다. 일일 트랜잭션, 일일 활성 주소 수(+신규 활성 주소 수), TVL(예치된 자본), 탈중앙화 거래소 거래량 등이다. 해당 지표들을 살펴볼 때는 기본적으로 세 가지 가이드를 살펴보아야 한다.

첫째, 절대적으로 높은 수치를 유지하고 있는가?

둘째, 우상향의 흐름을 보이고 있는가?

셋째, 다른 블록체인과 상대적인 비교에서 우위를 점하고 있는가?

그러면 앞서 언급한 지표를 하나씩 살펴보겠다.

먼저 일일 트랜잭션부터 설명하겠다.

솔라나 일일 트랜잭션

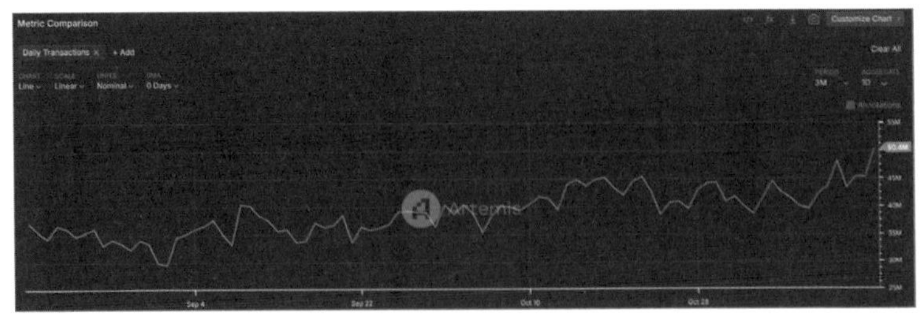

출처: 아르테미스

일일 트랜잭션은 특정 암호화폐 네트워크에서 하루 동안 발생한 총 거래 횟수이다. 일일 트랜잭션은 네트워크의 활동 수준을 측정하는 가장 핵심적이면서도 기본적인 지표이다. 수요 및 공급의 흐름, 유동성을 확인할 수 있다. 일일 트랜잭션 수는 네트워크의 사용 빈도를 나타내기 때문에 많은 트랜잭션이 이루어진다는 것은 해당 블록체인 네트워크가 활발하게 사용되고 있음을 의미한다. 네트워크의 신뢰성과 인기를 측정하는 데 가장 근본적인 지표이다.

트랜잭션 수가 많으면 암호화폐 수요가 높다고 추측할 수 있다. 이 수치가 늘어난다는 것은 투자자 또는 사용자가 해당 코인을 더 많이 구매하거나 전송하고 있음을 나타내며, 이는 긍정적인 시장 신호이다.

해당 암호화폐가 주로 거래 수단으로 사용될 때, 일일 트랜잭션 수는 경제 활동을 직접적으로 반영하기도 한다. 트랜잭션 수는 단기적인 변동보다는 장기적인 추세를 살피는 지표로 더욱 중요하다. 트랜잭션 증가 추세는 해당 암호화폐 사용과 채택이 꾸준히 증가하고 있음을 시사한다.

따라서 일일 트랜잭션 수의 변화는 암호화폐 가격과 양의 상관관계를 가진다. 일반적으로 트랜잭션 수가 급증하면 투자자들은 이를 수요 증가로 해석하여 가격 상승을 기대한다. 물론 스팸성 거래나 단기 투기적 거래 증가의 결과이거나 특정 서비스의 영향을 받았을 수 있다. 따라서 하나의 지표만으로 절대적인 평가를 해서는 안 된다. 여러 지표를 종복적으로 보아야 포괄적인 관점으로 판단하게 된다. 현재 가장 많은 일일 트랜잭션이 나오는 블록체인은 솔라나다. 다음으로 트론, 이더리움 순서다. 다음으로는 일일 활성 주소 수를 한번 확인해보기 바란다.

솔라나 일일 활성 주소

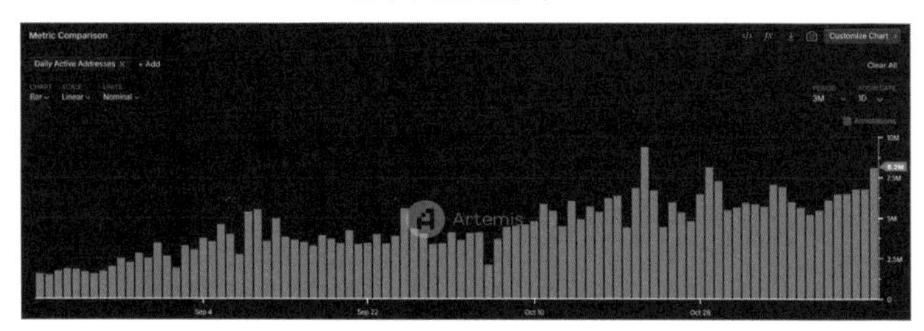

출처: 아르테미스 터미널

일일 활성 주소는 특정 암호화폐 네트워크에서 하루 동안 거래에 사용된 고유 주소의 총수를 의미한다. 일일 트랜잭션 지표와 마찬가지로 네트워크의 사용 현황과 채택 정도를 파악하는 데 중요한 역할을 한다. 그런데 이 지표는 거래량보다는 사용자 기반 지표이다. 일일 활성 주소 수를 통해서 특정 암호화폐 네트워크에 참여하고 있는 사용자 수를 대략 파악할 수 있다. 주소는 암호화폐 지갑에 해당하며, 활성 주소 수가 많다는 것은 많은 사용자가 네트워크를 이용하고 거래하고 있다는 것을 의미한다.

일일 활성 주소 수는 단일 사용자 거래가 아니라 네트워크 활동을 포괄적으로 반영한다. 이는 사용자 간의 적극적인 상호작용, 새로운 주소 생성, 사용자가 얼마나 활발히 네트워크를 사용하고 있는지 측정하는 개념이다. 활성 주소 수가 증가하고 있다면, 그 네트워크를 점점 여러 곳에서 채택하고 있다는 긍정적 신호이다. 이는 암호화폐의 실질적인 활용과 새로운 사용자의 유입을 반영하기 때문이다. 신규 활성 주소가 늘어났다면 새로운 사용자와 투자자의 유입을 의미할 수 있으며, 역시나 장기적인 네트워크 확장과 연결될 수 있다.

하지만 이 지표에도 맹점은 있다. 솔라나의 펀더멘털을 측정할 때 일일 활성 주소 수의 증가를 중요하게 보는 일이 많다. 그런데 최근 데이터에 따르면 솔라나 토큰을 1개 이상 보유하는 유의미한 주소 수는 극소수라는 결과가 나오기도 했다. 해당 지표의 증가가 일정 부분 허수일 수 있다는 뜻이다. 따라서 단순히 주소 수의 증가가 아니라 네트워크에서 열심히 활동하는 핵심 주소의 수가 늘어나는 것이 중요하다. 더불어 하나의 사용자가 여러 주소를 사용할 수도 있기 때문에 모든 지표는 중복으로 확인해야 한다.

일일 트랜잭션과 일일 활성 주소 이 두 가지 지표는 어떤 차이점이 있을까? 기본적으로 일일 트랜잭션은 네트워크상에서 일어난 전체 거래 횟수를 측정하며 네트워크의 총활동량을 나타낸다. 반면 일일 활성 주소 수는 활동의 과정, 얼마나 많은 사용자가 네트워크에 참여했는지를 측정한다. 다수의 트랜잭션이 소수의 주소 사이에서 일어나기도 한다. 따라서 두 지표는 서로 다른 측면을 보완한다. 예를 들어 트랜잭션 수가 늘었다면 사용량이 많았다고 볼 수도 있지만 단기간 투기적인 트레이딩에 의해서도 늘 수 있다. 한편 활성 주소가 늘었을 때는 거래 사용자의 수가 늘었기 때문이므로 네트워크가 안정적이 되었다고 유추할 수 있다.

잠재적 사용자의 증가에 대해서도 점검할 수 있다. 활성 주소 수의 변화는 트랜잭션 수보다는 장기적인 사용자가 늘었다는 지표가 되며 새로운 사용자나 투자자가 추가되었음을 나타낸다.

결론적으로 일일 활성 주소 수와 일일 트랜잭션 수는 암호화폐 네트워크의 다른 측면을 보여주는 지표로, 두 가지를 함께 분석함으로써 네트워크의 활성도와 건강도와 잠재적 성장 가능성을 심층적으로 이해할 수 있을 것이다.

05 | 블록체인의 신뢰도를 측정하는 TVL

TVL는 디파이 프로토콜이나 블록체인 플랫폼에 잠겨 있는 자본의 총 가치를 나타내는 지표다. 유동성과 사용자 신뢰도를 반영하는데 중요한 역할을 한다. TVL 지표를 세 가지 측면으로 설명하겠다.

전체 TVL 규모

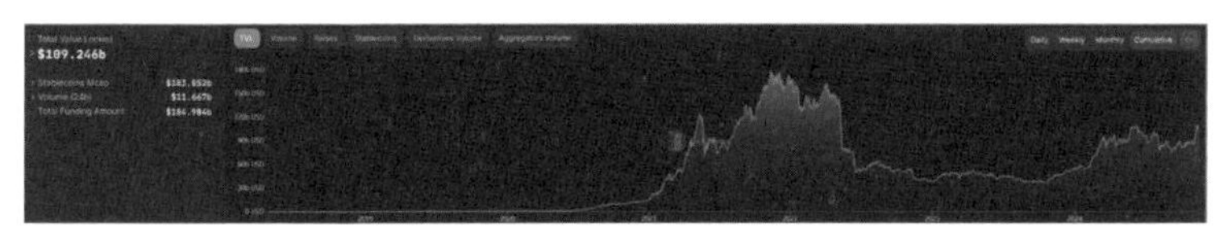

출처: 디파이라마

- **플랫폼 유동성:** TVL는 해당 플랫폼이 처리할 수 있는 유동성의 규모를 의미한다. 높은 TVL는 많은 자본이 해당 플랫폼에 잠겨 있음을 의미하며, 이는 곧 플랫폼의 유동성이 풍부하다는 것을 나타낸다.

- **플랫폼의 신뢰와 인기:** 일반적으로 많은 자산이 잠겨 있을수록 플랫폼이 더욱 안전하고 신뢰할 만하며, 다양한 금융 서비스를 제공한다는 의미로 해석할 수 있다.

- **시장 점유율 및 경쟁력:** 디파이 플랫폼 간의 상대적인 크기와 경쟁력을 비교할 때 사용되며, 특정 플랫폼이 업계 내에서 차지하는 위상을 판단하는 데 유용하다.

이상이 투자의 관점에서 보았을 때 중요한 지표이다.

블록체인 TVL 비교

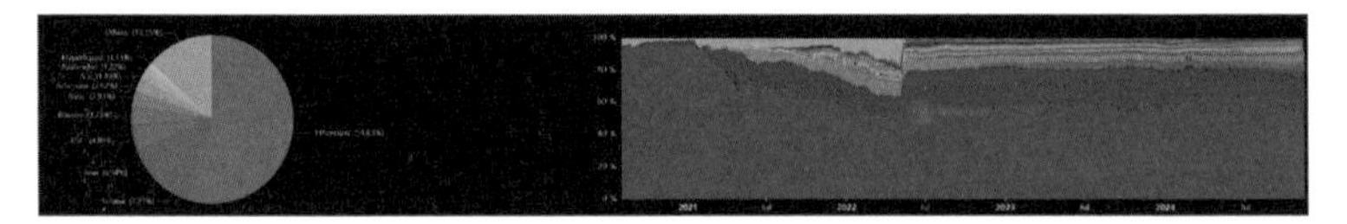

출처: 디파이라마

주요 블록체인 레이어1 중에서 절대적인 TVL 규모는 이더리움이 가장 높다. 압도적인 TVL 점유율을 가지고 있다. EVM 계열이 아닌 블록체인 중에서는 솔라나의 TVL가 가장 높다. 하지만 이더리움과 비교했을 때는 많은 차이가 난다. 아울러 TVL 증가율 추이도 주의 깊게 살펴보는 것이 좋다. 현물 ETF 승인 이후 한동안 이더리움의 TVL는 소폭 하향

Non-EVM 블록체인 TVL 비교

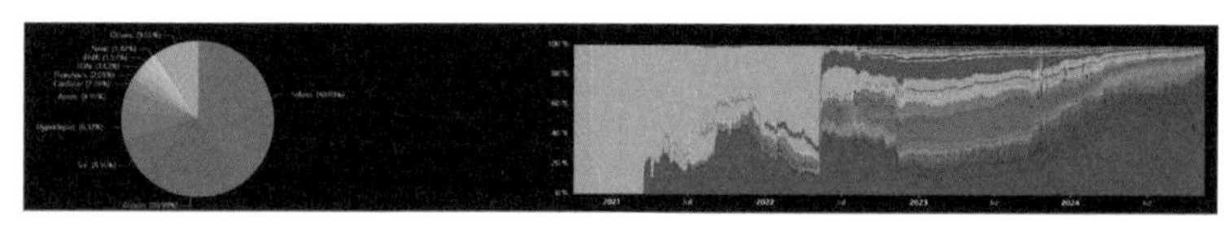

출처: 디파이라마

추세를 보였다. 이에 이더리움의 위기와 같은 전망이 나왔다. 하지만 도널드 트럼프의 미국 대통령 당선 이후 반등하는 움직임을 보였다. 반면 솔라나는 TVL가 꾸준한 상승 추세를 이어 갔다. 그만큼 네트워크의 성장세와 디파이 점유율의 확대가 가팔랐다는 의미이다. 그렇다면 TVL를 통해서 시장을 어떻게 분석할 수 있을까?

- **성장성 판단**: TVL의 증가는 디파이 플랫폼의 성장성과 사용자 기반의 확장을 확인하는 핵심적인 지표다. TVL가 꾸준히 상승하는 플랫폼은 사용자가 지속해서 자산을 예치하고 있다는 것이다. 또한, 플랫폼이 안정되었고 수익성이 있다는 신뢰를 반영한다.

- **프로토콜 수익성 판단**: 높은 TVL는 플랫폼이 사용자에게 얼마나 원활한 금융 서비스를 제공할 수 있는지를 나타낸다.

- **위험 및 보상 분석**: TVL는 리스크 평가에도 유용할 수 있다. 특정 플

랫폼의 TVL가 갑작스레 감소하는 것은 사용자로부터 신뢰를 잃었거나 보안 문제가 발생했음을 시사한다. TVL의 변동 상황을 주의 깊게 살펴보는 것이 중요하다. 탈중앙화 거래소의 거래량과 더불어 추가적인 지표를 점검해 보기 바란다.

06 | 탈중앙화 거래소의 유동성을 확인하라

다음은 탈중앙화 거래소 거래량이다. 이더리움과 솔라나가 1위 자리를 다투며 자웅을 겨루고 있다.

탈중앙화 거래소 거래량

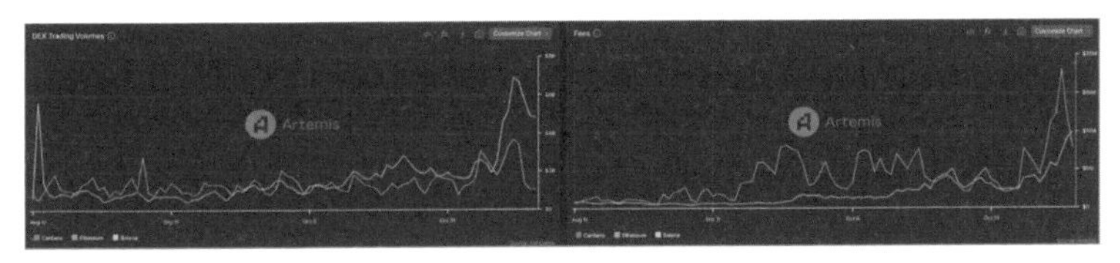

출처: 아르테미스 터미널

해당 지표는 탈중앙화 거래소에서 특정 기간에 이루어진 모든 거래의 총규모, 가치 또는 수량을 나타낸다. 탈중앙화 거래소의 펀더멘털과 특히 온체인 유동성을 이해하는 데 핵심적인 역할을 한다. 시장에서 펀더멘털을 파악하는 중심에는 유동성이 중요하게 자리한다.

탈중앙화 거래소의 높은 거래량은 많은 사용자가 자금을 자유롭게 거래할 수 있음을 의미하며, 이는 곧 시장 유동성이 풍부함을 나타낸다. 더불어 높은 거래량은 더 많은 사용자가 해당 플랫폼을 신뢰하고 거래에 참여하고 있음을 의미하기 때문에 가치가 크다. 높은 거래량은 일반적으로 더 좁은 매수-매도 스프레드를 만들어 유동성의 뎁스가 깊다. 즉, 유동성이 풍부해진다는 의미이다. 이는 투자자가 자산을 시장 가격에 쉽게 사고 팔 수 있도록 해준다. 거래량이 지속해서 증가하면 해당 플랫폼이 꾸준히 새로운 사용자를 유치하고 있고 앞으로 플랫폼이 장기적으로 성장하고 사용자를 기반으로 확장될 수 있다.

마지막으로 플랫폼 수수료와 플랫폼 수익도 간략히 살펴보겠다. 수수료는 네트워크 또는 플랫폼에서 발생하는 거래, 서비스, 스마트 콘트랙트 실행 등 이러저러한 활동에 부과되는 비용이다.

- **플랫폼의 수익 모델:** 수수료는 플랫폼의 주요한 수익원으로, 이를 통해 운영 및 개발 비용을 충당하고 장기적인 발전을 위한 기금을 마련한다. 특히 거래소나 디파이 플랫폼에서는 거래 수수료, 유동성 제공 보상 수수료 등의 형태로 수익을 발생시킨다.

- **사용자 참여 결정 요인:** 수수료는 사용자가 플랫폼을 선택하는 중요

한 요소다. 수수료가 낮을수록 사용자들은 동일한 서비스를 저렴하게 이용하므로 그 플랫폼은 경쟁력이 높아진다. 반대로 높은 수수료를 부과하면 사용자가 다른 대안 플랫폼을 고려하게 된다. 이더리움의 수수료가 높아서 솔라나, 수이, 앱토스 등 경쟁 레이어1이 급부상했다.

- **네트워크 혼잡 관련:** 수수료는 네트워크 혼잡도를 반영하기도 한다. 트랜잭션 수수료가 네트워크의 이용 수요와 공급에 따라 변동하며, 혼잡한 시기에는 수수료가 높아져 사용자에게 부담을 준다.

수수료는 플랫폼의 경제적 지속 가능성과 관련이 깊다. 안정적인 수수료 수익이 있다면, 플랫폼이 장기적으로 건실하게 운영될 수 있다. 반면, 수수료가 지나치게 높다면 사용자가 이탈할 수 있다. 따라서 균형 잡힌 토큰 이코노미가 매우 중요하다.

07 기관의 포트폴리오를 벤치마킹하라

다음으로 알아볼 지표는 기관의 포트폴리오이다. 저명한 투자기관과 벤처 캐피털이 투자한 프로젝트를 눈여겨보자. 현재 시장에서 가장 주목받는 기관은 앤드리슨 호로위츠Andreessen Horowitz, a16z, 패러다임, 세콰이어 캐피털, 판테라 캐피털Pantera Capital 등이다. 국내에서는 해시드Hashed가 대표적이다. 전통적으로 투자자가 참고하는 포트폴리오는 그레이스케일Grayscale이다. 그레이스케일 펀드에서 다양하고 유망한 알트코인을 포트폴리오에 포함한다.

벤처 캐피털의 포트폴리오는 기업 홈페이지에 나와 있다. 벤처 캐피털 대부분이 포트폴리오를 투명하게 공개한다. 그런데 홈페이지를 일일이 방문하는 것이 아무래도 번거롭다면 이런 정보를 모아 정리한 사이트를 참고해도 된다.

사이퍼헌터(cypherhunter.com)와 루트데이터(rootdata.com) 등의 사이트에서 벤처 캐피털의 포트폴리오를 조회할 수 있다. 체인브로커(chainbroker.io)에서는 벤처 캐피털의 투자 규모와 수익률 등이 게시되어 있다. 구체적인 투자금이나 투자 일정, 펀딩 라운드, 거기다 수익률이 얼마나 되는지, 얼마나 많은 벤처 캐피털이 참여했는지까지 일목요연하게 정리되어 있다. 세부 수치를 100% 신뢰하기는 어렵지만, 투자에 일정 부분 참고하기에 용이하다. 기관의 포트폴리오를 분석할 때는 다음과 같이 4단계 절차를 거쳐야 한다.

- **1단계:** 얼마나 많은 벤처 캐피털이 투자했는가?
- **2단계:** 얼마나 오래전부터 투자했는가?
- **3단계:** 얼마나 큰 비중으로 투자했는가?
- **4단계:** 어떤 벤처 캐피털이 참여했는가?

첫 단계는 '얼마나 많은 벤처 캐피털이 투자했는가?'다. 기본적으로 많은 벤처 캐피털이 참여한 프로젝트가 유망한 프로젝트일 가능성이 높다. 메사리Messari 등의 리서치 회사는 몇 개 기관이 참여했는지 분기별로 집계해서 제공하기도 한다. 체인브로커 사이트에서도 얼마나 많은 벤처 캐피털이 참여했는지 알 수 있다. 그런데 참여 수가 많은 것이 무조건 투자할 만한 프로젝트인 것은 아니고 시기가 중요하다. 벤처 캐피털은 초기에 투자하고, 진입할 때 큰 자본을 투입한다. 따라서 개인 투자자가 진입할 때는 이미 수십 배 혹은 100배 이상 상승한 고점이 되었을 수 있다. 자칫 벤처 캐피털이 수익 실현을 눈앞에 두고 있을 때 들어갈 수도 있다는 의미이다. 이때 큰 손실로 이어질 수 있다.

둘째로 '얼마나 오래전부터 투자했는가?'를 살펴봐야 한다. 결론적으로 벤처 캐피털이 오래전부터 투자한 프로젝트는 투자 관점에서 좋지 않을 수도 있다. 가치가 이미 많이 올랐을 것이기 때문이다. 만약 오래 투자했는데도 안 올랐다면 벤처 캐피털이 투자에 실패했을 가능성도 염두에 두어야 한다. 벤처 캐피털이 모든 프로젝트에서 성공을 거두는 것은 아니다. 벤처 캐피털은 오히려 각종 프로젝트에 투자하고, 그중 소수에서 천문학적인 이익을 얻는 구조라고 보는 편이 옳다. 높은 이익을 얻으려면 가급적 초기에 투자하는 것이 좋기 때문에 벤처 캐피털이 최근 투자한 프로젝트를 좀 더 유심히 살펴보기 바란다. 만약 메이저 거래소에 상장된 후 발견했다면, '상장 빔'을 쏘고 크게 하락한 이후에 진입하는 것이 바람직하다. 참고로 상장 빔은 상장 직후 '빔'을 쏘듯 치솟는 캔들 차트 모양을 빗댄 단어로, 상장 후 폭등하는 것을 가리킨다.

셋째로 '얼마나 큰 비중으로 투자했는가?'다. 단지 벤처 캐피털이 보유하고 있다는 것만으로는 부족하다. 투입한 자본이 많을수록 벤처 캐피털이 더욱 신뢰하는 프로젝트라는 뜻이다.

넷째로 '어떤 벤처 캐피털이 참여했는가?'다. 모든 벤처 캐피털이 동일한 영향력을 지닌 것은 아니다. 예를 들어 앤드리슨 호로위츠 같은 최상위 벤처 캐피털이 초기 투자자로 참여한다면 더 관심을 가지고 관찰하는 것이 좋다.

08 알트코인 투자 성공을 위한 세 가지 매매 전략

지금까지 펀더멘털과 관련해서 살펴보았다. 이번에는 마켓 타이밍에 관해 설명하겠다. 마켓 타이밍을 잡기 위해서는 현재 가격이 고평가되어 있는지, 저평가되어 있는지 파악해야 한다. 주로 온체인 지표와 기술적 분석을 통해서 알 수 있다.

암호화폐 투자에는 크게 세 가지 전략이 있다. 바이더딥(저가 매수), 돌파 매매(추세 추종), DCA이다. 장기 투자자의 관점에서는 기본적으로 바이더딥 전략에 가장 중점을 두어야 한다. 가장 싼 구간에서 사서, 가장 비싸게 파는 것이 투자의 원칙이기 때문이다. 바이더딥 전략은 하락장의 바닥 구간에서 매수해서, 지역 고점에서 차익 실현을 하거나, 대세 상승장의 정점까지 가지고 가는 방식이다. 기본적으로 수익률이 가장 높은 전략이라고 볼 수 있다.

돌파 매매는 강력한 상승 추세가 발생했을 때 추세에 올라타고, 하락 추세로 전환했을 때 매도하는 방식이다. 기본적으로 상승장의 전환 포인트에서 매수하고, 하락장 전환 포인트에서 매도하는 것이다. 미실현 손실이 적은 전략이지만, 트레이딩 관점을 지녀야 한다.

DCA는 연속적이고 규칙적으로 꾸준히 코인을 매집하는 방식이다. 이를 사용하기 위해서는 코인의 펀더멘털이 보장되어야 한다. 장기적으로 모아 나가기에 적합한 우량한 코인에 적절하다. 비트코인에서 주로 사용하고, 알트코인 중에서는 이더리움, 솔라나 등 펀더멘털이 높은 프로젝트가 해당될 수 있다.

DCA는 바이더딥 전략과 함께 구사할 때 더욱 시너지를 낸다. 꾸준히 모아 나가되, 크게 하락하는 구간에서는 더 유의미한 현금을 투입하는 것이다.

투자 스타일과 방향성은 투자자마다 다르다. 따라서 모든 투자자에게 들어맞는 정답지는 없다. 투자는 끊임없는 고뇌와 선택의 연속이다. 하지만 확고한 투자 원칙과 방향성을 잡고 있다면 어떤 상황에서든 잘 대처해낼 수 있을 것이다.

09 | 알트코인 매수 타이밍 잡는 방법

'매수는 기술이고, 매도는 예술이다.'

투자 시장에는 이런 이야기가 있다. 그만큼 매수 포인트를 잡는 것보다 매도 타이밍을 잡기가 상대적으로 어렵다는 의미이다. 또한 매수 자리는 특정한 지표를 통해서 비교적 정확하게 짚어낼 수 있다는 뜻이기도 하다.

장기 투자자는 바이더딥 전략을 원칙으로 한다고 강조했다. 따라서 기본적으로 바이더딥 전략의 관점에서 매매 타이밍을 살펴보겠다. 바이더딥 전략에서 매수 타이밍을 잡으려면 어떻게 해야 할까? 우선 기본적인 전제 조건이 있다.

첫째, 대세상승장에서 사용해야 유효하다.

둘째, 대세하락장에서는 효율성이 부족한 물타기 전략이 될 수 있다.

걷잡을 수 없는 손실로 이어질 수 있다.

셋째, 대세상승장이 진행되는 가운데 단기 하락추세로 전환해서 큰 폭의 단기 조정이 발생했을 때 활용한다.

넷째, 돌발 변수에 의한 조정은 지표나 데이터만을 통해서는 판단하기 어렵다. 오차범위에서 더 하락할 수 있다는 부분을 염두에 두어야 한다.

다섯째, 유의미한 수준의 바이더딥은 자주 오지 않기 때문에, 유의미한 물량을 매수하는 것이 중요하다.

바이더딥 관점에서 매수, 매도 자리를 잡을 때는 여러 온체인 지표를 중복적으로 활용해야 하는데, 가장 기본적으로 확인해야 하는 지표는 단기보유자 SOPR Spent Output Profit Ratio이다.

SOPR 지표는 비트코인 투자자들의 실현된 손익률을 측정하는 온체

단기보유자 SOPR

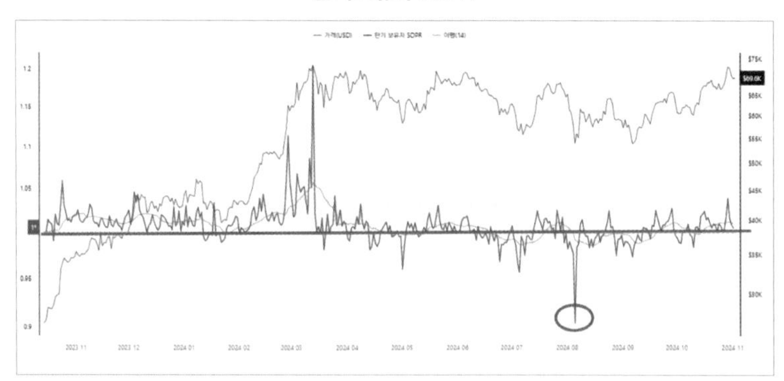

출처: 크립토퀀트

인 지표로 특정 기간 거래된 모든 UTXOUnspent Transaction Outputs의 실현 수익률을 평균하여 시장 전체의 수익성 보여준다. 단기보유자(155일 미만 보유자) SOPR이 1 보다 낮은 구간에서만 투자를 진행하는 것이 바이더딥의 기본이다. 낮을수록 더 저평가 구간이다. 이 외에도 단기 고점이나 저점을 판독할 중요한 지표로 휴먼 인덱스(인간 지표)가 있다.

휴먼 인덱스 중에서 가장 일반적으로 활용되는 것은 공포 및 탐욕 지수Fear&Greed Index다. 암호화폐는 유동성 자산이고, 커뮤니티를 기반으로 하기 때문에 시장의 심리를 읽는 것이 다른 자산보다 더 중요하다. 공포 및 탐욕 지수는 사회적 영향력, 감정 지표, 구글 검색량 등의 지표를 종합적으로 산출하여 발표한다. 일반적으로 시장의 관심도가 높아지고 탐욕 지수가 높은 상태에서는 다시 하락추세로 전환할 가능성이 매우 높다.

따라서 바이더딥 전략에서는 극도의 공포와 공포 단계에서 매집하

공포 및 탐욕 지수

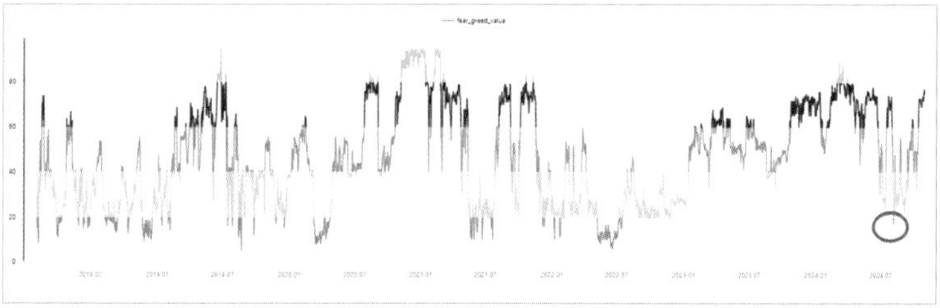

출처: 크립토퀀트

는 것이 포인트이다. 특히 극도 공포 단계에서 더욱 유의미한 물량을 배집하고, 중립 구간 이후부터는 신규 매집을 자제하는 것이 좋다. 따라서 극도 탐욕 구간에 오면 지역 고점으로 판단하고 부분 매도를 실현한다.

물론 갑작스러운 악재나 호재가 등장하면 온체인과 기술적 분석상의 시나리오는 무효가 될 것이다. 온체인 지표와 차트는 논리적인 구조와 흐름을 파악할 수 있지만 갑작스러운 변수는 미리 파악할 수 없다.

10 | 매도 타이밍 포착하는 노하우와 엑시트 전략

'매도는 예술이다!'

이는 매수보다 명확한 포인트를 찾아내기가 어렵다는 의미이다. 하지만 지표를 다양하게 분석하고 활용하면 해결책을 얻을 수 있다.

단기보유자 SOPR 지표

출처: 크립토퀀트

앞서 이야기한 단기보유자 SOPR을 살펴보겠다. 개인적으로 해당 지표와 더불어 MVRV 30일 혹은 60일 지표를 주로 활용한다. 두 지표를 점검해 보았을 때 바닥 지점만큼 정확한 기준점을 잡기는 어렵지만, 평균치 대비로 월등하게 높은 구간으로 접어들면 정점이 도래한다고 인지할 수 있다. 온체인 지표상으로 높은 구간을 형성한 이후 이동평균선을 하방 이탈하면 단기적인 고점으로 인지하고 분할 매도를 진행하는 것이 단기 미실현 손실을 최소화할 수 있게 한다.

미결제약정과 펀딩레이트

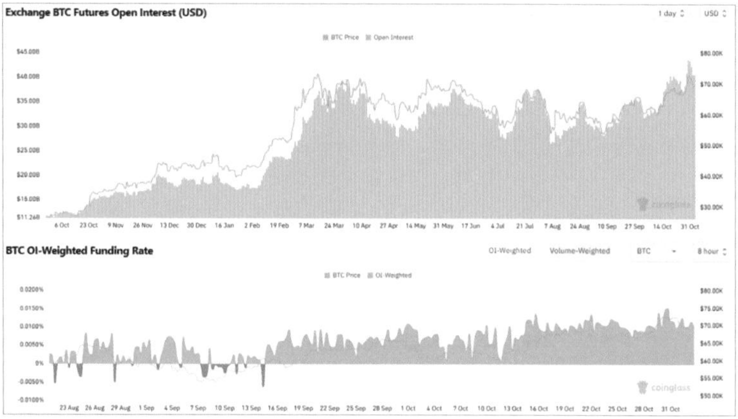

출처: 코인글래스

다음으로 시장의 과열 정도를 볼 수 있는 지표를 살펴보겠다. 비트코인이 현물 거래량 없이 가격만 오른다면 그 배경에는 선물투자가 있다.

암호화폐 시장에도 주식 등 다른 자산시장처럼 선물 거래가 존재한다. 보통 암호화폐 선물 거래량은 현물 거래량보다 우위에 있다. 레버리지를 이용할 수 있기 때문이다.

현물 거래는 상품이나 금전을 실제로 맞교환하는 것을 뜻한다. 업비트, 빗썸 등 국내 거래소에서 실시간으로 암호화폐를 매매하는 것이 현물 거래다. 반면에 선물 거래는 현재 가격으로 미래의 상품을 사는 것이다. 계약금만 걸어놓고 잔금을 치르는 날 상품을 교환하는 방식이다. 미래에 가격이 상승할 때 매수주문을 넣은 투자자는 이익을, 매도주문을 낸 투자자는 손해를 보는 형태다. 대표적인 선물 거래 지표는 두 가지이다.

첫째, '미결제약정Open Interest'이다. 미결제약정은 선물 거래소에서 전체 투자자가 매수(롱포지션) 또는 매도(숏포지션)에 진입한 이후 청산하지 않고 보유 중인 모든 계약의 수이다. 미결제약정 수치가 높다는 건 시장에 관심이 많고 시장이 활기찬 상태라는 것을 의미한다. 이 수치가 높으면 기존 추세가 지속될 가능성이 크다. 그런데 이 수치가 과도하게 높아진다면 반대의 의미로 해석할 수 있다. 시장이 과열되고 있다는 뜻이다.

둘째, '펀딩레이트Funding Rate'다. 펀딩레이트(펀딩비율)는 선물 거래소에서 매수 또는 매도 비율이 어느 한쪽으로 쏠리는 정도를 나타내는 지표다. 투자자의 심리를 보여주는 지표로 펀딩레이트가 0 이상일 때는 매수 심리, 0 이하일 때는 매도 심리가 강한 것으로 해석한다. 향후 가격이 올라갈 것으로 예상하는 투자자가 많으면 펀딩레이트가 0 이상으로 올라가고, 반대로 가격이 떨어질 것으로 예측하는 투자자가 많으면 0 아래로 떨어진다. 미결제약정이나 레버리지 비율이 아무리 높아도 펀딩레이트가 음수일 때 시장에는 부정적으로 작용한다. 매수보다 매도 주문을 넣은 투자자가 더 많다는 뜻이기 때문이다.

펀딩레이트 히트맵

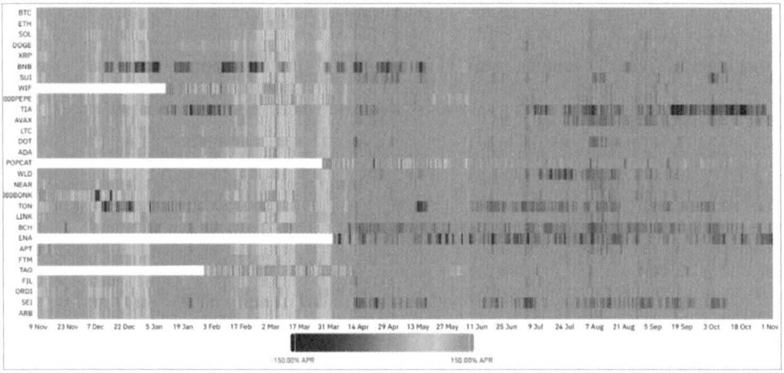

출처: 코인글래스

선물시장이 얼마나 과열되었는지 더 직관적으로 확인할 수 있는 지표가 펀딩레이트 히트맵이다. 이 지표에 과열 시그널이 뜬다는 것은 레버리지가 높아진다는 의미이다. 2024년 3월 당시를 살펴보면 노랗게 표시된 과열 구간이 확장되어 있다.

참고로 청산 히트맵도 함께 살펴보는 것이 좋다. 미결제약정이 증가해서 체결해야 할 매매 주문이 쌓이면 시장의 유동성이 줄어든다. 그럴 경우 고래나 특정 세력이 시장을 쉽게 움직이기가 어렵다. 따라서 영향을 미치는 세력이 유동성을 높이기 위해서 기존에 설정된 포지션의 청산을 유도한다. 다량의 매도 주문을 넣어 가격을 급격히 떨어뜨림으로써 롱포지션의 강제청산을 유도하는 것이다.

청산 히트맵

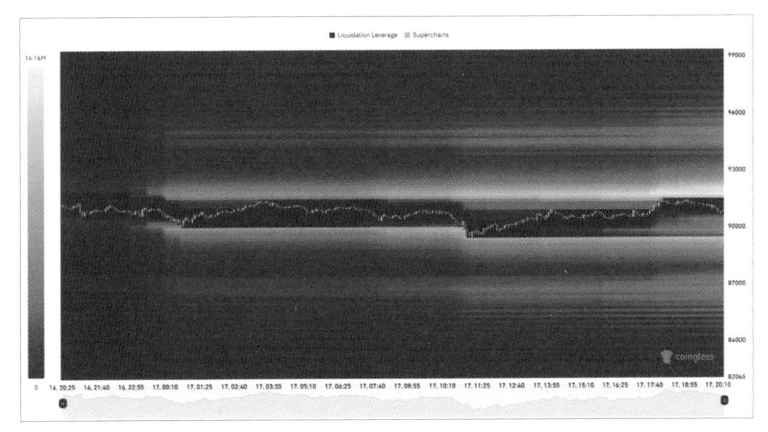

출처: 코인글래스

청산 히트맵을 살펴보면 많은 포지션이 밀집한 구간이 노란색으로 표시된다. 가격은 청산을 위해 포지션이 밀집한 구간으로 이동하는 경우가 많다. 일단 청산이 일어나면 근접한 가격 구간이 연쇄적으로 청산이 일어나 가격이 급격하게 변동할 수 있다. 예를 들어 숏포지션이 연쇄 청산되면 매수세가 늘어나 가격이 급등하는 원리이다. 롱포지션에서 연

쇄적으로 청산이 일어나면 매도세를 타고 가격이 급격히 하락한다. 그렇다면 위에서 소개한 여러 지표와 데이터를 바탕으로 대세상승장 출구 전략을 어떻게 진행해야 할까?

기본적으로 위의 네 가지 기준으로 판단한다. 온체인 지표는 MVRV와 퓨엘멀티플이 중요한데, 특히 MVRV를 중점적으로 보아야 한다. 지속 기간은 반감기 후 1년에서 1년 6개월 정도 지속된 기간을 주요 엑시트Exit 기점으로 여겨야 한다. 목표 수익률과 최고점 도달 이후 로스컷Loss Cut, 손절매은 개인마다 다르다. 각자의 투자 원칙에 따라서 판단해야 한다. 만약 2배 정도 수익이 나면 매도하겠다고 정했다면 자신의 원칙에 따른다. 로스컷 역시 정점을 찍고 어느 정도 수준까지 가격이 하락하면 전체적으로 매도할지 정해야 한다.

일반적으로 MVRV가 3.7 이상일 때를 고평가 구간, 1 이하일 때를 저평가 구간으로 판단한다. 앞으로 고평가 구간은 계속해서 하향 조정될

MVRV 비율

출처: 크립토퀀트

가능성이 높다. 따라서 MVRV가 3을 넘어서면 시장을 주의 깊게 바라보는 것이 좋다.

11 락업 해제가 알트코인 투자의 핵심인 이유

다시 한번 강조하자면, 알트코인은 시장의 흐름에 빠르게 대응해야 하므로 꾸준히 변화를 모니터링해야 한다. 지표 분석은 물론이고, 어떤 호재나 악재가 있는지, 주요 업그레이드와 '락업 해제Lock-Up Release' 여부 등을 점검해야 한다.

락업 해제는 알트코인 가격의 단기적 변동성을 가져오는 중요한 요인이다. 결국 큰 폭의 가격 하락은 대규모 매도 물량에서 기인하기 때문이다. 락업 해제는 대규모 매도를 유발할 수 있다.

'락업Lock-Up'은 일정 기간 코인 또는 주식 거래를 제한하는 조치다. 초기 투자자, 개발자, 재단이 가진 물량을 상장한 뒤 곧바로 시장에 풀어 혼란을 야기하는 것을 막는 목적이다. 투자자들이 장기적인 관점에서 투자하도록 유도하고, 시장에 공급되는 코인의 양을 조절하여 가격 변

토큰 락업해제 일정

Project Name	Price	24h %	M.Cap	Cir. Supply	Total Unlocked	Upcoming Unlock		Next 7D Emission
ADA	$0.714	-6.52%	$25.91b	35.77b	85.1%	$13.23m 0.05%	3D 12H 28M 4S	$13.23m 0.05%
AVAX	$36.74	+5.66%	$14.87b	407.36m	65.6%	$61.24m 0.41%	0D 12H 28M 4S	$86.96m 0.58%
SUI	$3.77	+0.53%	$10.69b	2.85b	28.4%	$242.01m 2.26%	13D 12H 28M 4S	$15.58m 0.15%
APT	$12.59	+1.37%	$6.65b	532.33m	--	$142.39m 2.12%	24D 4H 28M 4S	$0.00 --
ARB	$0.683	+6.35%	$2.77b	3.98b	35.8%	$63.24m 2.33%	29D 1H 28M 4S	$2.29m 0.08%
IMX	$1.35	+0.75%	$2.26b	1.67b	84.0%	$33.10m 1.47%	11D 12H 28M 4S	$0.00 --
OP	$1.74	+4.19%	$2.25b	1.26b	31.2%	$54.53m 2.50%	12D 12H 28M 4S	$0.00 --
BGB	$1.38	0.00%	$1.94b	1.40b	89.5%	$7.42m 0.38%	22D 12H 28M 4S	$0.00 --
ENA	$0.569	+4.24%	$1.67b	2.84b	13.1%	$7.32m 0.45%	2D 19H 28M 4S	$7.32m 0.45%
PYTH	$0.441	+3.71%	$1.59b	3.62b	36.2%	$936.34m 58.82%	183D 2H 28M 4S	$0.00 --

출처: 토큰언락

동성을 줄이는 개념이다. 한편 락업 해제는 락업 기간이 끝나서 코인 거래가 가능해지는 상태이다. 락업되었던 코인이 시장에 공급되면서 유동성이 증가하고, 이는 코인 가격에 영향을 미칠 수 있다.

락업 해제가 시장에 영향을 미치는 이유를 조금 더 근본적으로 들여다보겠다. 기본적으로 공급이 제한되면, 희소성이 증가하고 자산의 가치는 상승한다. 반면 락업 해제는 유통량을 증가시켜 희소성을 하락시키고 인플레이션을 초래한다. 따라서 공급을 수요가 받쳐 주지 않는 시장 구조에서는 가격 하락을 유발한다.

락업 물량과 해제 일정 등은 프로젝트마다 다르다. 락업 해제가 곧바로 물량의 매도로 이어지는 건 아니다. 하지만 상황에 따라서는 대량 매도로 이어져 가격에 큰 하방 압력을 주기도 한다. 일반적인 패턴을 살펴보면 락업 해제 일정이 다가올 때 일종의 작업을 해 둔다. 키르텔 펌핑이라고 해서 가격을 오히려 강제로 상승시키고 이후 물량의 매도로 일정 부분 조정받는 방식이다.

락업 해제가 암호화폐 가격에 미치는 영향은 프로젝트의 가치와 시기 등에 따라 달라진다. 만약 기본적인 가치가 높고 투자자들의 수요가 충분한 프로젝트라면 락업 해제가 장기적인 가격에 큰 영향을 미치지 않는다. 시기적으로 상승장이라면 수요가 있어 가격이 내려가지 않을 가능성이 높다. 하지만 락업 물량이 현재 유통량 대비로 월등하게 높다면 조정 가능성을 염두에 두어야 한다. 더불어 장기적인 가치가 부족하거나, 시장이 하락장이라면 카르텔 펌핑 없이 크게 하락할 수도 있다.

락업 해제 일정은 크립토랭크(cryptorank.io), 토큰언락(tokenunocks.app) 등의 사이트에서 확인할 수 있다. 참고로 락업 해제가 예정된 물량이 많이 남아 있을수록 프로젝트의 펀더멘털에 악영향을 미친다. 결정적인 순간에 락업 해제된 물량이 시장에 풀리면서 꾸준히 가격에 하방 압력을 가할 수 있기 때문이다. 따라서 각 프로젝트의 토크노믹스를 주의 깊게 확인해야 한다. 알트코인 가격의 폭락을 이끄는 중요한 요인 중 하나가 초기 투자자의 락업 해제 물량이 시장에 대규모로 풀리는 것이다.

마지막으로 저평가 구간에서 암호화폐를 얻을 수 있는 중요한 방법으로 '에어드랍Airdrop'이 있다. 에어드랍은 무료로 암호화폐를 배포하는 이벤트이다. 마치 하늘에서 돈이 떨어지는 것처럼 무료로 암호화폐를 받을 수 있다는 점에서 에어드랍이라는 명칭으로 불린다. 에어드랍은 크게 두 가지 형태로 구분할 수 있다. 내 자본을 투입하는 방식과 자본 투입은 없지만 대신 시간을 들여야 하는 방식이다.

암호화폐 및 블록체인 프로젝트에서 에어드랍을 진행하는 이유는 홍보, 사용자 확보, 커뮤니티 형성 등을 위해서다. 따라서 대부분 프로젝트의 극초기에 이뤄진다. 에어드랍에 참여할 때는 반드시 해당 프로젝트가 무엇을 하는 것인지 알아보아야 하고, 시간 대비 효용성을 고민해야 한다. 극초기이기 때문에 좋은 프로젝트를 선별하기가 특히 어렵지만, 무엇보다 중요한 것은 트렌드를 잘 파악해야 한다는 것이다. 그러려면 손품을 팔아서 각가지 정보를 찾아보아야 한다. 그래야 에어드랍의 성공 확률을 높일 수 있다. 중요한 것은 해당 프로젝트의 지속 가능성 여부다. 지속 가능성이 없다면 아무런 의미 없는 시간 낭비가 될 수도 있다.

무료가 아닌 경우는 각종 레이어1과 레이어2에 스테이킹이나 LP 제공 등을 통해 보안 유지와 생태계 발전에 기여하고, 그 보상으로 코인을 준다. 이때는 각 블록체인 생태계 중에서 어떤 생태계가 발전 가능성이 높을지 고민해야 한다. 특히 내 자본을 투입하는 만큼 해킹 등의 이슈도 잘 생각해야 한다. 에어드랍용 지갑을 별도로 두는 것도 방법이다.

결국 에어드랍의 본질 역시 우상향이 가능한 우량한 프로젝트와 생태계를 잘 선별하는 것이다. 에어드랍을 보면서 포모에 시달리는 상황이 많은데, 절대로 쉬운 과정이 아니라는 사실을 염두에 두기 바란다.

12 | 성공적인 포트폴리오 구축의 다섯 가지 노하우

암호화폐 투자의 3대 요소 중 마지막으로 자산배분 전략에 관해서 알아보자. 자산배분을 잘하기 위해서는 다섯 가지 가이드를 명심해야 한다.

첫째, 자산 간의 상관관계를 고려하며 분산 투자를 해야 한다.
둘째, 집중 투자로 수익률을 높여야 한다.
셋째, 자산과 현금의 비중을 잘 배분해야 한다.
넷째, 포트폴리오를 리밸런싱해야 한다.
다섯째, 포트폴리오에 정답은 없다.

첫째, 분산 투자와 둘째 집중 투자는 언뜻 상반된 이야기처럼 들릴 수 있다. 그런데 완전히 반대되는 것은 아니다. 기본적으로 분산을 하지만,

종목마다 무게감을 달리 해야 한다는 의미이다. 하나씩 짚어보겠다.

분산 투자와 관련해 미국의 경제학자 제임스 토빈James Tobin은 '달걀을 한 바구니에 담지 말라'라는 유명한 격언을 남겼다. 암호화폐 투자 역시 분산 투자를 해야 리스크를 최소화하고 수익률을 높일 수 있다. 중요한 것은 자산 간의 상호관계다. 모든 자산은 성격이 다르다. 어떤 자산은 수익률을 높여주고, 어떤 자산은 인플레이션을 방어한다. 자산 중에는 완전히 반대의 움직임을 보이는 것도 있다.

자본 규모가 크거나, 소득으로 현금 흐름을 창출할 수 있는 기간이 길지 않다면, 암호화폐 외의 여러 자산에 분산 투자하는 것이 낫다. '올웨더 투자법Wealth For All Weathers'이라는 것이 있는데 주식, 채권, 금, 원자재 등에 분산 투자함으로써 한 자산의 가격이 하락하더라도 다른 자산의 가격 상승으로 손실을 상쇄하는 방법이다. 그런데 일반적인 개인 투자자가 모든 자산에 올웨더 방식으로 투자하면 각 자산에 투입되는 돈이 적어서 효율성, 수익률이 떨어질 수밖에 없다. 그래서 둘째, 집중 투자가 필요하다. 앞서 분산 투자를 다른 자산으로까지 확장한 이유는 '암호화폐의 역사가 15년 남짓으로 짧아서 불확실성을 완전히 검증하기에는 시간이 더 필요하기 때문'이다.

그럼에도 개인적으로 비트코인은 꾸준히 가치가 상승하는 안정적인 자산이라고 본다. 따라서 비트코인과 이더리움은 집중 투자가 가능한 코인이라고 보지만 나머지 알트코인은 집중 투자를 권하기는 어렵다.

시가총액 상위 10위에 이름을 올렸던 테라-루나 사태를 떠올리면 쉽게 이해할 수 있을 것이다.

그러면 분산 투자와 집중 투자, 이 두 가지를 가지고 시나리오를 정리해 보겠다. 만약 암호화폐에 집중하여 투자하면서 포트폴리오를 분산하려 한다면 어떤 전략을 수립해야 할까? 보수적인 투자자라면 비트코인을 70% 이상 보유하고, 나머지를 이더리움과 더불어 우량한 알트코인으로 채우는 게 좋다. 중립적인 투자자라면 비트코인과 이더리움을 합해서 60~70% 정도 보유한다. 나머지 30~40%를 가지고 포트폴리오를 다양하게 구성하면 수익률까지 극대화할 수 있다. 공격적인 성향의 투자자라도 50% 정도는 비트코인과 이더리움으로 채울 것을 권한다.

비트코인과 이더리움을 제외하고 시드의 50%가량은 가급적 시가총액 상위 30위에서 50위 안에 들어가는 코인으로 채운다. 알트코인은 시가총액이 상위권이라도 절대적인 규모 자체가 작아서 크게 오를 가능성이 있다. 나머지 시드는 성장이 기대되지만 저평가된 알트코인과 단기 투자용 알트코인에 자유롭게 투자하면 된다. 어떤 코인이 상승할지는 아무도 모르기 때문에 농사를 짓듯이 여러 가지 코인에 소량의 시드를 투자하는 것도 나름 괜찮은 전략이다. 이 과정에서 수익이 100~200% 이상 난다면 원금을 미리 회수하는 것이 좋다. 다만, 자신이 운용할 수 있는 수준으로 포트폴리오를 구성해야 한다. 알트코인은 계속해서 장기 보유한다고 좋은 결과가 나오지 않는다. 큰 변동성 때문이다. 알트코인은 적절한 구간에서 매도를 통해서 수익을 실현하고, 다시 저평가된 알트코인에 재투자하는 전략이 더 유효하다. 따라서 트레이딩 관점에서 접근해야 한다.

셋째, 자산과 현금의 비중을 적절히 배분해야 한다. 투자하다 보면 기회라는 것은 알겠는데 현금이 없어서 투자를 못 하는 투자자를 의외로 자주 접한다. 시장의 불확실성을 수익으로 연결하려면 현금 보유가 정말 중요하다. 코인 가격이 충분히 하락했고 상승할 여력이 있다고 판단되면 추가 매수, '물타기'에 들어가야 한다.

단, 물타기를 잘못했다가는 손실이 걷잡을 수 없이 커지기 때문에 바닥에 가까워졌는지 여러 지표를 통해 확인해야 한다. 반드시 분할 매수로 매입의 '텀'을 길게 가지고 가야 한다. 조금 떨어졌다고 사고, 조금 떨어졌다고 사는 것을 반복하면 손실이 걷잡을 수 없이 커진다. 현금을 계속해서 소진하면 정작 중요한 매입 구간에는 현금이 남아 있지 않을 것이다. 물타기는 장기적으로 우상향하는, 향후 성장 가능성이 높은 우량한 코인에만 유효한 전략이라는 점을 꼭 염두에 두기를 바란다. 참고로 물타기는 장기 투자에 유효한 전략이다. 단기 투자자는 물타기보다는 투자 원칙에 따라서 손절 전략을 취해야 한다.

현금을 적절하게 보유해야 하는 이유는 투자의 효율성 때문만은 아니다. 자산과 현금의 비율을 정할 때는 유동성을 고려해야 하는 데 여기서 말하는 유동성은 필요할 때 언제든 현금화할 수 있는 것을 뜻한다.

많은 돈이 자산에 들어 있으면 좋겠지만, 당장 필요한 현금까지 넣어서는 안 된다. 따라서 본인만의 원칙에 따라 자산 대 현금 비율을 조정하기 바란다. 비율은 자신이 처한 상황에 맞게 구성하면 된다.

넷째, 포트폴리오를 리밸런싱해야 한다. 리밸런싱에는 몇 가지 방법이 있지만 본인이 설정한 비중을 유지하도록 한다. 만약 본인이 보수적인 투자자여서 비트코인과 알트코인 비중을 7 대 3 정도로 정했다고 가정해 보겠다. 알트코인 가격이 많이 올라서 비중이 6 대 4로 바뀌었다면, 알트코인을 일부 팔고 비트코인을 매입해 다시 7 대 3 비율을 맞추면 된다. 장기 투자 관점에서 안정성을 높이는 전략이다. 반대로 알트코인의 큰 상승률에 더 비중을 둔다면 상승한 비트코인을 알트코인 대세상승장에서 일부 매도하고 알트코인을 추가로 매입할 수도 있다. 이는 수익성을 높이는 전략이다.

자산과 현금의 비중과 관련해서 정보화의 아버지로 불리는 클로드 섀넌Claude Shannon이 제안한 흥미로운 법칙이 있다. 바로 '섀넌의 도깨비: 균형 복원 포트폴리오Shannon's Demon'이다. 자산과 현금의 비중을 5 대 5로 맞추는 개념인데, 안정적으로 투자하고 싶은 투자자라면 암호화폐에 이를 적용해 보기 바란다. 최초 투자 시 이렇게 비율을 맞추고, 만약 코인 가격이 급등하면 코인을 팔아 현금화해 5 대 5 비율을 맞춘다. 반대로 코인 가격이 하락하면 이번에는 현금을 동원해 코인을 사서 5 대 5 비율을 다시 맞춘다. 이 과정을 무한히 반복하면 기하급수적인 수익을 창출할 수 있다는 개념이다.

마지막 다섯째, 포트폴리오에는 정답이 없다. 만약 운용하는 자금이 많다면 안전성을 고려해서 분산 투자를 하는 게 맞다. 반면에 자금이 적다면 집중 투자로 높은 수익률을 노리는 게 더 나은 전략이다. 성장성에 더 집중해야 종잣돈을 모아 더 크게 불릴 수 있기 때문이다. 종잣돈을 충분히 확보하면 포트폴리오를 리밸런싱 하면 된다.

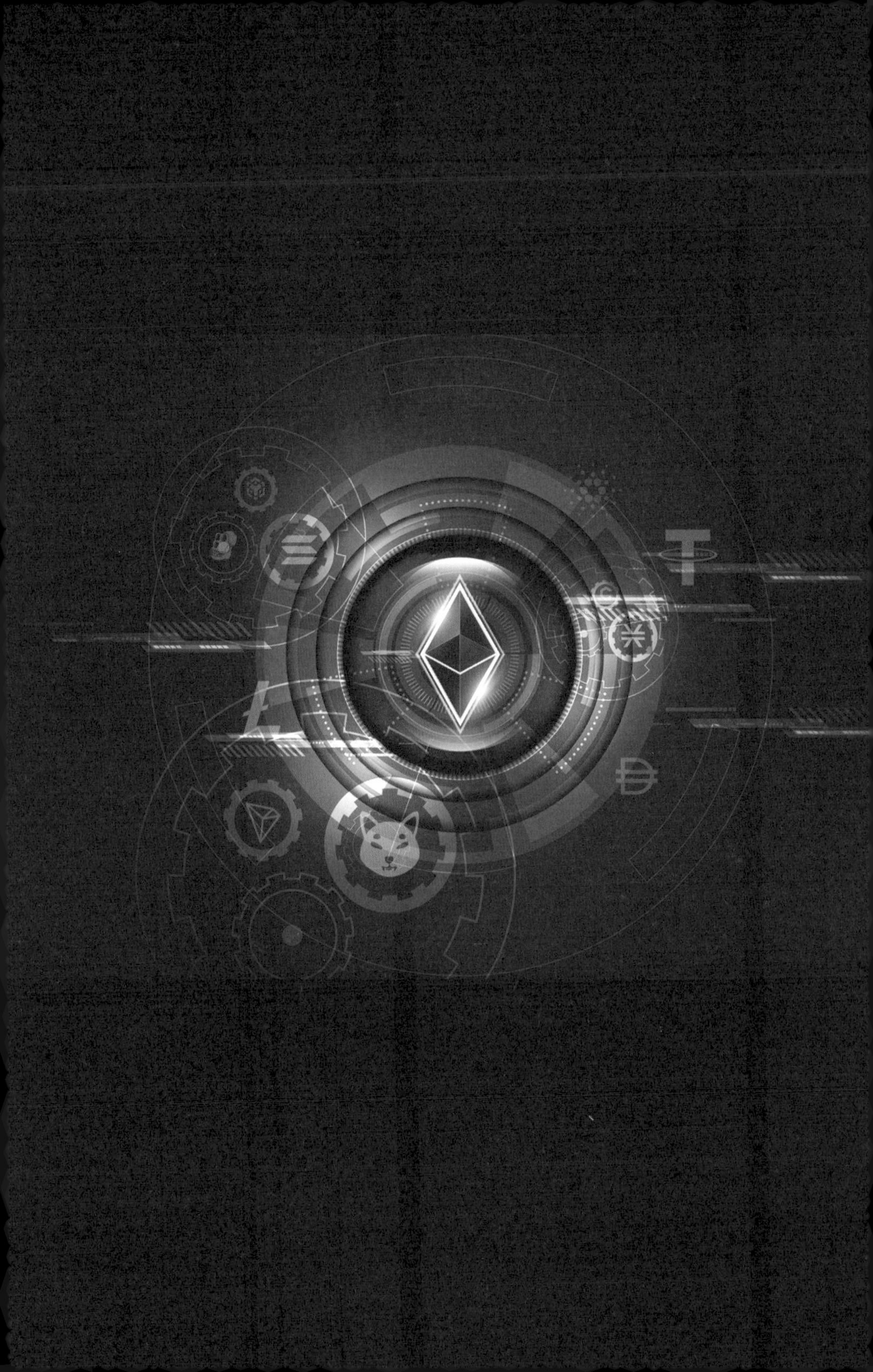

PART 5
알트코인 섹터

01 | 크립토의 미래, AI코인

AI코인은 주식의 테마주와 유사하게 암호화폐 생태계에서 최근에 가장 주목받고 있는 섹터다. 특별히 AI와 블록체인은 4차 산업혁명 이후 가장 큰 변화를 일으킬 주제로 대부분의 사람이 관심을 두는 영역이다. 실제로 블록체인의 탈중앙성을 잘 활용할 수 있는 범위가 AI이기도 하기 때문에 이를 먼저 반영하고 있는 게 시장의 상황이다.

AI코인이 가장 주목하고 있는 영역이기 때문에 AI와 큰 관련이 없는 프로젝트도 AI를 기본적으로 마케팅으로 활용하기도 한다. 이 시장은 기대감에 의해서 가격이 많이 움직이기 때문에 실제 AI 기술력이 있는지 혹은 기존 AI코인과 경쟁력은 무엇인지를 잘 살펴보아야 한다.

전통적인 시장에서 AI가 활용되는 분야가 많지만, 암호화폐 분야에선 탈중앙성을 활용한 AI 관련 코인이 그 특징을 잘 활용하여 시장에서 필요한 서비스를 하게 될 것이다. 이 시장에 다가가기 위해서 먼저 AI의 기본적인 특징을 이해해야 한다. AI의 핵심은 빅데이터이며 동시에 그 빅데이터를 활용한 학습이다. 이를 머신 러닝이라고도 하는데, 머신 러닝 이전에 더 중요한 것은 데이터다. 데이터가 없으면 어떤 학습도 의미가 없기 때문이다. 그렇다면 기존 AI 대비해서 암호화폐 분야에서 활용할 수 있는 범위는 어디일까?

기존의 AI 서비스는 중앙화된 서비스에 의해서 데이터 독점 문제가 생긴다. 이를 블록체인을 활용하고 암호화폐로 인센티브를 주게 된다면 데이터 독점 문제도 해결되고 자원의 재활용 및 우수한 AI 학습이 가능하다. 이러한 특징을 잘 살린 프로젝트에 주목해 보기 바란다.

기본적으로 AI 학습에 필요한 그래픽 카드를 활용한 프로젝트는 필수적이다. 또한 데이터를 탈중앙화된 환경에서 제공하는 인프라 서비스도 눈여겨봐야 한다. 기본적인 AI 서비스를 구동하는 시스템 위에 사용자를 위한 서비스 및 활용도를 고려해서 관련 AI코인을 분석해본다.

현재 시장에서 AI코인으로 카테고리를 분류하지만 실제 AI 기술력이 전혀 없거나 가능성이 없는 프로젝트도 있다. 그러므로 AI가 기술력을 갖추고 있는지 앞으로 활용 잠재력이 충분한지를 살펴본다.

코인게코 및 코인마켓캡에도 AI 관련 코인의 리스트가 조회된다. 일반적인 코인을 대부분 잘 분류하고 있으나 AI 관련 코인은 메사리 홈페이지(messari.io)에서 조금 더 정확하게 분류한다.

AI 관련 코인 상위 시가총액 10위건

	Asset	Price (Live)	Real Vol 24H Sum	Mcap Today	Sector
1	Render RNDR	$7.52	$76.14M	$2.89B	Streaming and Rendering
2	Bittensor TAO	$282.52	$29.50M	$1.96B	Machine Learning
3	Theta Network THETA	$1.58	$13.73M	$1.58B	Streaming and Rendering
4	Fetch.ai FET	$1.60	$244M	$1.36B	Machine Learning
5	SingularityNET AGIX	$0.664	$81.48M	$856M	Machine Learning
6	Akash Network AKT	$3.11	$34.88M	$743M	General Compute
7	Worldcoin WLD	$2.79	$78.44M	$712M	Identity, Reputation, and Credentialing
8	AIOZ Network AIOZ	$0.499	$5.79M	$545M	Cloud Platforms
9	Theta Fuel TFUEL	$0.0770	$8.63M	$506M	Smart Contract Platform
10	CorgiAI CORGIAI	$0.00115	$54,529	$396M	Collectibles and Digital Goods

출처: 메사리 홈페이지

AI코인 중 가장 시가총액이 높은 건 렌더토큰RNDR, Render이다. 시가총액은 30억 달러가 조금 안 된다. 스트리밍과 렌더링 분야이고 P2P 방식으로 연결된 그래픽 카드 컴퓨터 파워를 활용하는 서비스다. 시가총액이 20억 달러 정도 되는 Fetch.aiFET도 AI 서비스로 많이 알려져 있다. 렌더와 유사한 머신 러닝을 활용한 AI 서비스 중 하나다.

AI에서 필요한 데이터 영역을 활용한 코인은 시가총액이 7억 달러 정도 되는 아카시 네트워크AKT, Akash Network가 있다. 아카시는 탈중앙화된 스토리지 서버를 제공한다. 기존에 AWS와 같은 중앙화된 서비스를 탈중앙화된 서버로 제공하고 비용은 저렴하면서 암호화폐로 결제하는 서비스다.

AI는 분야가 다양하다. 특히 챗GPT를 만든 샘 알트먼Sam Altman이 출시한 월드코인WLD, Worldcoin는 홍채인식을 하면 에어드랍을 주기 때문에 많은 사람이 가입했다. 시가총액은 7억 달러 정도로 크진 않지만, 실제 AI 서비스와 시장을 주도하고 있는 샘 알트먼의 효과로 인해서 암호화폐 시장에서도 꽤 많은 관심을 받는다. 월드코인은 AI 영역 중에서 특히 신원인증과 증명 분야에 특화되었다. AI 서비스가 발달하면 결국 인간과 컴퓨터를 구별해야 하는 기술이 가장 중요해질 수 있는데, 이를 먼저 대비한 아이디어의 서비스다.

AI 프로젝트를 카테고리별로 살펴보면 크게 탈중앙화된 컴퓨팅Decentralized Compute, 영지식증명 머신 러닝zkML, 인공지능 에이전트AI Agents, 머신 러닝 학습ML Training, 코프로세서Coprocessors가 있다.

AI 프로젝트 카테고리

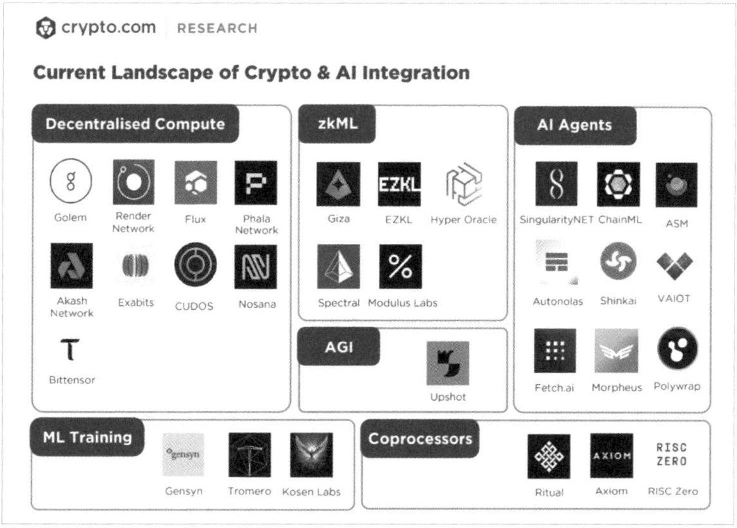

출처: crypto.com

탈중앙화된 컴퓨팅이 블록체인과 인공지능의 결합에서 가장 활용도가 높은 분야다. 블록체인의 핵심 개념인 채굴에 기본적으로 그래픽 카드가 활용된다. 인공지능 역시 학습을 위해서 그래픽 카드가 필요하다. 이 2개의 조합으로 그래픽 카드를 인공지능 학습이나 블록체인 채굴에 활용한다. 일반적인 사용자는 그래픽 카드를 제공하여 채굴과 동시에 인공지능 학습에 중요한 자원을 제공해 주고 보상받는다.

탈중앙화된 컴퓨팅의 대표적인 암호화폐는 아카시 네트워크, 골렘GLM, 랜더토큰, 플럭스Flux, 팔라 네트워크Phala Network, 비텐서Bittensor, 쿠도스Cudos, 노사나Nosana, 엑사비트Exabits 등이다.

랜더토큰은 2020년에 출시되었고 전 세계적으로 가장 큰 분산 CPU 네트워크 중 하나를 제공하고 있다. 대기 목록에는 100,000명이 넘는 노드 운영자가 있으며 대규모 노드 운영자들이 GPU 컴퓨팅 리소스를 제공함으로써 고급 AI 및 3D 렌더링 기능을 제공한다. 컴퓨팅 리소스를 제공하는 노드 운영자는 그 대가로 랜더토큰을 받게 된다. 기존에 비트코인 채굴자가 보상으로 비트코인을 받듯이, AI 영역에서도 AI 연산을 위해서 실제 그래픽 카드를 제공하고 그 대가로 인센티브로 토큰을 받는 시스템이다.

아카시 네트워크AKT는 오픈 소스 분산형 클라우드 컴퓨팅 플랫폼이다. 기존의 구글 및 아마존 웹 서비스AWS, Amazon Web Service의 대안을 찾는 사용자에게 분산형 처리 및 스토리지를 제공한다. 아카시 머신 러닝

Machine Learning, ML은 머신 러닝 GPU에 가장 많이 찾는 상품에 분산형 오픈 액세스를 제공하도록 설계된 AI 전용 슈퍼 클라우드다. 2024년 하반기부터 챗GPT 모델의 오픈 소스버전에서 실행되는 자체 버전의 아카시 챗을 공개하기도 했다. AKT는 이 아카시 네트워크에서 사용되는 거버넌스, 보안, 인센티브에 사용되는 유틸리티 토큰이다.

골렘은 분산형 컴퓨팅 마켓플레이스다. 애플리케이션 소유자와 사용자가 다른 공급업체의 머신 리소스를 임대할 수 있는 P2P 네트워크를 구축한다. '분산된 컴퓨터 네트워크에서 구매할 수 있는 컴퓨팅 파워를 제공하는 글로벌 슈퍼 컴퓨터'가 골렘의 비전이다.

영지식증명 머신 러닝은 기존 AI에서 핵심기능을 하는 머신 러닝을 블록체인 기반 스마트 콘트랙트에서 실행하면 비용이 막대하므로 이를 해결하기 위해서 탄생했다. 스마트 콘트랙트가 기본적으로 중앙화된 시스템에 비교하여 비용이 많이 발생한다. 그러므로 기존 중앙화된 방식의 인공지능 머신 러닝을 그대로 적용할 수 없다. 그래서 영지식증명 방식을 적용하여 스마트 콘트랙트로 비용 효율성을 높이면서 인공지능과 블록체인을 결합할 수 있도록 제안된 방법이다.

인공지능 데이터 연산 학습에서 제기되는 가장 큰 이슈가 개인정보 보호다. 이 영지식증명 머신 러닝을 활용하면 다음과 같은 장점이 있다. 사용자는 자신의 데이터를 사용하여 머신 러닝을 한다. 그리고 그 해당 결과를 비즈니스 모델로 제공할 때는 자신의 데이터를 숨기고 결과만 공유할 수 있다. 이 과정에서 영지식증명 머신 러닝 방식이 적용되어 데이터가 문제없었음을 증명하면서 그 결과를 공유한다.

영지식증명 머신 러닝에서 대표적인 프로젝트는 이지케엘EZKL과 기자Giza다. 이 두 프로젝트는 머신 러닝 모델을 구축하여 해당 모델을 실행해서 그 결과에 대해 온체인에서 신뢰할 수 있도록 검증하는 방법을 제공하고 있다. 두 프로젝트 모두 오픈 뉴트럴 네트워크 익스체인지ONNX, Open Neutral Network Exchange를 사용하여 텐서플로우TensorFlow 및 파이토치PyTorch 같은 일반 언어로 작성된 머신 러닝 모델을 표준 형식으로 변환한다. 현재는 EVM과 호환되어 제공되고 있다. 지금은 연구 및 발전의 초기 단계이지만 시간이 지날수록 인공지능과 블록체인의 연동을 위해서 중요한 기술로 자리잡게 될 것이다.

인공지능 에이전트AI Agent는 일반 사용자가 쉽게 접하는 인공지능 서비스다. AI 에이전트는 사용자를 대신하여 작업을 수행하는 소프트웨어 분야다. 우리가 가장 쉽게 접하는 챗GPT가 인공지능 에이전트 영역에 속한다. 암호화폐 분야에서 인공지능 에이전트의 대표적인 프로젝트는 Fetch.ai와 에이지아이엑스AGIX가 있다.

Fetch.ai는 2018년 3월에 출시되었고 대표적인 인공지능 에이전트다. 프로젝트 팀이 인공지능 에이전트를 구축하는 데 필요한 기술적 기반을 제공하고 있으며, FET토큰 보유자들은 거버넌스에 참여할 수 있고 FET 토큰은 해당 서비스에 수수료로 활용된다.

SigularityNet은 '자체 조직화' 인텔리전스 네트워크를 위해 설계된 탈중앙화된 마켓 플레이스다. 인공지능 에이전트 네트워크가 서로 원활하게 상호 작용하여 개발자가 공개 API 및 탈중앙화된 마켓 플레이스를 통해서 AI 알고리즘을 쉽게 공부하고 수익을 창출할 수 있도록 돕는 플랫폼이다.

탈중앙화된 머신 러닝은 일반적인 컴퓨팅 플랫폼이 아니라 머신 러닝 모델 훈련에 초점을 맞춘 전문화된 인공지능 GPU 공급 인프라를 제공한다. 이 분야에서 가장 대표적인 젠슨Gensyn 프로젝트는 인공지능 집단 지능을 구축하기 위해서 전기 및 하드웨어를 조정한다. 기본적으로 훈련 목표, 훈련 모델, 훈련 데이터의 결과를 얻기 위해서 머신 러닝 모델을 실행하는 작업자들과 검증자 간의 균형을 맞춘다. 보상시스템을 근거로 하여 목표로 하는 머신 러닝 결과를 추출하고 그 대가로 하드웨어 제공자와 검증자에게 보상하는 시스템을 갖추고 있다. 이 시스템이 발전하면 블록체인 기반에서 자율적인 머신 러닝 학습이 이루어질 수 있게 된다. 대규모 기업의 인공지능 학습 데이터 독점을 막으면서 소규모로 탈중앙화된 네트워크 환경에서의 인공지능 학습 연산이 가능해진다. 아직은 초기 시장이라 규모가 크지 않고 효율이 떨어지지만 앞으로 지속해서 발전될 수 있는 분야다.

코프로세스Coprocessrors는 현재 개발 중인 분야이며 리스크제로RiscZero, 엑시옴Axiom, 리튤Ritual이 대표적이다. 코프로세스는 새로운 용어이며 오프체인 컴퓨팅, 온체인 검증을 포함하여 여러 가지 역할이 가능하다. 일반적으로 영지식증명 프로세스를 활용하여 오프체인과 온체인에서의 검증용 가상머신 구축을 목표로 한다. 아직은 발전의 초기 단계이며 향후 블록체인 인공지능 분야에 광범위하게 사용될 수 있는 표준 프로세스 및 기술적 기반이 될 것이다.

AI코인은 앞으로도 계속 주목받을 분야다. 암호화폐 서비스 대다수가 AI를 주요 키워드로 시장에서 선점하기 위해서 애쓸 것으로 보인다. 실제 AI 서비스가 없음에도 이를 앞세워 홍보하는 암호화폐도 있으므로 투자자는 AI 서비스가 실재하는지 그 실체 여부를 상세하게 분석해 보고 투자하는 자세를 가져야 한다.

다른 시장에 비해서 암호화폐 시장은 트렌드가 굉장히 빠르게 변하고 가상의 어떤 것을 내세우면서 마케팅을 적극적으로 하는 프로젝트가 상당수이기 때문에 이 중에서 옥석을 걸러내는 게 꽤 어렵다. 최소한 서비스를 한번 사용해 보고 실제 AI를 활용한 기술이 있는지, 이를 시장에서 활용하는 게 있는지 정도는 체크하고 포트폴리오를 구성하는 전략이 절실하다.

02 | 빅테크를 넘어서라, DePin(디핀)

디핀DePin은 분산형 물리적 인프라 네트워크다. 일반적으로 잘 알려진 사물 인터넷을 블록체인과 결합한 형태이다. 우리가 일상에서 사용하고

디핀 생태계 지도

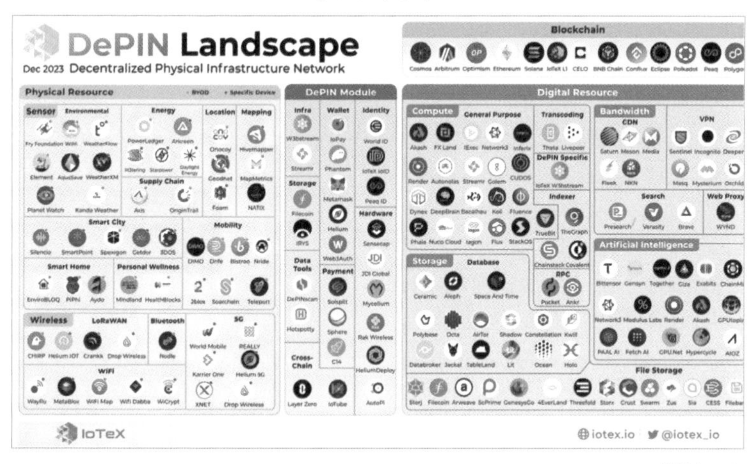

출처: iotex.io

있는 물리적인 네트워크 장비를 블록체인 형태로 구축하여 자원의 활용을 극대화하고 이를 위해서 토큰 인센티브를 적용하여 자생할 수 있는 생태계로 발전시키고자 한다.

디핀의 생태계는 앞 페이지의 지도를 참고하면 전반적으로 카테고리를 분류하는 데 큰 도움이 된다. 블록체인 서비스의 대다수가 직, 간접적으로 디핀의 카테고리와 중복되는 부분이 많기 때문에 영역별로 특화해서 살펴보면 투자 포트폴리오를 구성하는 데 큰 도움을 얻는다. 크게 '물리적 자원, 디핀 모듈, 디지털 자원'으로 분류해 볼 수 있다. 기존에 우리가 알고 있던 사물인터넷이 물리적 자원 영역에 포함된다. 대부분 센서와 무선 장치들이 이 영역에 속한다.

디핀 모듈은 디핀 생태계와 블록체인간 중간 역할을 하는 카테고리로 분류된다. 지갑, 신원인증, 인프라, 크로스체인, 결제 등이 이 영역에 속한다. 가장 큰 것은 디지털 자원 영역이다. 네트워크 대역폭, 인공지능, 컴퓨팅 자원 및 스토리지 활용이 여기에 속하고 가장 많은 프로젝트가 이 카테고리에서 프로젝트를 진행한다.

가장 신뢰받는 암호화폐 리서치 그룹인 메사리 리포트에서 디핀을 크게 두 가지로 분류한다. 물리적 리소스 네트워크와 디지털 리소스 네트워크다. 물리적 리소스 네트워크에는 하드웨어 장비가 있다. 그래픽카드를 활용한 AI 연산부터 개인이 소지한 스마트폰까지 다양한 영역에 걸쳐있다.

디핀 물리적 리소스

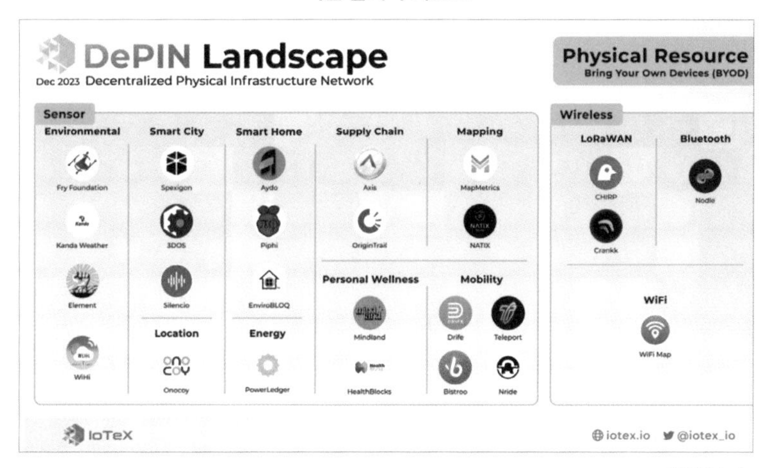

출처: iotex.io

디지털 리소스는 이러한 물리적인 장치를 기반으로 네트워크 대역폭을 포함한 컴퓨팅 자원 및 데이터를 활용하는 영역까지 다양하다.

물리적 리소스는 센서 네트워크를 기본으로 한다. 모빌리티는 이동과 운송에 관한 데이터를 수집하고 활용한다. 디모DIMO, 디알라이프Drife, 소아체인Soarchain 등의 프로젝트가 있다. 자동차나 사람의 이동(걷기, 달리기, 운동) 데이터를 활용하여 AI 학습, 건강, 교통정보 등 곳곳에서 활용할 수 있다. 맵핑Mapping은 지리 및 지형 데이터를 사용하고 지도와 공간 모델을 생성하는 데 활용된다. 대표적으로 하이브매퍼HiveMapper, 나틱스Natix 등의 프로젝트가 있으며, 유사한 서비스로 위치를 활용한 지오넷GEODNET, 오노코이Onocoy 등의 프로젝트도 있다.

에너지 분야는 에너지 소비와 분배를 모니터링하고 최적화하는데 사용되는 영역이다. 대니라이트 에너지Danylight Energy, M3테링M3tering 등의 프로젝트가 있다. 환경 센서로는 대기질, 기상 조건, 수질, 생태계 건강 등의 정보를 수집하고 활용한다. 웨더XMWeatherXM, 플래닛와치Planetwatch 등이 있다. 개인 웰빙을 위한 스웨더코노미Sweateconomy, 헬스블록Healthblock 등의 프로젝트도 있다. 개인의 건강과 웰빙을 추적하고 모니터링하여 건강관리에 유용한 데이터를 제공하는 웨어러블, 휴대전화 장치다. 스마트 홈 센서로 인바이로블록Envirobloq, 파이파이Piphi 등의 서비스도 있다. 주거환경에 통합되어 편의성, 보안성, 에너지 효율성을 향상한다.

스마트 시티Smart City란 도시 생활의 다양한 데이터를 수입하여 효율적인 도시 계획 및 관리를 돕는 시스템이다. 대표적으로 일루미네이트Eluminate, 스마트포인SmartPoin 등의 서비스가, 공급 및 유통망 센서로는 오긴트레일OriginTrail, 엑시스AXIS 등이 있다. 이러한 서비스는 운송 및 물류 작업과 관련된 상품의 자산 위치 및 추적을 돕는다.

물리적 리소스 중에서 무선네트워크는 일반 사용자가 쉽게 접근할 수 있는 서비스이고 5G 이동통신에 적용되는 헬륨모바일HeliumMobile, 케리어원KarrierOne 서비스가 대표적이다. 대표적인 와이파이 서비스는 위크립트Wicrypt, 와이파이맵WifiMap이다. 블루투스는 노들Nodle 서비스가 있다. 누구나 가장 쉽게 사용하고 필수적인 5G, 와이파이, 블루투스 서비스 영역에서 기존 서비스와는 다른 블록체인 기반의 토큰 인센티브를 적용한 시스템이 시장에 하나둘씩 생겨나는 중이다. 아직은 서비스를 이용하기에 약간 불편하지만 본격적으로 디핀 시장이 확대되고 있음을 알 수 있다.

디핀 디지털 리소스 네트워크

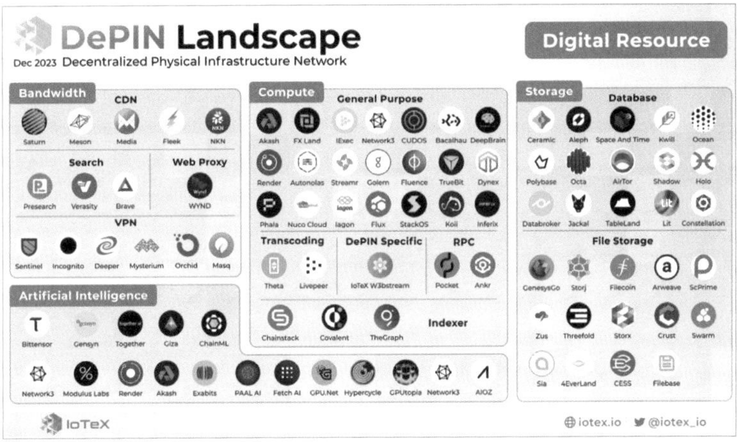

출처: iotex.io

디핀에서 둘째로 큰 영역은 디지털 리소스 네트워크다. CDN, VPN과 같은 대역폭 리소스, AI 연산 및 특정 목적을 위해서 설계된 컴퓨팅 리소스, 데이터베이스 및 파일 스토리지를 위한 리소스 등이 있다.

대역폭 영역에서는 CDN과 VPN 영역이 있다. CDN은 데이터 전송 시 최종 소비자에게 콘텐츠를 최적화하는 데 사용된다. 대표적으로 새턴Saturn, 플리크Fleek 등이 있다. VPN은 인터넷 연결을 암호화해서 데이터 보호를 강화한다. 인터넷 사용 및 홈페이지 접속이 제한된 경우 우회적으로 VPN을 사용하여 접속하기도 한다. 센티널Sentinel, 미스테리움Mysterium, 오키드Orchid 등이 있다.

일반인이 가장 많이 사용하는 브라우저도 이 영역에 속한다. 현대인이 생활할 때 인터넷 검색을 빈번하게 하므로 브라우저의 중요성은 간과할 수 없다. 브레이브Brave를 브라우저로 주로 쓰는데, 개인 보호가 강화되면서 기존 크롬 브라우저에서 데이터를 임의로 활용하는 부분에서 개인이 선택적으로 데이터 활용을 동의할 수 있다. 개인 데이터를 사용하는 이용자에게 일정 부분 토큰으로 보상을 주는 방식을 사용한다. 웹프락시는 사용자와 웹서버 간 중개자 역할을 하면서 개인정보보호 및 성능을 개선한다. 네트워크 리소스에 관한 무결성 보장 및 신원 보호에 있어서 중요한 역할을 한다. 대표적인 서비스는 윈드Wynd가 있다.

컴퓨팅 영역에서는 디지털 리소스의 기능을 수행한다. 대표적으로 렌더, 아카시 등이 있다. 기존에 쓰던 웹호스팅을 블록체인 기반의 아카시로 바꾸면 더 저렴하면서 탈중앙화된 네트워크의 이점을 활용할 수 있다. 조금 특수한 목적으로 사용되는 라이브피어Livepeer, 더그래프The Graph, 에이엔케알ANKR 등의 서비스도 있다. 미디어 파일을 다른 형식으로 변환하거나 효율적인 검색을 위한 데이터 인덱싱 서비스, 네트워크의 여러 부분 통신을 활용하는 원격 프로시저 호출RPC 서비스 등으로 이루어져 있다.

전통적인 IT에서 주로 사용되는 데이터베이스 및 파일 저장 방식에서도 디핀 서비스가 있다. 알레프Aleph, 스페이스 앤드 타임Space And Time은 데이터베이스를 활용한다. 파일코인Filecoin, 알위브Arweav 등은 데이터의 기본인 파일(문서, 이미지, 멀티미디어 파일 등)을 저장, 검색하는 방법을 제공한다.

2025년 1월 현재, 가장 주목받고 있는 AI 분야도 디지털 리소스 네트워크에서 중요한 영역이다. AI의 핵심은 기계학습, 딥러닝, 인공지능 애플리케이션을 위한 도구 및 리소스다. 이러한 영역에서 머신 러닝을 위한 모델에 사용되는 젠슨, 투게더Together 등의 서비스가 있다. AI 애플리케이션 개발과 배포를 쉽게 해주는 소프트웨어 라이브러리 및 프레임워크를 제공하는 FetchAI, PaalAI 서비스도 있다. 특별히 인공지능의 성능 발전을 위해서 중요한 역할을 하는 GPU 관련 서비스에는 엑사비트, 지피유닷넷(GPU.net) 등이 있다.

디핀은 우리의 일상생활과 가장 가까이에 다가와 있는데, 기존에 사용하던 대부분의 서비스를 디핀으로 전환할 수 있다. 전환된 서비스는 데이터를 공유하고 활용하면서 그 보상으로 토큰을 준다. 기존에 기업이 이익 대부분을 가져갔다면 앞으로는 이익을 개인과 공유하는 방식으로 변화될 것이다.

아직은 디핀 시장이 초기라서 관련 프로젝트의 신뢰도 및 성능 등에서 기존 서비스에 비해 조금 부족하다. 그러나 디핀 시장이 계속해서 발전하고 사용자가 늘면서 시장 초기에서 발견된 문제가 해결될 것이다.

아래의 이미지는 현재 전 세계적으로 다양한 영역에서 활용되는 디핀 장비의 사용 현황을 나타낸다. 유럽과 북미, 아시아에서 디핀이 많이 활용되고 있다. 특히 한국도 디핀 사용이 꽤 높은 편이다. 아직은 얼리어답터들 중심으로 디핀 장비가 사용되고 있지만, 시간이 지남에 따라 우리의 일상에 자연스럽게 디핀 장비를 사용하게 될 날이 머지않았다.

우리의 일상에 디핀이 완전히 정착되었다면 투자의 기회가 이미 한 번 지나갔을 것이다. 지금은 초기 시장이라 어떤 디핀이 괜찮은 프로젝트인지 판별하기가 어렵다. 그러나 시장을 조금 시간을 두고 자신이 잘 알 수 있는 분야를 선정해서 프로젝트별로 사용해 보고 프로젝트 팀을

디핀 디바이스 세계지도

출처: depinscan.io

계속 주시한다면 초기 시장에서의 이익을 꽤 얻을 수 있을 것이다.

한 가지 투자의 팁을 공유하자면 다음과 같다. 디핀 시장은 사용자가 해당 장비를 활용해 볼 수 있는 이점이 있다. 관련 장비를 주문해서 다른 경쟁사 제품과 비교하며 사용하면서 시장의 가격과 제품의 성능, 기존 서비스 대비 장점 등을 스스로 분석해 본다면 조금 더 리스크를 줄이면서 괜찮은 투자 결과를 낼 것이다.

03 | 금융 생태계를 혁신하는 DeFi(디파이)

디파이DeFi 시장은 암호화폐 시장에서 가장 매력적인 분야다. '탈중앙화된 금융'이라고 알려져 있다. 비트코인도 간단한 디파이 서비스는 가능하지만 복잡한 디파이 서비스는 이더리움에서 최초에 탄생했다. 이더리움이 스마트 콘트랙트로 많이 알려져 있는데, 이 스마트 콘트랙트에서 가장 직접적으로 활용할 수 있는 좋은 분야가 디파이 시장이다. 가장 간단한 예로는 예금과 대출 상품을 디파이 상품으로 구현할 수 있다.

기존 예금 및 대출 상품은 중앙의 은행이 있고 여기에서 모든 예금과 대출을 관리한다. 디파이에서는 이 중앙의 은행을 스마트 콘트랙트 코드로 대체한다. 탈중앙화된 이더리움 환경에서 서비스가 코드에 의해서 자율적으로 운영된다. 이 스마트 콘트랙트 코드가 한번 실행되면 그 이후로는 변경 및 삭제가 불가능하다. 이 코드는 모두에게 보이기 때문에 코드가 어떻게 동작하는지 누구나 보고 확인할 수 있다.

예를 들어 예금 및 대출 서비스 스마트 콘트랙트가 있다면 해당하는 서비스에는 예금 기능, 대출 기능 프로그램 코드가 존재한다. 이 코드가 최초에 한 번 실행되고 나면 그 이후로는 변경 및 수정이 불가능한 상태로 처음에 만들어진 예금과 대출 기능을 구현한 코드 그대로 동작한다. 중간에 사람이 개입할 수 없으므로 코드가 문제가 없다면 해당하는 서비스도 그대로 믿을 수 있다.

비트코인이 지금까지 아무런 문제 없이 잘 동작하는 이유도 작성된 코드가 문제가 없고 그 코드가 오픈되어 있으며 누구나 확인할 수 있기 때문이다. 그 특징을 그대로 살려서 이더리움 위에서 응용프로그램으로 개발한 서비스가 디파이 서비스다. 코드에 문제가 없다면 이 서비스를 누구나 믿고 제3의 신뢰 기관의 보증 없이 그 서비스를 자유롭게 활용한다. 이런 특징 때문에 잘 만들어진 디파이 서비스는 최소한의 인력으로 서비스 운영에 큰 비용을 들이지 않고 신뢰할 만한 서비스로 지속 가능한 서비스 모델을 만들 수 있다. 기존 금융 서비스에 비하여 저렴하면서도 빠르고 투명한 상태로 운영이 가능하다.

이런 디파이의 특징 때문에 디파이 시장은 빠르게 성장했다. 특히 그 성장을 이끌었던 가장 큰 원동력은 디파이의 핵심인 탈중앙화된 금융이 가능한 점과 추가적인 토큰 인센티브를 적용해서 기존 금융상품 서비스의 비용을 사용자에게 토큰 인센티브로 보상해주는 방식이었다. 물론 리스크와 단점도 있다. 디파이 서비스는 코드로 이루어져 있기 때문에 이 코드에 결함이 있다면 해당하는 디파이 서비스에 묶인 자금은 모두 잃어버릴 수 있다. 기존 금융 서비스에 비해서 리스크가 너무 크다. 자금 모두를 잃어버릴 수 있기 때문에 디파이 서비스를 이용하는 투자자는 리스크를 고려한 뒤 투자를 결정해야 한다.

하지만 보안이 취약하여 모든 원금을 다 잃어버릴 수 있다는 점을 반드시 잊지 말아야 한다. 이는 가장 심각한 위험이기도 하다. 이미 어느 정도 안정화된 상위 디파이 서비스는 해킹 이슈에서 조금 안정적이지만 다른 신생 디파이 서비스는 수익이 높은 만큼 리스크도 크다는 것을 기억해야 한다.

기존 전통 금융과 비교해 보자면 상위 디파이 서비스가 제1금융권이

디파이 TVL 945억 달러

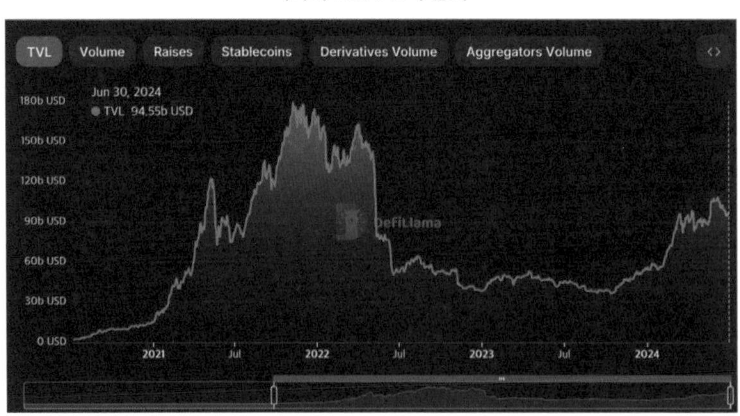

출처: 디파이라마(2024년 6월 기준)

라면 순위가 아래로 내려갈수록 제2금융권, 가장 작은 규모의 금융서비스와 비교해 볼 수 있다.

디파이 시장의 가치를 분석하기 위한 첫째 지표는 TVL이다. 실제 디파이 서비스에 예치된 총자금으로 이해하면 된다. 암호화폐는 코드로 존재하는 자산이다. 코드로 존재하기 때문에 어떠한 코드로 만들어진 프로그램이 해당 암호화폐를 가질 수 있다. 기존 금융 서비스는 코드와 자금이 분리되어 있었다. 전통적인 자산(주식, 현금)은 물리적으로 존재하는 것을 디지털로 표현한 것이기 때문이다. 하지만 암호화폐는 디지털로만 존재하므로 코드가 실제 암호화폐의 최초 탄생지가 된다. 이런 원리로 인하여 다른 자산(주식, 현금, 채권)은 코드에 이것을 가지고 있을 수는 없다. 비트코인을 포함한 이더리움 같은 암호화폐는 코드로 탄생했기 때문에 코드로 만들어진 다른 프로그램에 해당하는 암호화폐를 담을 수 있다.

이런 원리로 디파이 서비스에 암호화폐를 보유한다. 은행이 실제 화폐를 일부 가지고 있으면서 디지털 금융 서비스에 화폐를 숫자상으로 보여주는 방식과는 근본적으로 다르다. 조금 더 쉽게 설명하면 디파이 서비스에는 실제 화폐(원화, 달러)는 보유할 수 없다. 디지털 화폐로 탄생한 암호화폐만 디파이 서비스에 보유할 수 있다. 물론 실제의 화폐가 디파이 서비스를 중개할 수는 있다. 가장 대표적인 것은 달러를 담보로 한 스테이블코인 USDC, USDT 등이다. 이는 암호화폐이지만 실제 달러를 담보로 하고 그 담보를 보증하는 중개 기관이 있다.

디파이 서비스에 존재하는 암호화폐에는 이러한 스테이블코인도 있지만 이더, 솔라나, BNB 등의 암호화폐 자산도 활용된다. 이러한 암호화폐들은 디파이 서비스 내에서 예금 및 대출 상품 등으로 활용하기에 적합하다. 쉽게 프로그램을 만들고 만든 프로그램을 사용자가 쉽게 활용할 수 있다. 이런 서비스를 이용하는데 중간의 개입자는 최소화된다.

이런 특징 때문에 디파이 서비스를 분석하는 데 가장 중요한 지표는 TVL가 된다. TVL는 현재 존재하는 디파이 서비스에 얼마큼의 암호화폐가 예치되어 있는지를 나타낸다. 이는 해당하는 디파이 서비스를 신뢰하고 사용자가 암호화폐를 맡겼다는 의미이다. 만약 해당하는 디파이 서비스들이 해킹이나 기타 이슈가 발생한다면 자신이 맡긴 암호화폐를 모두 잃어버릴 수 있다는 걸 인지하고 맡긴 예치금이기 때문에 더욱더 중요한 지표가 된다.

아직은 디파이 시장이 초기라서 여전히 불안정하고 리스크가 따른다. 디파이 서비스에 문제가 생겼을 때 이를 책임져 주는 법이나 대안이 명확히 있는 것은 아니다. 오직 투자자가 스스로 검증하고 정보 검색과 선택에 따른 결과에 책임을 지는 시장이다. 이런 리스크가 큰 특징으로 인해서 디파이 투자자 중에는 일반적으로 얼리어댑터 성향이 강하고 고위험을 고려하면서도 새로운 서비스의 초기에 투자하고 큰 수익을 내기를 원하는 투자자가 많다.

2024년 6월 기준, 디파이 시장 TVL는 945억 달러 정도 된다. 원화로 환산하면 약 130조 원 정도 되는 금액이다. 국내 코스피 시장 2위인 SK하이닉스의 시가총액이 170조 원 정도이다. 국내 코스피 시가총액 3, 4위인 LG에너지솔루션, 현대차는 각 76조 원, 61조 원 정도이다. 시가총액 2위인 SK하이닉스보다는 조금 부족하지만 3, 4위인 LG에너지솔루션, 현대자동차의 시가총액을 모두 합친 금액과 비슷하다. 이렇듯 디파이 시장은 절대로 작지 않다.

디파이 시장 TVL기준 상위 10위권 디파이 서비스

Name	Category	TVL
1 Lido 5 chains	Liquid Staking	$32.936b
2 EigenLayer 1 chain	Restaking	$17.193b
3 AAVE 12 chains	Lending	$12.323b
4 Maker 1 chain		$7.654b
5 ether.fi 1 chain		$6.432b
6 JustLend 1 chain	Lending	$5.667b
7 Uniswap 20 chains	Dexes	$5.632b
8 Rocket Pool 1 chain	Liquid Staking	$4.145b
9 Pendle 6 chains	Yield	$3.645b
10 Ethena 1 chain	Basis Trading	$3.601b

출처: Defillama.com

디파이 시장에서 TVL 10위권의 서비스이다. 이더리움을 스테이킹 해주는 서비스인 리도Lido가 가장 높고, 아이겐레이어EigenLayer는 리도 등에서 스테이킹된 자산인 유동화된 스테이킹 자산을 다시 스테이킹하여 보안 및 인센티브를 추가로 활용하는 서비스다. 이더리움이 스테이킹 방식으로 전환되면서 이와 같은 스테이킹 관련한 서비스가 가장 높은 순위를 차지한다. 다음으로는 가장 오래된 예금 및 대출 서비스인 아베다. 디파이 서비스 중에서 가장 오래되었으면서도 안정적으로 운영되는 서비스로 유명하다. 이더나 스테이블코인을 예치하여 이자나 암호화폐를 담보로 대출받을 수도 있다. 순위 4위는 메이커다오다. 이더리움에서 탄생한 스테이블코인인 DAI 서비스다.

최초에는 이더만 담보로 하였는데 최근에는 담보의 가짓수를 늘렸다. 순위 5위는 이더파이Ether.fi다. 순위 2위인 아이겐레이어 서비스와 동일한 리스테이킹Restaking 서비스다. 순위 6위는 저스트렌드JustLend다. 트론 네트워크의 대표적인 예금 및 대출 서비스다. 순위 7위는 가장 오래된 탈중앙화된 거래소 유니스왑이다. 이더리움 네트워크에서 가장 많은 시가총액 및 거래량을 가지고 있는 탈중앙화된 거래소의 대표다. 나머지 8, 9, 10위에 있는 로켓 풀Rocket Pool, 팬들Pendle, 에테나Ethena도 최근에 많이 성장했다. 로켓 풀은 리도와 같은 계열인 유동화된 스테이킹 서비스이고, 팬들 및 에테나에는 디파이의 최신 서비스가 있다.

디파이 서비스에서 높은 순위를 살펴보면 대부분 이더리움 기반의 서비스이다. 일부 서비스는 이더리움 레이어2 및 다른 네트워크도 일부 포함하지만 대부분은 이더리움 중심으로 서비스 포트폴리오가 집중되었다. 이는 아직 이더리움이 디파이 시장에서 가장 크고 다른 레이어1은 초기 시장이고 전체 볼륨이 작다는 뜻이다.

디파이 시장에서 TVL가 얼마나 있는지가 중요한데, 이는 TVL가 해당 서비스의 안정성, 향후 발전 가능성을 객관적으로 분석할 수 있는 지표가 되기 때문이다. 디파이 시장에 투자한다면 이더리움 기반이 가장 리스크가 적고 다른 레이어1로 옮겨갈수록 리스크는 조금씩 증대하지만 수익률 측면에서는 더 괜찮은 결과를 낼 수 있다는 것을 의미하기도 한다.

순위에 표시되지 않은 괜찮은 서비스도 꽤 많다. 따라서 리스크를 감안하더라도 10~50위권 안의 디파이 서비스도 살펴보는 게 투자에 큰 도움이 된다. 가끔은 신규 디파이가 빠르게 순위권으로 진입하는 사례가 있기 때문에 괜찮은 디파이 서비스를 발견하면 순위권 안으로 진입했을 때 수익 실현을 하고 다른 디파이 서비스로 옮겨가는 전략도 있다. 이는 빠르게 변화하는 디파이 시장에서 손실을 최소화하고 수익을 극대화하는 것을 의미한다.

04 | 디파이의 진화, 유동성 스테이킹 토큰

디파이 시장에서 TVL가 높은 분야는 유동성 스테이킹 시장으로 2024년 7월 기준, 480억 달러 정도가 된다. 디파이 전체 시장 그래프와 비교해 보

유동성 스테이킹 시장 TVL 증가 변화

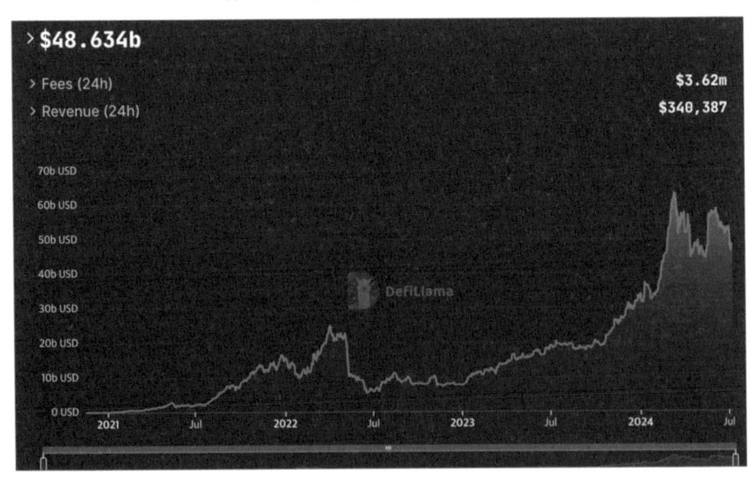

출처: 디파이라마

면 전체 디파이 시장 변화에 비하여 지속해서 우상향하는 그래프를 그린다. 아직 디파이 전체 시장은 TVL가 전 고점을 넘지 못했는데, 유동성 스테이킹 분야는 2022년 전고점 대비 2024년은 3배 이상 TVL가 증가한 해였다. 이더리움의 가격이 전고점을 넘지 못했지만, 디파이 시장 중 유동성 스테이킹 분야는 3배 이상 오른 것을 보면 디파이 시장의 변화가 빠르게 일어난다고 분석된다.

그러면 왜 이렇게 유동성 스테이킹 시장이 큰 변화가 있었는지를 분석해 보겠다. 기존에 이더리움은 작업증명 합의 알고리즘 채굴 방식을 사용했었다. 이더리움 머지 업그레이드 이후 이더리움은 지분증명 합의 알고리즘 채굴 방식으로 변화했다. 지분증명 채굴 합의 알고리즘에서는 스테이킹이란 개념이 도입된다. 이더리움을 가진 사용자가 자신의 이더리움을 기반으로 직접 채굴에 참여한다.

단 채굴에 참여할 때 스테이킹을 해야 하는데 이 스테이킹에는 기본적으로 일정 기간 토큰에 잠금 기간이 설정된다. 채굴 장비는 필요 없지만 이더를 일정 기간 다른 형태로 전환하지 못하는 상태, 유동성을 제한하는 상태가 된다. 이는 채굴 시스템에서 일정 부분 감당해야 하지만 시장에서는 이를 조금 더 개선한 형태의 서비스가 출시되었다. 그게 바로 '유동성 스테이킹'이다.

유동성 스테이킹은 스테이킹과 동일한 효과를 주지만 언제든지 시장에서 자금을 교환할 수 있는 상태를 의미한다. 실제 스테이킹을 한 자산을 기반으로 유동화된 스테이킹 자산이라는 형태로 토큰을 추가로 발행한다. 이렇게 추가로 발행된 토큰은 기존 스테이킹 자산에 관한 증서가 되므로 기존 스테이킹된 자산과 동일한 시장가치를 형성하게 된다. 이러한 메커니즘으로 인해서 스테이킹 수익을 원하면서 동시에 시장에서 언제든지 교환할 수 있는 유동성 스테이킹 자산 시장이 성장하게 되었다.

물론 이더리움의 전통적인 스테이킹 방식에 비하여 보안 측면에서 조금 더 리스크가 생긴다. 유동화된 스테이킹 자산이 실제 스테이킹 된 자산과 가격 차이가 생기기도 한다. 이런 경우 디파이 시장은 전체적으로 가격의 영향을 받는다. 일종의 파생상품으로 이해할 수도 있는데 파생 상품이 수익률도 좋지만 리스크가 더 있는 것과 비슷한 개념이다.

디파이 시장은 원래 파생상품 개념이 많기 때문에 상대적으로 리스크가 적다고 판단되는 게 유동화된 스테이킹 자산시장이다. 이런 이유로 이 시장이 많이 성장했고 현재 시장에서 순위가 높은 건 리도, 로켓풀, 바이낸스 스테이크트Binance Staked ETH, 지토, 맨틀 스테이크트Mantle Staked ETH 순서이다. 해당하는 프로젝트들은 지토를 제외하고 모두 이더리움 스테이킹 서비스이므로, 이더리움이 디파이 시장에서 가장 큰 영향력을 지니고 있다고 볼 수 있다.

지토는 솔라나 스테이킹 자산을 유동화된 솔라나 스테이킹 자산으로

유동성 스테이킹 TVL 순위별 프로젝트

Rank	Compare	Name
1	☐	Lido 5 chains
2	☐	Rocket Pool 1 chain
3	☐	Binance staked ETH 2 chains
4	☐	Jito 1 chain
5	☐	Mantle Staked ETH 1 chain

출처: 디파이라마

변화시켜 주는 서비스다. 이더리움에서 유동화된 스테이킹 서비스가 리도가 있다면 솔라나에서는 지토가 있다.

05 | 최근 디파이 시장 트렌드, 리스테이킹 및 LRT

디파이 시장은 지속해서 변한다. 전체 암호화폐 생태계의 변화에 따라서 같이 변하기도 하고 디파이 시장에서 새로운 개념이 등장하면서 전체 암호화폐 생태계의 변화를 이끌기도 한다. 가장 최근의 시장에서 새롭게 주목받고 있는 트렌드는 '리스테이킹'이다.

리스테이킹은 스테이킹된 자산을 다시 스테이킹 하는 개념이다. 리퀴드 스테이킹으로 불리는 유동화된 스테이킹과는 다르다. 스테이킹에 묶인 자산을 활용하여 이더리움의 보안을 극대화하고 활용성을 높인다. 기본적으로 순수하게 스테이킹 된 이더리움을 다시 스테이킹 가능하고 디파이에서 유동성으로 제공된 LP 자산도 리스테이킹이 가능하다. 유동화된 스테이킹 이더 역시 리스테이킹을 할 수 있다. 대부분의 자산을 다시 한번 스테이킹하면서 시장에서 자본 효율성을 극대화하면서 각종 보안 및 자산의 활용성을 높이기 위해서 등장했다.

이 시장을 주도한 프로젝트는 아이겐레이어다. TVL은 11억 달러 정도가 된다. 전체 리스테이킹 TVL가 13억 달러라는 것을 감안하면 아이겐레이어가 이 시장의 거의 전부를 주도한 셈이다.

리스테이킹 시장 현황

Rank	Name	1d Change	7d Change	1m Change	TVL	Mcap/TVL
1	EigenLayer 1 chain	+0.09%	-1.34%	-9.96%	$11.011b	
2	Symbiotic 1 chain	+0.89%	+0.84%	+57.00%	$1.532b	
3	Karak 6 chains	+0.47%	-1.29%	-16.99%	$669.01m	
4	Pell Network 13 chains	+0.22%	+86.06%	+30.60%	$248.39m	
5	Solayer 1 chain	+1.68%	+6.84%	+10.24%	$169m	

출처: 디파이라마

2024년 상반기부터 이더리움이 레이어2로 확장되면서 이더리움 메인넷 활용도가 많이 줄어들었다. 아이겐레이어가 출시된 이후 부족했던 이더리움 메인넷 활용도가 크게 늘어나면서 시장에서 큰 관심을 받기 시작했다. 아이겐레이어에 이더리움을 재예치하면 추가적인 수익도 발생하기 때문에 조금 더 레버리지가 높은 수익을 원하는 투자자가 디파이 시장에서 이 리스테이킹 시장을 선택했다. 리스테이킹된 자산을 다시 스테이킹하는 3차 시장도 최근에 형성되기도 했다. 이러한 시장을 리퀴드 리스테이킹 토큰Liquid Restaking Token, LRT이라고 이야기한다.

스테이킹을 리스테이킹하고 나서 그 리스테이킹 자산을 다시 유동화된 토큰으로 만든 것이다. 기존 전통시장에 빗대어 표현하자면 파생 상품의 파생 상품이다. 그래서 수익률 및 시장에서 자본 효율성은 극대로 커지지만, 위험도 그만큼 커진다는 것을 투자자는 확실하게 인지해야 한다.

물론 이런 시장 변화에 적극적인 투자자라면 일부 자금을 이런 리스테이킹 및 LRT 시장에 어느 정도 투자해 보는 것도 시장을 이해하는 데 큰 도움이 된다. 대부분 이렇게 시장이 초기에 형성될 때는 리스크도 있지만 해당 새로운 프로젝트에 참여하면서 주어지는 토큰 인센티브로 인한 초기 수익률도 낮지 않다.

대부분의 이런 프로젝트에 투자하는 투자자는 투자금을 잃을 각오가 되어 있다. 그럼에도 해당 프로젝트의 토큰이 시장에서 가치가 형성되면서 추가적인 수익이 생겨서 투자자가 이를 노리고 투자한다. 리스크가 큰 만큼 시장의 상황이 좋아지고 프로젝트가 좋은 성과를 얻게 되면 투자 수익률은 극대화가 된다. 물론 그 반대 상황을 항상 염두에 두고 이런 시장에서 신중한 투자를 결정하는 것이 중요하다.

06 | 미래의 금융이 온다, RWA

RWAReal World Asset는 현실 세계의 자산을 토큰화하여 블록체인 위에서 거래할 수 있도록 만들어주는 프로젝트이다. RWA는 오래전부터 금융의 비효율성을 낮출 수 있는 중요한 분야로 주목받아 왔지만, 그동안 시장이 개인 투자자 위주로 형성되었던 데다, 실질적인 사례도 부족해서 금융기관의 진입이 활발하지 못했다. 하지만 2024년, 비트코인 현물 ETF 시대가 본격화되면서 기관의 자금이 RWA 시장에도 유입되었다. 블록체인 위에서 모든 자산을 올릴 수 있다는 건 블록체인의 궁극적인 목적에 해당한다.

RWA의 신호탄을 쏘아 올린 것은 블랙록이다. 블랙록은 미국 증권거래위원회SEC에 첫 자산 토큰화RWA 펀드인 '블랙록 USD 기관 디지털 유동성 기금' 펀드를 출시했다. 해당 펀드는 비들Buidl이라는 ERC-20 토큰을 통해 이더리움 블록체인 위에서 토큰화되었다. 참고로 비들은 블록체인 생태계 발전을 위해 적극적인 태도로 무언가를 만들자는 의미의 용어로 빌드Build에서 파생되었다.

RWA는 이번 대세상승장의 주요 화두로 떠올랐다. 투자자의 입장에서는 주목해야 하는 섹터이다. 그런데 RWA 프로젝트가 다채롭게 출시되고 있어 어떤 기준으로 우량한 프로젝트를 선정해야 할지 감을 잡기가 어렵다. 성장 가능성이 높으면서도 안정적인 RWA 프로젝트를 선별하기 위해서 크게 세 가지 항목을 점검해 보기 바란다.

첫째, 토큰화된 상품의 가치

둘째, 펀더멘털

셋째, 기관의 유입

첫째, 토큰화된 상품의 가치에 관해 살펴보겠다.

프로젝트의 가치를 평가하기 위해서는 얼마나 많은 자금이 토큰화되어 블록체인 인프라 위에 올려졌는지 살펴보는 것이 중요하다. 예를 들어 블록체인 메인넷이나 디파이의 경쟁력을 확인하는 중요한 항목 중에는 TVL가 있다. 해당 체인이나 서비스에 예치되어 있는 자본의 총량을 의미한다. RWA도 마찬가지 맥락이다.

현재 RWA는 국채와 부동산, 미술품, 저작권 등 접근성이 낮은 유무형의 자산이 주로 거래되고 있다. 그 중에서도 가시적인 성과가 가장 뚜렷한 분야는 채권이다. 채권은 다시 두 가지로 크게 구분할 수 있다. 전 세계에서 가장 안전한 자산 중 하나로 분류되는 '미국 국채'와 회사채, 사모대출 등의 '민간 신용' 분야이다.

먼저 미 국채를 거래하는 RWA 프로젝트부터 살펴보겠다.

미 국채 토큰화 규모

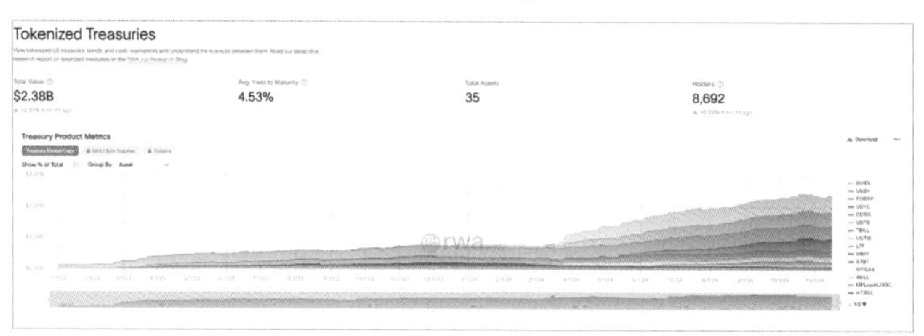

출처: RWA.XYZ

현재 다양한 프로젝트가 온체인 위에서 활발히 거래되고 있다. 그중에서도 가장 주목할 만한 성과를 내는 상위 3개의 프로젝트를 꼽자면 블랙록의 비들, 온도파이낸스의 USDY, 프랭클린 템플턴Franklin Templeton Investments의 FOBXX를 꼽을 수 있다. 5위에 랭크되어 있는 OUSG 역시 온도파이낸스이다.

온도파이낸스에는 일반 리테일 투자자도 접근할 수 있는 USDY 토큰과 누구나 구매할 수 없는, 공인된 전문 투자자만 거래가 가능한 OUSG가 있다. USDY는 미국의 단기 국채Short-Term Treasuries와 예금을 토큰화한 자산이다. RWA 프로젝트들이 주로 어떤 메인넷 기반으로 발행이 되고 있는지를 살펴보는 것도 흥미롭다.

미 국채 토큰화 기반 레이어1 비율

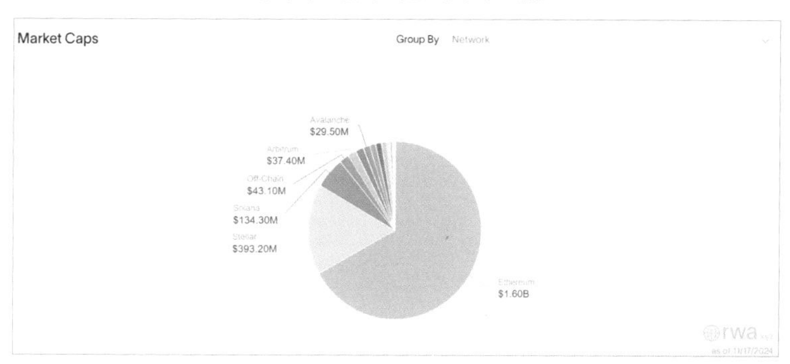

출처: RWA.XYZ

현재 가장 큰 비중을 차지하고 있는 것은 이더리움이다. 총 16억 달러로 전체의 60% 이상을 차지한다. RWA 분야가 성장하면 이더리움이 혜택을 받을 수 있다는 의미이다. 둘째로 큰 규모를 차지하는 건 스텔라루멘이다. 그동안 스텔라루멘은 리플의 하드포크 프로젝트로서 리플의 동생 정도로 여겨져 왔다. 그런데 RWA 분야에서 새로운 정체성을 세우고 있다. 스텔라루멘 프로젝트의 방향성과도 일맥상통하는 부분이다. 스텔라루멘은 금융 인프라가 낙후된 제3세계의 금융 포용성을 향상하는 것을 목적으로 한다.

RWA 거래량이 많은 국가를 살펴보면 아프리카, 중남미, 동남아시아 국가들이 주를 이룬다. 프랭클린 템플턴의 FOBXX가 바로 스텔라루멘 기반으로 발행되었다. 스텔라루멘에 이어서 솔라나, 아비트럼 등의 메인넷이 RWA에서 입지를 확장해 나가고 있다. 다음으로는 민간 신용 분야를 살펴보겠다. 마찬가지로 많은 대출을 기록한 프로젝트를 확인하면 투자의 범위를 좁힐 수 있다.

민간신용 토큰화 규모

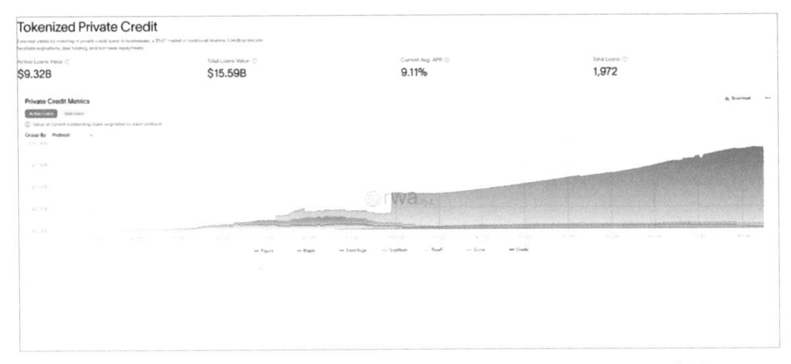

출처: RWA.XYZ

피겨, 메이플, 센트리퓨즈, 골드핀치, 메이플 등의 프로젝트가 활성 대출 규모에서 상위권을 형성한다. 특히 피겨Figure도 70억 달러 이상의 주택 자산 담보 대출HELOC, Home Equity Line of Credit을 토큰화하여 발행했고, 그 규모를 크게 늘리는 중이다.

둘째, 펀더멘털을 확인한다.

토큰화된 상품의 가치를 통해서 투자 종목의 범위를 좁혔다면, 다음으로는 거래 펀더멘털 지표를 확인한다. 거래의 펀더멘털이 높다는 의미는 거래량이 많이 나오고, 활성 주소 수가 꾸준히 증가하고, 트랜잭션이 늘어나며, 고래의 활동이 활발하고, 네트워크가 꾸준히 성장하고 있다는 것이다.

온도파이낸스와 센트리퓨즈 펀더멘털 비교

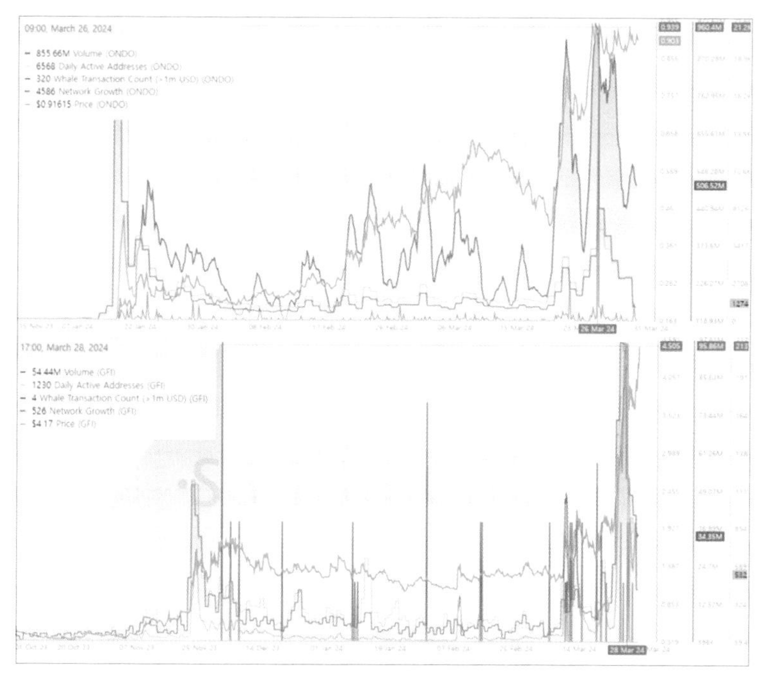

출처: 산티멘트

솔라나 지지자는 솔라나가 이더리움을 능가할 수 있다고 주장한다. 그 근거는 여러 펀더멘털 지표에서 솔라나가 이더리움을 추월하고 있기 때문이다. 특히 탈중앙화 거래소 거래량에서 솔라나가 이더리움을 일시적으로 능가하였다. 결국, 얼마나 많은 거래가 발생하고 있는지를 살펴보는 것이 중요하다.

예를 들어 미 국채 분야에서 주목 받는 온도파이낸스와 민간 신용 분야에서 떠오르는 센트리퓨즈를 비교해 보겠다. 둘은 거래량 측면에서 10배 가까운 차이가 난다. 다른 펀더멘털 지표에서도 비슷한 결과가 나오고 있으며, 펀더멘털 측면에서 어떤 프로젝트가 우위에 있는지 가늠할 수 있다.

RWA 프로젝트별 참여기관 추이

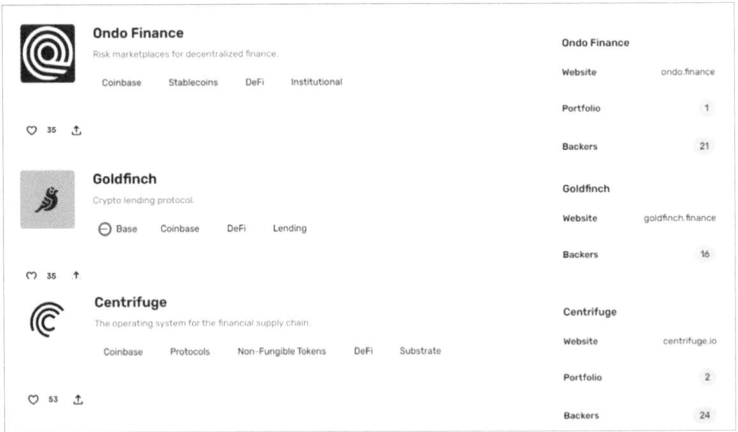

Ondo Finance
Risk marketplaces for decentralized finance.
Coinbase Stablecoins DeFi Institutional
35

Ondo Finance	
Website	ondo.finance
Portfolio	1
Backers	21

Goldfinch
Crypto lending protocol.
Base Coinbase DeFi Lending
35

Goldfinch	
Website	goldfinch.finance
Backers	16

Centrifuge
The operating system for the financial supply chain.
Coinbase Protocols Non-Fungible Tokens DeFi Substrate
53

Centrifuge	
Website	centrifuge.io
Portfolio	2
Backers	24

출처: 사이퍼헌터

셋째, 기관의 유입이다.

얼마나 많은 기관이 프로젝트에 참여하고 있는지를 살펴보는 것도 장기적인 전망에 도움이 된다.

이번에는 온도파이낸스, 센트리퓨즈, 골드핀치 프로젝트를 비교해 보겠다. 센트리퓨즈에 총 24개의 기관이 참여한다. 온도파이낸스에 21개보다 우위에 있고, 골드핀치에 16개보다 많다.

온도파이낸스와 센트리퓨즈 투자 기관

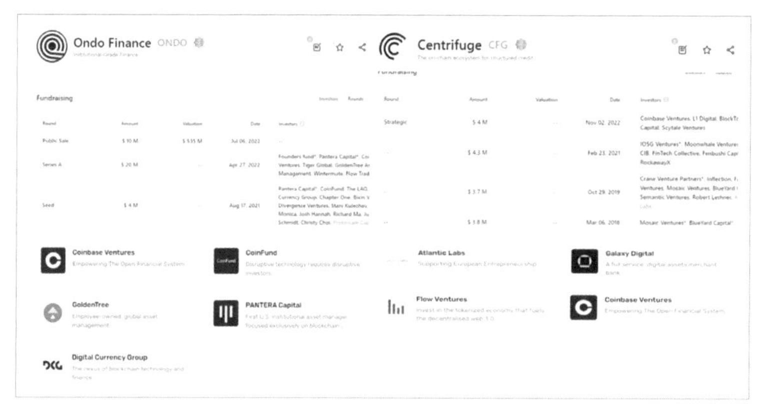

출처: 루트데이터

그런데 조금 더 세부적으로 들여다보면, 상황이 다르다. 온도파이낸스는 센트리퓨즈보다 기관 자금의 유입량이 더 많았다. 기관의 자금이 온도파이낸스에 많이 투입되었다면 기관이 온도파이낸스에서 나올 수익을 크게 기대한다고 알 수 있다. 그런데 센트리퓨즈는 2024년 4월 17일,

파라파이 캐피털과 그린필드로부터 1500만 달러 규모의 시리즈A 투자를 추가로 유치하였다. 기관의 자금이 꾸준히 RWA 섹터로 유입되고 있기 때문에 지속적인 모니터링이 필요하다.

더불어 어떤 벤처 캐피털이 참여하고 있는지를 확인하는 것도 중요하다. 온도파이낸스에 코인베이스 벤처스, 판테라 캐피털, 디지털 커런시 그룹, 코인펀드 등 굴지의 벤처 캐피털이 대거 참여했다. 센트리퓨즈에는 갤럭시 디지털과 코인베이스 벤처스 등이 동참했다. 앞서 언급한 세 가지 항목은 맹신해서는 안되며 중복으로 확인해야 한다.

태생적인 목적 자체가 RWA인 프로젝트 위주로 설명했다. 그런데 인프라 영역까지 범위를 넓히면 선택지가 늘어난다. 대표적으로 체인링크, 아발란체, 메이커다오 등의 프로젝트를 들 수 있다. 체인링크는 금리, 환율 등 중요한 오프체인 정보를 온체인으로 가지고 오는 오라클 서비스이다. 이 프로젝트는 RWA 분야의 확장에 중요한 입지를 지닌다. 아발란체는 B2B 기반으로 각 금융기관의 프라이빗 블록체인을 구축하는 솔루션을 제공한다. 메이커다오는 미 국채를 대한민국보다 많이 보유하며, 이를 통해 다양한 서비스를 구현한다.

RWA의 미래에 대해서는 낙관적인 전망이 주를 이룬다. 보스턴컨설팅그룹BCG에 따르면, 2023년 3,100억 달러(한화 약 421조 원)를 기록했던 RWA 시장은 오는 2030년 16조 달러(한화 2경 1,736조 원) 규모로 성장할 전망이다. 하지만 RWA의 성장 방향성에 대부분 동의하더라도 '속도'는 예상보다 더디게 느껴질 수 있다. 게다가 RWA는 아직 해결되지 않은 중요한 리스크가 있다. 바로 규제가 확립되지 않았다는 점이다.

전 세계적으로 RWA 규제가 미비하다. 그래서 RWA 발전에 제한사항으로 작용한다. 발행 주체가 명확하지 않을 때 생길 수 있는 문제, 해킹 등이 발생했을 때의 책임 소재 등도 여전히 고민거리이다. 그런데도 RWA가 금융을 혁신할 수 있는 중요한 메타로서 장기적인 성장이 가능하다는 시각이 우세한 듯하다. 따라서 RWA는 이번 대세상승장을 넘어서 장기적으로 바라보아야 한다.

07 제2의 도약을 꿈꾸는 NFT와 게임파이

2022년 급격한 성장세를 보인 NFT는 2023년의 급격한 거래량 감소와 2024년의 지속적인 하락으로 시장의 열기가 크게 식었다. NFT 시장의 침체와 관련, 일부에서는 더 이상 기대할 것이 없다고도 말하지만, 해당 분야의 종사자는 의견이 다르다. 시장이 죽어가는 것이 아니라 성숙해 가고 있다는 견해이다. 2022년의 광풍이 지나간 후 NFT는 보다 실용적이고 지속 가능한 애플리케이션에서 그 기반을 찾을 것이라는 전망이 나온다. 그동안 NFT는 PFPProfile Picture 등의 프로필 이미지를 거래하거나 수집하는 목적으로 소비되어 왔다. 하지만 이제는 단순한 소장품을 넘어서 원래의 목적인 디지털 소유권을 증명하기 위한 도구로 진화하고 있다. 이른바 탈중앙화 소유권 인증이다. 특히 게임 시장에서 중요한 도구로 부각되고 있다. NFT 게임 시장 규모는 2024년 4,719억 달러로 추정

되며, 2029년까지 9,425억 8,000만 달러에 이를 것으로 예측된다. 예측 기간(2024~2029년) 동안 14.84%의 연평균 복합 성장률CAGR로 성장한다는 모르도르 인텔리전스Mordor Intelligence의 전망이 있다.

지난 대세상승장 당시 플레이 투 언Play To Earn, P2E으로 불리는 새로운 게임 모델이 시장에서 인기였다. 'P2E'는 게임 내 자산을 실제 가치가 있는 자산으로 변환할 수 있는 게임 경제를 만들었다. P2E는 폭넓은 범주로 게임파이GameFi라고 부르기도 한다. 게임파이는 '게임'과 '금융'의 합성어이다. 블록체인 기술을 활용하는 P2E 게임에서 토큰과 NFT를 사용하여 게임 내 자산을 실제 자산으로 변환할 수 있다. P2E 게임은 NFT를 통해 게임 내 자산의 소유권을 게임사가 아니라 사용자에게 부여하기 때문에 사용자 간의 자유로운 거래가 가능하다. 더불어 블록체인의 핵심 가치인 '무 신뢰성'을 기반으로 하기 때문에 거래 당사자 간의 상호신뢰가 필요 없는 안전하고 투명한 거래 환경을 제공한다.

P2E 게임의 열풍을 몰고 온 대표적인 사례는 엑시인피니티AXS다. 엑시인피니티는 게임에서 획득한 토큰과 NFT를 판매하고 손쉽게 현금화할 수 있는 생태계를 가장 성공적으로 구축했다. 특히 코로나19의 발발로 필리핀 등 동남아 지역에서 많은 인기를 얻었다. P2E 게임은 게임 산업에 새로운 카테고리를 만드는 데 성공했지만, 대중의 관심은 오래가지 못했다. 일반적인 모바일 게임의 수명은 2년에서 3년 남짓이라고 한다. 엑시인피니티는 수명이 7개월 남짓에 불과했다. 엑시인피니티의 지

속력이 이토록 짧았던 원인은 무엇일까?

첫째, 토큰 이코노미가 지속 가능하지 못했다. P2E 게임을 하다 보면, 게임 내 자산을 외부로 전환하는 과정에서 토큰의 인플레이션 문제를 마주한다. 대부분의 P2E 게임은 사용자 수가 증가함에 따라 보상도 증가하는 단순한 구조이다. 보상으로 받은 토큰은 캐릭터의 업그레이드나 신규 캐릭터 생성, 아이템 획득 등에 사용된다. 이렇게 토큰을 사용하다 보면 수요를 야기하지만 같은 패턴이 지속해서 반복될수록 더 많은 토큰 보상을 불러온다. 결과적으로 사용자의 수와 게임 플레이 시간이 증가할수록 토큰의 인플레이션율은 기하급수적으로 증가한다.

둘째, 게임의 본질인 재미가 없었다. 게임이 주는 재미는 떨어지고 경제적 보상이 주가 되면 지속성을 유지할 수 없다. 게임 업계에서 P2E 게임에 부정적인 인식이 자리 잡은 이유가 바로 여기에 있다. 암호화폐 시장에서 가장 유망한 벤처 캐피털인 a16z는 2024년 내놓은 블록체인 시장 전망에서, 웹3 게임 테마를 P2E에서 '플레이 앤 언Play And Earn'으로 옮기자고 제안했다. 이는 블록체인 기반의 게임이 지금까지 돈을 벌어들이기 위한 수단에 불과했다면, 이제는 진정한 게임의 역할을 하리라고 기대한다는 의미이다. 현재 온체인 게임 개발자는 '수익 창출'보다는 '재미'에 초점을 맞춰 부정적 인식을 줄이기 위해 노력하고 있다.

그렇다면 게임 섹터에 투자하기 위해서는 어디에 주의를 기울여야 할까? 장기적인 관점으로 온체인 게임 시장을 바라본다면 플랫폼을 주목해야 한다. 대표적으로 이뮤터블엑스IMX와 빔BEAM 등의 프로젝트를 들 수 있다. 엑시인피니티와 픽셀을 출시한 스카이마비스Sky Mavis가 운영하는 로닌RON 프로젝트도 주목하기 바란다.

특정 게임이 대세상승장에서 유의미한 성과를 보여줄 수 있지만, 장기적인 투자 관점에서는 인프라에 더 투자해야 한다. 특정 서비스는 단기간에 크게 주목받을 수 있지만 생명 주기는 짧다. 반면에 플랫폼이 성장 곡선은 완만해도, 플랫폼을 활용하는 게임과 서비스가 꾸준히 탄생하기 때문에 지속적인 성장이 가능하다. a16z, DWF랩스 등 많은 기관이 온체인 게임을 예의주시하고 있다.

2025년에는 더 나은 블록체인 게임을 만들기 위한 시도가 이루어질 전망이다. 특히 플레이어 경험을 늘리기 위해 생성형 AI와 같은 새로운 기술을 통합하려는 움직임이 일어나고 있다. 핵심은 플레이어의 유지율에 있다. 새로운 기술과의 융합, 정교한 토크노믹스 모델을 통해서 게임 파이 영역이 크게 확장될 수 있을지 계속 지켜보아야 한다.

08 | 새로운 문화로 자리 잡은 밈코인

먼저 밈코인 시가총액 순위별 특징부터 살펴보겠다. 암호화폐 시장에서 최근에 가장 주목받고 있는 것이 밈코인 시장이다. 최초의 밈코인은 도지코인이다. 도지코인은 밈코인 시장에서 가장 순위가 높으면서 암호화폐 전체 시가총액에서도 10위권 안에 드는 투자자가 보유한 주요 종목이다.

밈코인은 소셜 미디어의 밈이나 농담에서 영감을 받아 탄생했지만, 시장에 미치는 영향은 조금 다르게 해석될 수 있다. 특히 최근 밈코인 시장은 암호화폐 시장에서 변두리가 아니라 주요 시장을 이끄는 동력으로 작용하기 때문에 밈코인 시장을 이해하고 분석하여 투자자의 포트폴리오에 밈코인을 보유하는 것이 필요하다. 우리가 일반적으로 접하기 쉬운 개, 고양이, 개구리 등 동물이나 특정 캐릭터 혹은 시대적 밈을 브

밈코인 시가총액별 순위

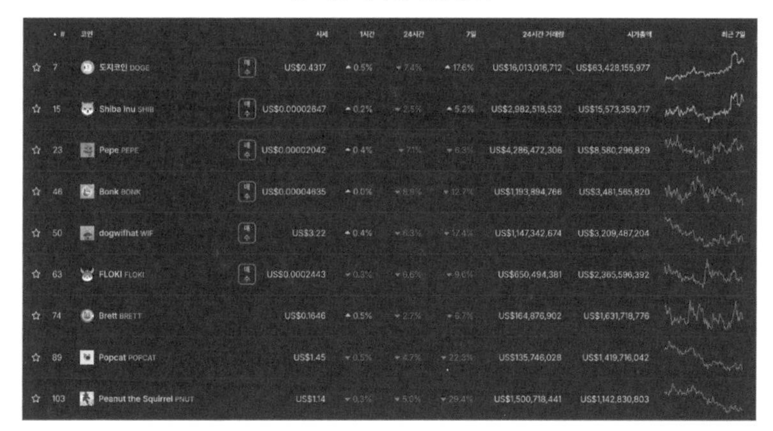

#	코인		시세	1시간	24시간	7일	24시간 거래량	시가총액	최근 7일
7	도지코인 DOGE	매수	US$0.4317	▲0.5%	▼7.4%	▲17.6%	US$16,013,016,712	US$63,428,155,977	
15	Shiba Inu SHIB	매수	US$0.00002647	▲0.2%	▼2.5%	▲5.2%	US$2,982,518,532	US$15,573,359,717	
23	Pepe PEPE	매수	US$0.00002042	▲0.4%	▼7.1%	▼6.3%	US$4,286,472,306	US$8,580,296,829	
46	Bonk BONK	매수	US$0.00004635	▲0.0%	▼8.8%	▼12.7%	US$1,193,894,766	US$3,481,565,820	
50	dogwifhat WIF	매수	US$3.22	▲0.4%	▼6.3%	▼17.4%	US$1,147,342,674	US$3,209,487,204	
63	FLOKI FLOKI	매수	US$0.0002443	▼0.3%	▼6.6%	▼9.6%	US$650,494,381	US$2,365,596,392	
74	Brett BRETT		US$0.1646	▲0.5%	▼2.7%	▼6.7%	US$164,876,902	US$1,631,718,776	
89	Popcat POPCAT		US$1.45	▼0.5%	▼4.7%	▼22.3%	US$135,746,028	US$1,419,716,042	
103	Peanut the Squirrel PNUT		US$1.14	▼0.3%	▼5.0%	▼29.4%	US$1,500,718,441	US$1,142,830,803	

출처: 코인게코

랜드로 나온 코인이 밈코인이다.

도지코인은 라이트코인을 포크하여 만들었고 작업증명 합의 알고리즘을 채택한다. 라이트코인은 비트코인을 포크하여 만들었기 때문에 도지코인은 비트코인과 속성이 같다. 다만 조금 더 빠르고 더 저렴하면서 밈코인이라는 대중성이 있다.

밈코인 시가총액 2위는 시바이누이다. 시바이누는 이더리움 기반의 밈코인이다. 이더리움 기반의 밈코인 특징을 살려서 탈중앙화 거래소, NFT, 디파이 등이 시바이누 생태계에 존재한다. 최초의 밈코인인 도지코인은 비트코인 계열의 탈중앙성이 강한 화폐 기능과 소셜기능을 가지고 있다면, 시바이누는 이더리움의 특징을 살려서 디앱을 가능하게 만든 밈코인이다. 비트코인을 좋아하는 투자자는 도지코인을 좋아하고, 이더리움을 좋아하는 투자자는 시바이누를 좋아하는 경향이 있다.

밈코인 시가총액 3위는 페페Pepe다. 인터넷 밈 캐릭터 페페 더 프로그에서 영향을 받은 밈코인이다. 역시 이더리움 기반의 밈코인이며 기존의 개 캐릭터에서 조금 발전된 형태로 시작된 밈코인이다. 이후에 수많은 페페 종류의 밈코인이 나온다.

밈코인 시가총액 4위는 봉크다. 역시 개 테마 밈코인이지만 솔라나 네트워크를 사용하는 밈코인이다. 봉크는 총공급량의 50%가 무료로 솔라나 커뮤니티에 에어드랍되면서 밈코인 트렌드에 변화를 일으켰고, 솔라나 생태계가 이후에 밈코인 생태계에 가장 역동적인 변화를 일으키는 주요한 원인이 된다.

밈코인 시가총액 5위는 도그위프햇Dogwifhat이다. 대부분의 밈코인처럼 개 테마이지만 모자를 쓴 개로 변화를 주었다. 그런데도 시가총액 100위권에 드는 밈코인이며 솔라나 밈코인 중에서 봉크와 순위가 비슷하다.

밈코인 시가총액 6위는 플로키Floki다. 이더리움의 밈코인이며 NFT 중심으로 커뮤니티를 발전시켜 나갔다.

밈코인 시가총액 7위는 브렛BRETT이다. 이더리움 레이어2인 베이스Base에서 발행된 밈코인이다. 보이즈 클럽Boy's Club 만화 시리즈인 브렛Brett에서 영감을 받았다. '페페의 가장 친한 친구'라는 뜻이 이름에 있다. 이더리움 레이어2인 베이스는 미국 코인베이스에서 채택하고 만든 레이어2다. 즉, 미국 중심의 코인베이스 위주의 밈코인이다.

밈코인 시가총액 8위와 9위는 팝캣Popcat, 피넛Peanut The Squirrel, PNUT이다. 둘 다 솔라나 생태계의 밈코인이며 팝캣은 출시된 지 1년 정도 되었으나 최근에 많이 성장하였고, 피넛은 출시된 지 1개월밖에 되지 않았으나 시가총액 100위권 가까이 성장했다. 솔라나 생태계에서 밈코인 투자가 많이 이루어지며 밈코인 탄생과 유동성 증대는 솔라나의 큰 특징이다.

밈코인 생태계 중 상위의 밈코인을 정리해 보면 비트코인 계열의 도지코인, 이더리움 계열의 시바이누, 페페, 플로키가 있으며 솔라나 계열의 봉크, 도그위프햇, 브렛, 팝캣, 피넛이 있다. 다시말해 최근 솔라나 생태계의 큰 성장을 밈코인이 주도했으며 전체 암호화폐 시장에서 주도적인 밈코인 역시 솔라나가 큰 부분을 차지한다.

밈코인은 변동성이 크고 시장의 변화에 빠르게 변한다. 단기간에 급성장했다가 사라지는 밈코인도 많고 스캠 및 러그풀도 많다. 그러므로 밈코인에 투자하기 위해서는 최소한 시가총액이 높고 역사가 있는 밈코인 위주로 먼저 살펴보고, 최근에 출시한 밈코인에는 투자할 방법을 연구한 뒤 투자하는 것이 좋다.

다음은 극초기 밈코인 투자 시 분석 툴 활용 방법이다. 밈코인 투자 방법 중에는 출시된 지 얼마 되지 않은 밈코인 중 유망해 보이는 코인 위주로 소액을 투자하고 기다렸다가 시장에서 주목받으면 매도하는 전략이 있다. 이때 큰돈을 투자하면 절대 안 되고 극초기 밈코인은 모두 잃어버릴 수 있다는 전제 하에 투자해야 한다. 특히 밈코인은 스캠도 많이 존재하고 러그풀도 많다. 정확한 분석이 어렵지만 최소한 분석할 수 있는 툴이 존재한다. 이러한 툴을 활용한다면 신생 밈코인 투자에 조금은 안정적인 투자법을 적용할 수 있다.

게코터미널(geckoterminal.com)에서는 초기 밈코인의 유동성 성장률을 여러 가지 지표로 분석해서 알려준다. 거래할 수 있는 덱스부터 러그

초기 밈코인 투자 분석 툴1

출처: geckoterminal.com

풀 가능성, 밈코인 안전성 등의 측면에서 밈코인의 위치를 알려주기 때문에 신생 밈코인에 투자하는 투자자에게 유익한 사이트이다.

왼쪽 이미지는 밈코인 중에서 가장 활발한 네트워크인 솔라나 생태계의 예시다. 최고 수익과 인기 카테고리, 밈코인 별로 시간별 수익률 거래량, 밈코인 출시일 등을 알려준다. 나온 지 하루밖에 되지 않은 밈코인부터 나온 지 1개월, 10개월 되는 밈코인이 있다.

지금부터는 밈코인을 하나 예로 들어 이 사이트를 어떻게 활용할 수 있는지 기본적인 방법을 설명하겠다. 리즈마스Rizzmas라는 밈코인이며, 2023년 12월 출시 이후 가격 변함이 없다가 2024년 11월 27일 1,000%이상 급등 후 28일 800%이상 급락하였다. 24시간 거래량 및 유동성 보유자, 시가총액 등을 확인해보기 바란다. 특히 밈코인의 경우 시가총액과 유동성, 보유자를 보고 판단한다. 얼마나 오래되었는지도 해당 밈코인이 시장에서 어느 정도 검증이 되었는지를 알려준다.

특히 다음 페이지 이미지와 같은 사이트에서 밈코인 투자 시 참고해야 할 가장 중요한 분석 차트는 'GT 점수 분석'이라는 카테고리다. 점수를 보면 풀, 정보, 트랜잭션, 보유자, 생성 등 다섯 가지 카테고리가 나온다. 100점 만점에 100점이면 아주 좋고, 점수가 낮을수록 해당 영역에서 리스크가 있다. '풀'은 유동성 풀을 의미하므로 어떤 투자자가 유동성을 제공하는지 알 수 있다. '정보'로는 해당 프로젝트 팀이 최대한 투명하게 많은 정보를 제공하는지 확인할 수 있다. '트랜잭션'은 블록체인에 얼마

초기 밈코인 투자 분석 툴2

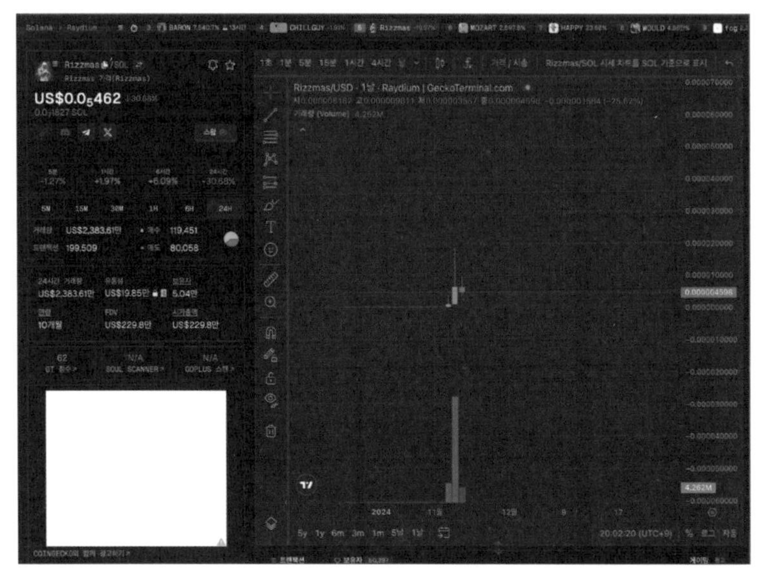

출처: geckoterminal.com

나 많은 트랜잭션이 기록되었는지 여부이고 '보유자'는 해당 밈코인을 소수만 보유하는 게 아니라 다수에 의해서 보유되는지에 관한 지표다. 마지막으로 '생성'은 밈코인 제작자가 해당 밈코인을 얼마나 보유하는지에 따라서 점수가 결정된다. 예를 들어 제작자가 밈코인 보유량이 아주 적어서 시장에 영향을 미치지 않는다면 점수가 높다.

마지막으로 밈코인 투자자가 해당 카테고리에서 러그 체크를 할 수 있는 링크가 있다. 해당 링크를 따라 들어가서 해당 밈코인의 러그 가능성, 건전성을 확인한다. 예시로 보여준 리즈마스라는 밈코인의 리스크

초기 밈코인 투자 분석 툴3

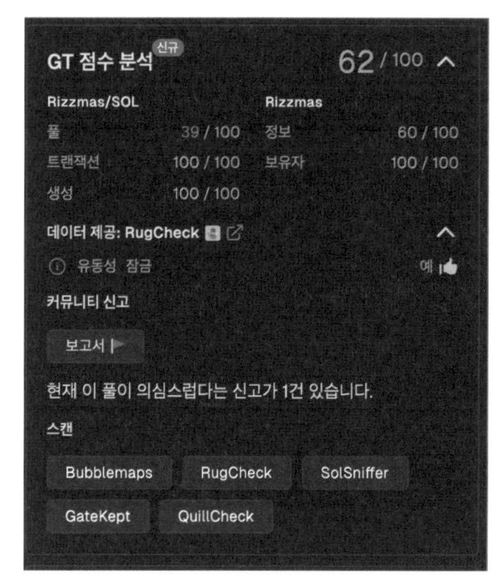

출처: geckoterminal.com

를 분석해 보면, 굳Good 으로 뜨고 토큰의 공급량 커뮤니티 반응 토큰 반침 등의 추가적인 정보도 나온다.

극초기 밈코인에 투자에는 항상 리스크가 있다. 필자가 투자한 밈코인이 대부분 의미 없는 가격으로 끝나버렸다. 이런 사례는 투자자가 종목을 잘못 선택했기 때문에 단순히 투자 실패일 수 있다. 하지만 문제는 러그풀이나 스캠같은 것이다. 이는 투자자의 잘못이라기 보다는 제작자의 잘못이다. 이런 상황을 피하는 것이 극초기 밈코인 투자자에게 중요하다.

러그 체크

출처: https://rugcheck.xyz/

위의 사이트에서 해당 밈코인을 체크해봄으로써 최소한 스캠이나 러그풀같은 밈코인은 어느 정도 사전에 검증이 된다. 그런데도 초기 밈코인 투자는 리스크가 아주 많다. 대부분의 밈코인들은 시장에서 반짝하고 인기를 얻었다가 사라지기 때문에 투자 후 해당 밈코인을 지속해서 관리하는 것도 중요하다.

극초기 밈코인 투자는 소액으로만 참여해야 하고 리스크를 항상 최소화한다. 시가총액 100위권 안에 있는 밈코인 위주로 포트폴리오를 구성한다. 예를 들어 로또를 사는 것처럼 초기 밈코인은 소액만 투자하여 밈코인 생태계를 이해하는 수단으로 활용하는 것이 좋다.

게코터미널(geckoterminal.com)에서 초기 밈코인의 유동성 성장률을 여러 가지 지표로 분석해서 알려준다. 거래할 수 있는 덱스부터 러그풀 가능성, 밈코인 안전성 등의 측면에서 밈코인의 위치를 알려주기 때문에 신생 밈코인에 투자하는 투자자에게 유익한 사이트이다.

PART 6

실전 투자 전략1-
매매 전략

01 | 이더리움이 비트코인보다 부진했던 이유

이번 장에서는 주요 프로젝트의 펀더멘털과 마켓 타이밍을 분석해 보겠다. 시장의 여러 가지 상황을 감안해서 정량적 평가와 정성적 평가를 함께 확인하는 전략을 살펴보기 바란다. 우선 알트코인의 대장이자, 대표적인 프로젝트인 이더리움부터 알아보겠다. 이더리움은 2024년 한 해 동안 현물 ETF 기대감이 반영되었던 기점을 제외하면, 가격 흐름이 비트코인 대비, 솔라나 같은 경쟁 레이어1 대비 부진한 움직임을 보였다.

하지만 알트코인 대세상승장의 도래를 예고하듯 도널드 트럼프 당선 이후로 반등 추세를 보여주었다. 비트코인 도미넌스가 61% 정도로 정점을 찍고 하락하는 구간에서 ETH/BTC 비율이 반등하는 움직임이 포착되었다. 우선 이더리움을 간략하게 다시 정리해 보겠다. 이더리움은 크게 다섯 가지 측면으로 이해할 수 있다.

비트코인 도미넌스와 ETH/BTC 비율

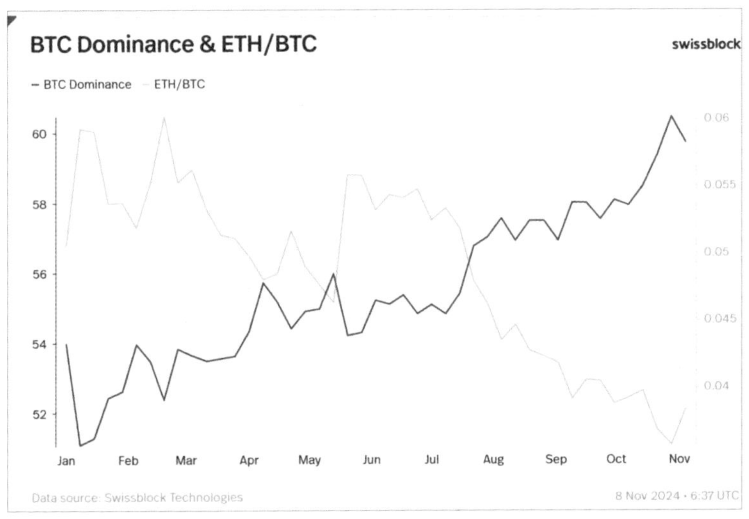

출처: 스위스블록

첫째, 스마트 콘트랙트이다.

이더리움은 스마트 콘트랙트의 실행을 지원한다. 스마트 콘트랙트는 사전에 정의된 조건이 충족되면 자동으로 거래가 이루어지는 계약이다.

둘째, 탈중앙화 애플리케이션(디앱) 플랫폼이다.

이더리움은 개발자들이 탈중앙화 애플리케이션을 구축하고 배포할 수 있는 플랫폼을 제공한다. 이러한 애플리케이션은 중앙 서버가 아니라 블록체인 네트워크에서 실행된다.

셋째, 개발자 친화적이다.

이더리움은 어떤 프로그래밍 언어나 추상 머신이 튜링 머신과 동일한 계산 능력을 가지는 튜링 완전성을 지니고 있다. 개발자가 다기능 애플리케이션을 구축하도록 지원한다. 이는 이더리움의 확장성과 다재다능성을 높이는 요소이다.

넷째, 이더리움 2.0으로의 전환이다.

이더리움은 기존의 작업증명 방식에서 지분증명 방식으로 전환하는 이더리움 2.0 업그레이드를 진행했다. 이는 네트워크의 확장성, 보안성 및 에너지 효율성을 개선하기 위한 것이다. 이후 덴쿤 업그레이드를 통해서 레이어2 기반의 모듈러 블록체인 구조를 구축해 나가는 중이다. 앞으로도 단계별 업그레이드가 예정되어 있다.

다섯째, 이더Ether, ETH를 이해한다.

이더리움 네트워크의 네이티브 암호화폐는 이더이며, 거래 수수료 및 서비스 비용을 지불하는 데 사용된다. 이더는 이더리움 생태계 내의 기축통화로 주요 교환 매개체이다.

2024년, 이더리움 현물 ETF가 승인되었고 덴쿤 업그레이드가 이루어졌다. 이러한 이벤트에도 펀더멘털은 크게 상승하지 못했고, 결과적으로 가격 흐름이 부진했다. 먼저 덴쿤 업그레이드를 기점으로 일어난 변

이더리움 네트워크 수익

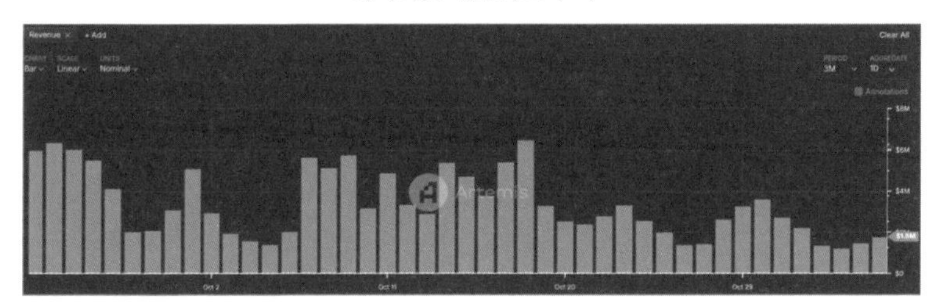

출처: 아르테미스 터미널

화부터 설명하겠다.

위의 이미지를 보면 덴쿤 업그레이드 이후 이더리움 네트워크의 수익이 감소 추세이다. 네트워크 수익이 감소한 이유는 무엇일까? 우선 확장성과 처리량이 높은 솔라나, 수이 등 경쟁 레이어1로 소비자가 이동했다. 다른 이유는 레이어2와의 관계성 때문이다. 레이어2 사용량의 증가로 이더리움 네트워크 수수료는 오히려 감소했다. 더불어 이더리움 레이어1과 이더리움의 레이어2를 함께 활용하면서 유동성이 레이어 두 군데로 나뉘었다. 사용자가 하나의 플랫폼에서 원하는 서비스를 해결하지 못하다 보니 사용자 경험 측면에서 편의성 문제가 제기되었다.

프로젝트와 관련해서 특정한 상황이나 문제점이 발생하면, 투자자는 해당 이슈가 발생하게 된 근본적인 이유와 해결이 가능한지 여부를 고민해야 한다. 레이어1과 레이어2 사이의 구조적 문제는 단기간에 해결하기 쉽지 않다. 이는 이더리움이 궁극적으로 풀어야 하는 장기적인 과제이다. 따라서 앞으로 예정된 업그레이드를 통해서 꾸준히 극복해야 한다.

다음으로는 자산으로서의 이더리움에 관해 살펴보겠다. 2,100만 개로 공급량이 한정된 비트코인은 가치 저장 수단으로서 확고한 입지를 구축했다. 이더리움도 비트코인처럼 자산으로서의 입지를 공고히 할 수 있을까? 이는 쉽지만은 않은 과제이다. 이더리움은 비트코인과 달리 발행량이 무제한이다. 소각 기능을 통해서 이더가 꾸준히 소각되어야 하는데, 이를 위해서는 네트워크 사용량이 뒷받침되어야 한다. 덴쿤 업그레이드 이후 네트워크의 활성이 더 떨어지면서 소각량도 줄어든 것을 아래 이미지에서 확인할 수 있다.

이더리움은 스스로를 울트라 사운드머니(초건전 화폐 혹은 초디플레이션적 자산)라고 부르지만, 인플레이션과 디플레이션이 반복된다. 2024년 4월 이후 한동안 공급량이 증가하면서 인플레이션에 무게감이 실렸다. 자산으로서의 가치가 흔들린 것이다.

이더리움 공급량 증가 추이

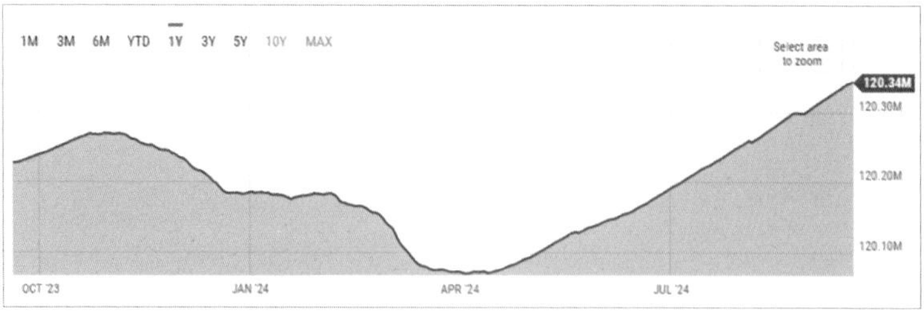

출처: 울트라사운드머니

결국, 이더리움이 2024년 동안 부진한 움직임을 보인 원인의 중심에는 네트워크 펀더멘털의 감소가 있고, 이는 매도세의 증가로 이어졌다. 대규모 매도는 공급 과잉으로 연결되었고, 궁극적으로 가격 하락을 유발했다.

다만 여기서 짚고 가야 할 문제는 이더리움의 상황이 과연 장기적으로도 해결되기 어려운 과제인지 여부이다. 그렇지 않다. 이더리움은 모든 레이어1 플랫폼 중에서 가장 안정적이고 정교한 생태계를 구성했다. TVL 규모는 다른 모든 블록체인을 합친 것보다 많다. 압도적이라는 의미이다. 거기다 비탈릭 부테린Vitalik Buterin을 필두로 한 이더리움 재단은 꾸준한 업그레이드를 진행 중이고, 특정한 상황이 발생했을 때 문제를 해결하려는 의지도 그 어떤 프로젝트보다 강력하다. 무엇보다 가장 많은 개발자가 함께하고 있으며 그만큼 뛰어난 실력을 갖춘 개발자가 포진하고 있다. 더욱이 기관의 입장에서 모든 블록체인 네트워크 중 가장 신뢰하는 것이 이더리움이다.

자산으로서의 관점을 조금 더 깊이 살펴보겠다. 2024년 7월, 이더리움 현물 ETF가 공식적으로 승인되었다. 누구도 예상하지 못했던 결과였다. 이더리움 현물 ETF의 승인을 이끈 일등 공신이 블랙록이라는 이야기가 나왔다. 대부분의 신청사가 직전까지도 회의적인 입장을 보였다.

이더리움 현물 ETF가 승인되었지만, 비트코인과 달리 좋은 가격 흐름을 보여주지 못했다. 비트코인은 그레이스케일의 GBTC 매도 물량으로 인해 한동안 부진한 움직임을 보였다. 이더리움 역시 그레이스케일 신탁 상품인 ETHE의 유출로 단기 매도세가 나올 것이라고 예상되었다. 하지만 뚜껑을 열어봤을 때 비트코인과는 확연히 다른 움직임을 보였다.

기관 투자자의 관심이 비트코인에 집중되었고, 이더리움에 대한 관심과 이해도는 상대적으로 크게 낮았다.

이더리움 현물 ETF 추이

	Blackrock	Fidelity	Bitwise	21 Shares	VanEck	Invesco	Franklin	Grayscale	Grayscale	Total
	ETHA	FETH	ETHW	CETH	ETHV	QETH	EZET	ETHE	ETH	
Fee	0.25%	0.25%	0.20%	0.21%	0.20%	0.25%	0.19%	2.50%	0.15%	
Seed	10.6	4.4	2.5	2.3	10.2	1.1	2.7	9,199.3*	1,022.5*	10,255
02 Sep 2024	-	-	-	-	-	-	-	-	-	0.0
03 Sep 2024	0.0	4.9	0.0	0.0	0.0	0.0	0.0	(52.3)	0.0	(47.4)
04 Sep 2024	0.0	0.0	0.0	0.0	0.0	0.0	0.0	(40.6)	3.1	(37.5)
05 Sep 2024	0.0	0.0	0.0	0.0	0.0	0.0	0.0	(7.4)	7.2	(0.2)
06 Sep 2024	4.7	0.0	0.0	0.0	0.0	0.0	0.0	(10.7)	0.0	(6.0)
09 Sep 2024	0.0	7.6	1.8	0.0	0.0	0.0	0.0	(22.6)	8.0	(5.2)
10 Sep 2024	4.3	7.1	0.0	0.0	0.0	0.0	0.0	0.0	0.0	11.4
11 Sep 2024	0.0	1.2	0.0	0.0	(1.7)	0.0	0.0	0.0	0.0	(0.5)
12 Sep 2024	0.0	0.0	0.0	0.0	0.0	0.0	0.0	(20.1)	0.0	(20.1)
13 Sep 2024	3.7	0.0	5.2	0.0	0.0	0.0	0.0	(7.4)	0.0	1.5
16 Sep 2024	4.2	0.0	(2.1)	0.0	0.0	0.0	0.0	(13.8)	2.3	(9.4)
17 Sep 2024	0.0	0.0	0.0	0.0	0.0	0.0	0.0	(17.9)	2.8	(15.1)
18 Sep 2024	4.9	0.0	0.0	0.0	0.0	0.0	0.0	(14.7)	0.0	(9.8)
19 Sep 2024	-	-	-	-	-	-	-	0.0	0.0	0.0
Total	1,034.4	413.7	319.0	10.8	61.3	15.0	35.3	(2,767.8)	262.6	(615.7)

출처: 파사이드 인베스트(2024년 9월 기준)

스테이킹 기능이 포함되지 않아 기관이 관심을 덜 가졌다. 스테이킹은 개인이 보유한 이더리움을 블록체인 네트워크에 예치하면 네트워크의 보안과 안정성에 기여하고 보상을 돌려주는 구조이다. 미국 증권거래위원회는 스테이킹 조항을 제외하라고 발행사에 요청했고, 발행사는 ETF 승인을 위해서 이를 수용했다. 이는 증권성 논란을 봉합하기 위한 최선의 조치였다.

홍콩에서는 이더리움 현물 ETF를 승인하면서 스테이킹 조항까지 추가했다. 하지만 미국 시장에 상장된 ETF 대비로 자본 흐름이 더 부진했다. 그만큼 시장의 규모 자체가 큰 차이가 나기 때문이다. 그런데 도널드 트럼프 당선으로 암호화폐 관련 주도권과 점유율을 미국으로 가지고 오려는 만큼 미국에서 발행된 이더리움 현물 ETF도 스테이킹 조항을 추가할 가능성이 높다.

한편 이더리움 재단의 꾸준한 매도 역시 가격 상승을 막는 요인으로 작용했다. 이런 상황에서 비탈릭 부테린의 지갑에서도 이더 물량이 줄었다는 것이 밝혀지며 홀더를 긴장시켰다. 다만 이더리움 재단의 매도는 투명하게 공개되고, 누구나 확인할 수 있으며, 매도된 물량은 기부나 생태계 발전을 위해서 재사용되기 때문에 우려할 문제는 아니라고 본다.

02 이더리움 펀더멘털은 문제가 없는가?

이더리움과 관련한 여러 이슈를 정성적인 평가를 통해서 살펴보았다. 지금부터는 조금 더 세부적으로 펀더멘털을 분석해 보겠다. 이더리움의

ETH/BTC 가격비율

출처: 트레이딩뷰

펀더멘털 변화를 파악할 때 자주 활용하는 지표는 이더리움/비트코인 가격 비율이다.

이 지표는 시장의 선호도와 트렌드를 평가하는 중요한 지표로 자주 활용된다. 투자자가 이더리움ETH과 비트코인BTC 중 어느 자산을 더 선호하는지를 보여주는 지표이다. 이 비율이 상승하면 이더리움 수요가 비트코인보다 높아진다는 것을 의미하고, 하락하면 그 반대이다.

ETH/BTC 가격은 2024년 10월 초 기준, 0.0385로 0.4를 하회하면서 무려 2021년 4월 이후 최저 수준을 보였다. 이더리움은 2022년 9월 12일의 더머지TheMerge 업그레이드 이후 계속해서 비트코인에 비해서 성과가 저조했다. 펀더멘털의 중요성을 여실히 알 수 있는 부분이다. 이 얘기는 비트코인 현물 ETF 승인 이후로 비트코인의 유동성과 펀더멘털은 더 강력해졌다는 것을 의미한다.

다만 앞서 강조했듯 도널드 트럼프 당선 이후로는 상승 추세로 전환했다. 이후 다시 비트코인의 점유율이 높지만, 알트코인 대세상승장으로 전환된다면 이더리움은 점유율을 높여 나갈 것이다.

이더리움 네트워크 지표

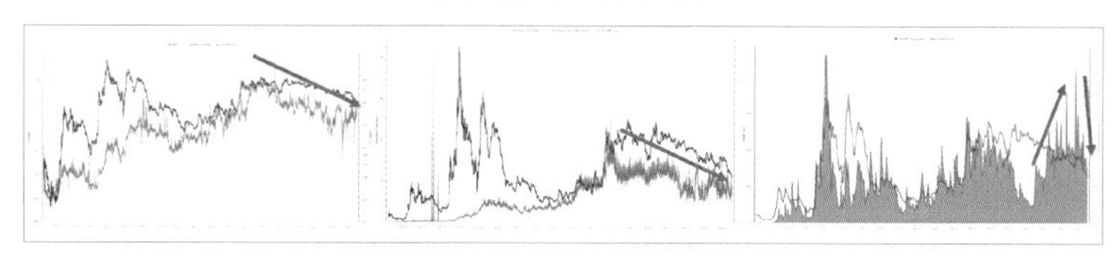

출처: 크립토퀀트

펀더멘털을 평가할 때는 근본적으로 네트워크의 건전성과 성장성을 살펴보아야 한다. 이더리움 가격 흐름을 네트워크 지표와 비교하면 상관관계가 높다. 이더리움의 저조한 흐름은 비트코인에 비해 약한 네트워크 활동 역학과 상관관계가 있다. 이제 하나씩 확인해보겠다.

첫째, 이더리움의 전체 네트워크 거래 수수료가 하락해왔는데, 특히 비트코인에 비해 지속적으로 감소해 왔다. 이러한 감소세는 덴쿤 업그레이드 이후 이더리움의 거래 수수료가 낮아진 원인일 수 있다.

둘째, 이더리움은 네트워크의 총거래 수 측면에서도 비트코인보다 성능이 낮았다. 상대적 거래 수는 2021년 6월, 27건으로 최고치를 기록했으나 2020년 7월 이후 가장 낮은 수준 중 하나인 11건으로 감소했다. 반면 비트코인 네트워크의 총거래 수는 인스크립션, 룬프로토콜 등의 출시에 힘입어 사상 최고치를 기록해왔다.

셋째, 비트코인 대비 이더리움의 현물 거래량에서도 부진한 흐름은 이어졌다. 비트코인에 관한 이더리움의 상대적 현물 거래량이 0.76으로

산티멘트 I 이더리움 축적 지표 I 이더리움 총 보유자 수

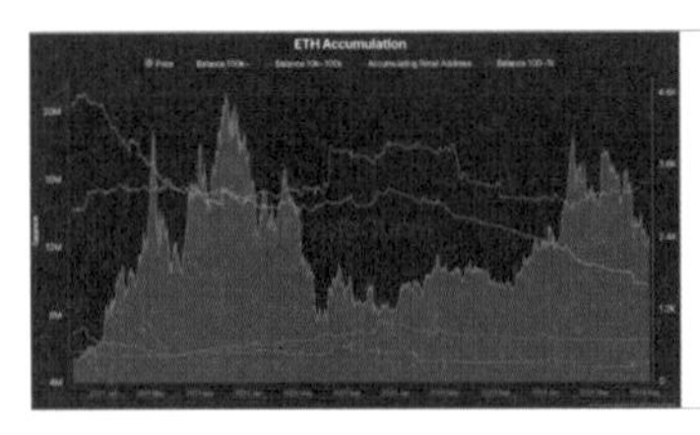

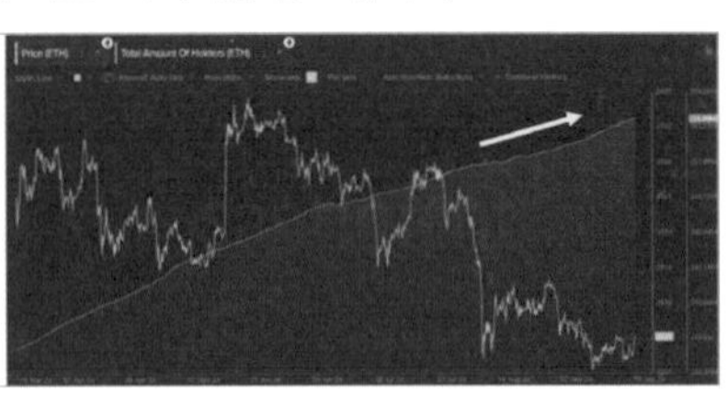

출처: 크립토퀀트

감소했다.

다음으로는 이더리움 보유자의 행동 패턴을 통해서 펀더멘털을 확인할 수 있다. 옆 페이지 이미지의 이더리움 보유자의 행동 패턴을 살펴보면 시장의 불확실성 속에서 다양한 전략을 펼치고 있다. 10만 ETH를 보유한 대다수 고래 주소는 비활성 상태이고, 1만~10만 ETH 보유한 중간 계층의 주소들은 느린 속도로 이더리움을 매집 중이다.

반면 100~1000 ETH 보유 주소들은 꾸준히 보유 물량을 매도하는 중이다. 이러한 고래들의 움직임은 이더리움의 가격 하락과 더불어 도미넌스의 하락에도 영향을 미칠 수 있다. 여기서 중요한 부분은 각 투자 주체마다 서로 다른 행동을 보인다는 점이다. 우측 차트의 전체 홀더의

코인베이스 프리미엄 갭 지표

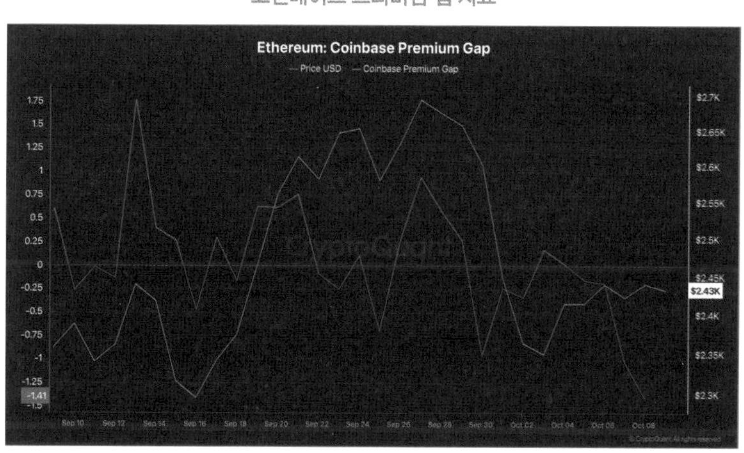

출처: 크립토퀀트

숫자는 계속해서 늘어나고 있다. 이 외의 지표를 통해서도 시장의 흐름을 확인할 수 있다.

코인베이스 프리미엄의 등락은 가격과 상관관계가 높다. 코인베이스 프리미엄이 음의 영역에 있다는 것은 미국 투자 수요가 낮다는 의미이고, 양의 영역에 있다는 것은 반대로 미국 투자 수요가 높다는 뜻이다.

거래소 유입 물량

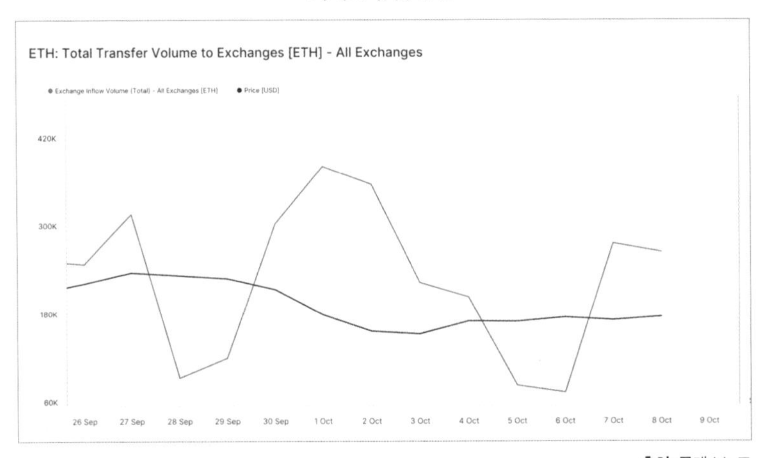

출처: 글래스노드

다음으로 거래소 유입 물량의 흐름을 한번 살펴보겠다. 거래소로 유입되는 물량이 많을 경우 단기 매도의 시그널로 판단한다. 거래소에서 유출되는 물량이 많으면 개인의 콜드 월렛으로 옮기고 있다는 의미에서 장기 보유 움직임으로 볼 수 있다.

펀더멘털에 관한 여러 분석을 해보았다. 우리는 과거를 통해서 현재와 미래를 분석하게 된다. 암호화폐 시장은 사이클을 가지고 움직이는데, 긴 호흡에서뿐 아니라 작은 흐름에서도 사이클이 나타난다. 이더리움 창업자인 비탈릭 부테린은 업그레이드를 통한 여러 개선 사항과 함께 이더리움ETH의 펀더멘털이 강력해지고 있다고 주장했다.

"전반적으로 이더리움의 펀더멘털은 믿을 수 없을 정도로 강력하다. 이더리움의 펀더멘털은 갈수록 강해지고 있다."

그렇다면 펀더멘털이 강해지고 있다는 근거는 무엇일까? 비탈릭 부테린은 이더리움 레이어2L2 네트워크의 거래 수수료는 0.01달러 미만으로 내려왔고, EVMEthereum Virtual Machine, 이더리움 가상머신 기반한 주요 레이어2인 옵티미즘OP, 아비트럼ARB도 수준이 향상됐다고 평가했다. 아울러 신원 증명 생태계가 점점 성장하고 암호화 기술인 영지식 증명 도구도 더욱 발전한다고 강조했다. 또한 '이더리움의 스테이킹도 한곳에 몰리지 않고 점점 분산화되고 있다'고 덧붙였다.

그런데 비탈릭 부테린이 이야기하는 펀더멘털은 단지 토큰의 가치만을 의미하는 것이 아니며, 네트워크의 펀더멘털이 강해진다고 해서 토큰의 가치가 무작정 상승하는 것은 아니다. 토큰의 가치와 관련해서는 얼마나 많은 토큰이 사용되고 있고, 소각되고 있는지 토크노믹스의 관점에서 판단하는 것이 더 적절하다. 특히 레이어2 토큰의 상승세가 부진한 이유도 여기에 있다. 거버넌스 기능을 제외하고는 레이어2 토큰의 사용성이 마땅하지 않다. 결국, 토큰의 가치가 상승하기 위해서는 이 지점이 중요하다. 그렇기 때문에 알트코인 투자는 매우 어렵다. 하지만 장기적인 관점에서 네트워크의 펀더멘털이 강해지면, 토큰의 가격 역시 상승할 가능성이 높다.

03 | 이더리움 매수매도 타이밍

이번 장에서는 이더리움을 통해 마켓 타이밍 분석을 해보고자 한다. 장기 투자자는 바이더딥Buy The Dip이라는 투자전략을 주로 활용한다. 우리말로는 '저가 매수'라고 일컫는다. 가장 저평가 구간에서 물량을 매집하는 전략을 의미한다. 사실 투자에서 가장 기본적이고 중요한 원칙이다. 어떤 자산 투자든 가장 중요한 것은 싸게 사서 비싸게 파는 것이다. 물론 완전한 바닥과 천장을 짚어내기는 어렵다. 여러 지표와 데이터를 통해서 저평가 구간과 고평가 구간을 가늠하는 것이다.

바이더딥 전략에서 중요한 매수 구간은 펀더멘털이 좋은 프로젝트가 저평가 구간에 있을 때다. 예를 들어 이더리움의 펀더멘털이 높다고 판단되는 상황에서 특정한 악재나 대량 매도 등으로 크게 가격 하락이 일어난다면 중요한 바이더딥 기회이다.

MVRV(60D) 지표

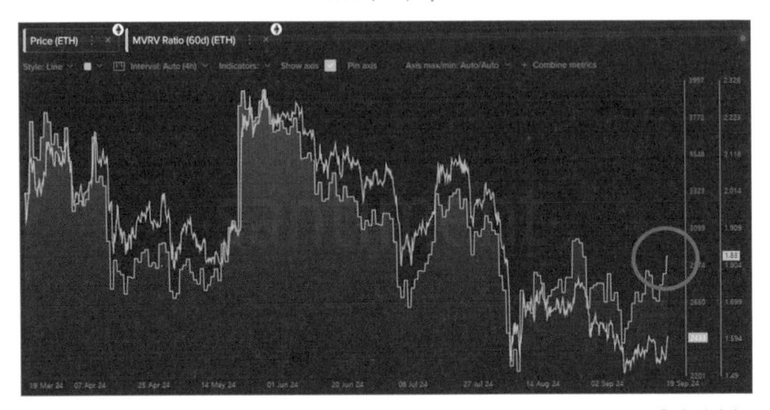

출처: 산티멘트

샤프비율

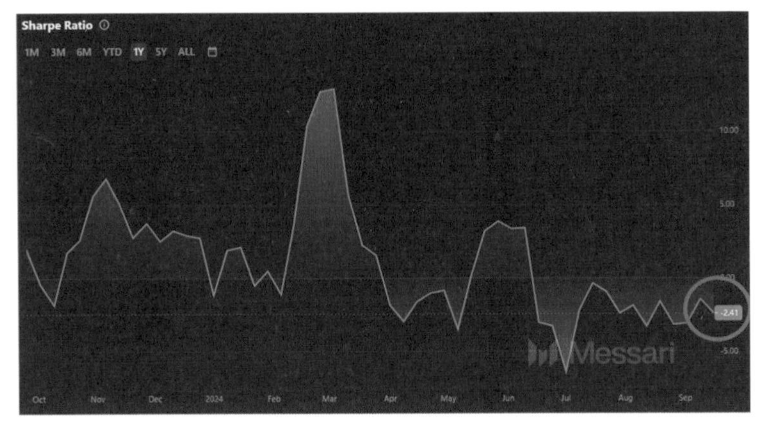

출처: 메사리

단기적으로 저평가 여부를 판단하는 데 활용되는 지표는 단기보유자 SOPR 지표와 MVRV(30, 60D) 지표가 있다. 가장 유명한 MVRV는 가장 중요한 온체인 지표이다. 기간을 짧게 잡을 경우 단기적인 저평가 구간이나 고평가 구간을 포착하는 데 유용하다.

샤프 비율은 금융에서 투자 성과를 평가함에서 해당 투자의 위험을 조정해 반영하는 방식이며, 윌리엄 F. 샤프William Forsyth Sharpe의 이름에서 유래하였다. 샤프 비율은 투자 자산 또는 매매 전략에서, 일반적으로 위험이라 불리는 편차 한 단위당 초과 수익을 측정한다. 일반적으로 0보다 크면 고평가, 0보다 작으면 저평가 구간으로 인지한다.

전체 물량 대비 수익권 물량의 비율을 살펴보면 해당 수치가 낮을수록 저평가 구간으로 볼 수 있다. 아래 차트를 살펴보면 중·장기적으로 우하향 움직임을 그리다가 저평가 구간에서 반등하는 흐름을 보인다. 주요 지표가 바닥을 찍고 반등하는 기점을 잘 포착해야 한다.

온체인 지표로 타이밍 분석을 완료하면 다음으로 살펴보아야 하는

전체 물량 대비 수익권 물량 비율

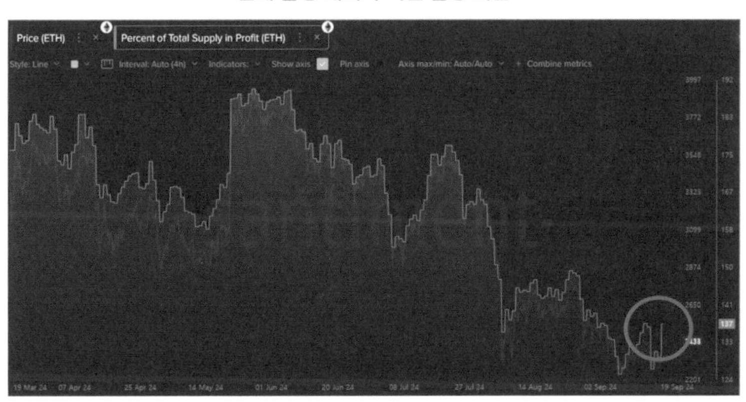

출처: 산티멘트

것은 기술적 분석이다. 온체인 분석과 기술적 분석을 함께 활용하면 비교적 정확하게 저평가 구간과 고평가 구간을 탐지할 수 있다.

이더리움 일봉 차트1

출처: 트레이딩뷰

기술적 분석은 크게 추세 분석, 패턴 분석, 보조지표 분석이 있다. 먼저 추세 분석을 살펴보겠다. 위의 차트를 확인하면 이더리움 가격은 20이평선과 50이평선을 상방 돌파한다. 그렇다면 해당 시점에서 추세를 유지하기 위해서 가장 중요한 조건은 무엇일까? 바로 20이평선과 50이평선을 상단을 지켜내는 것이다. 상승 후 조정이 있더라도 해당 이평선의 지지를 받는지 확인해야 한다. 반등에 성공하면 상승 모멘텀이 강해진다. 만약 주요 이평선을 하방 이탈하면 가격 하락 추세가 강해진다.

옆의 차트에서 보조 지표인 RSI를 살펴보겠다. 50을 넘어서고 있는데, 50을 경계로 50보다 상단에 위치하면 매수세가 매도세보다 힘을 내고 있다는 뜻이다. 반대로 50보다 아래에 있으면 매도세 우위를 의미한다. 더불어 노란색으로 표시된 이평선을 상방 돌파하는지 하방 돌파하는지의 여부도 중요하다. 현재 지지를 받고 다시 반등하는 움직임이다.

이더리움 일봉 차트2

출처: 트레이딩뷰

다음은 패턴 분석이다. 위 차트를 살펴보면 하락 삼각 수렴 패턴의 상단 채널을 돌파하고 있다. 다시 조정을 받더라도 해당 채널 상단에서 지지받을 수 있는지가 중요하다.

더불어 이미지 하단에 보조지표인 체이킨 머니 플로우**CMF, Chaikin**

Money Flow 인덱스를 살펴보겠다. 가격이 하락하는 구간에서도 체이킨 머니 플로우 인덱스는 상승 추세를 이어가며 상승 다이버전스가 나타난다. 상승 모멘텀이 유지된다는 의미로 해석한다. 만약 가격이 상승하는 동안에 보조지표는 하락 추세를 보인다면 하락 다이버전스가 나타나는 것인데, 이때는 가격이 곧 조정에 들어갈 수 있다.

물론 일반론적인 해석이고, 시장은 여러 요인과 상황에 의해서 복합적으로 움직인다. 기술적인 분석으로만 시장을 분석해서는 안 된다. 시장을 분석하기 위해서는 균형 잡힌 시각이 중요하다. 하지만 차트를 무작정 불신해서도 안 된다. 차트는 시장에 뛰어든 모든 플레이어의 심리가 반영된다. 시장의 단기적 가격 흐름은 심리에 의해서 좌우되는 일이 많다. 투자에서 인간 지표는 중요하다.

이처럼 이더리움을 여러 관점에서 분석해 보았다. 이것은 하나의 사례다. 다른 지표와 데이터를 활용해서 여러 프로젝트를 분석해 보면 투자자로서 관점과 판단력이 향상될 수 있을 것이다.

04 솔라나 펀더멘털 분석

이번에는 솔라나의 펀더멘털을 분석해 보겠다. 솔라나는 지난 대세상승장에서 주목받은 코인이다. 하지만 FTX가 파산하면서 -95% 가까운 가격 하락을 경험했고, 솔라나 생태계의 레이디움 같은 프로젝트는 최고점 대비 무려 -99% 하락을 기록했다. 모두가 솔라나 프로젝트가 실패했다고 생각했을 때 화려하게 부활에 성공했다. 높은 수준의 스트레스 테스트를 극복하고, 회복 탄력성을 보여주었다. 시장에서는 앞으로 솔라나가 웬만큼 하락하더라도 충분히 반등할 수 있다는 믿음이 생겼다. 더불어 솔라나의 극심한 위기 상황에서도 커뮤니티는 굳건하게 결집하는 모습을 보여주었다. 이는 크립토 생태계에서 가장 중요한 측면이다.

이번 대세상승장은 지난 대세상승장과 다른 양상이다. 3차 대세상승장 당시 솔라나는 내러티브에 더 무게감이 실리는 코인이었는데, 현재는 모든 블록체인 중에서 가장 높은 펀더멘털을 자랑한다. 이제 새롭게 주목받는 레이어1 프로젝트에는 제2의 이더리움보다는 제2의 솔라나라는 타이틀이 붙는다. 과거 솔라나는 제2의 이더리움이 될 수 있을까? 이런 의문부호가 붙었다. 하지만 이제 이더리움과 솔라나를 비교하는 목소리는 거의 없다. 이제 솔라나는 그냥 솔라나이고, 이더리움과 완전히 다른 방향으로 성장하고 있다.

솔라나는 아나톨리 야코벤코Anatoly Yakovenko라는 반도체 기업 퀄컴Qualcomm 출신의 개발자가 만든 블록체인 플랫폼이다. 솔라나는 야코벤코가 퀄컴에 다닐 때 살았던 캘리포니아 샌디에이고 북쪽 해변 마을의 이름이다.

솔라나의 가장 큰 장점은 '상호호환성과 빠른 거래 속도'다. 이른바 확장성에 집중한 프로젝트로 초당 5만 건 정도 거래를 처리할 수 있다. 파이어댄서Firedancer 업그레이드를 통해서 초당 100만 트랜잭션을 목표로 하고 있다.

다만 단점도 명확하다. 빠른 거래 속도, 확장성을 추구하는 만큼 블록체인 트릴레마에 의해서 보안성과 탈중앙성은 이더리움에 비해서 부족하다. 2021년과 2022년에는 빈번하게 시스템이 멈추기도 했다. FTX 파산 이후 코어 개발자가 대거 교체되었고, 안정화 과정이 진행되었다. 현재는 대부분의 밈코인 거래가 이루어지고 블록체인 상에서 발행되는 토큰의 무려 87%가 솔라나 기반일 정도로 큰 확장이 있었지만, 시스템 다

운은 확연하게 줄었다. 아울러 파이어댄서라는 클라이언트 프로그램 개편이 마무리되면 더욱 근본적인 변화가 가능할 것이라는 기대감이 나온다. 솔라나는 여러 펀더멘털 지표에서 이더리움, 트론과 더불어 빅3를 형성하고 있다. 솔라나의 펀더멘털은 얼마나 높은 것일까?

첫째, 솔라나의 일일 활성 주소 수가 급증했다.

주요 레이어1 일일 활성 주소 수 비교

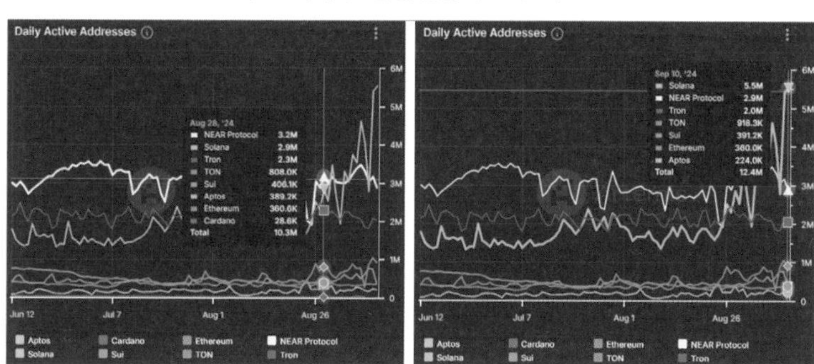

출처: 아르테미스 터미널

다른 블록체인 네트워크 대비 월등한 수준을 보이는 지표는 일일 활성 주소 수이다. 가격이 일시적인 조정을 받는 중에도 주소 수는 꾸준히 증가하는 움직임이라서 긍정적인 신호로 여겨진다.

2024년 9월 12일 기준으로 솔라나의 일일 활성 주소 수는 550만을 넘겼는데, 블록체인 역사상 가장 높은 수치였다. 현재 이더리움보다 월등하게 활성 주소 수가 많다.

둘째, 일일 트랜잭션, 탈중앙화 거래소 거래량, TVL를 보면 솔라나의 특징을 알 수 있다.

주요 레이어1 일일 트랜잭션, 탈중앙화 거래소 거래량, TVL 비교

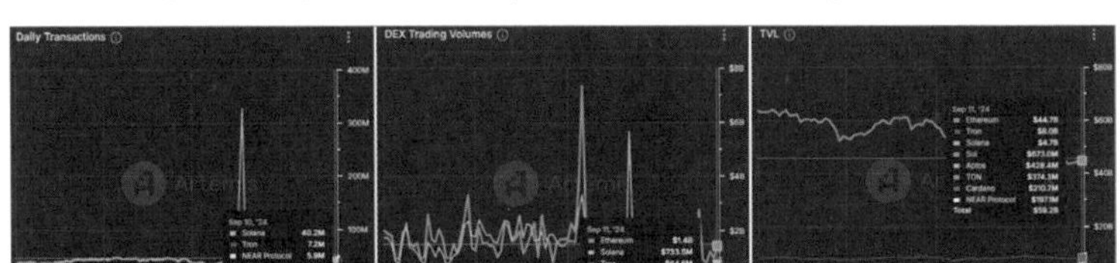

출처: 아르테미스 터미널

위의 3개의 이미지를 각각 살펴본다면, 왼쪽 이미지에서 일일 트랜잭션 역시 솔라나가 다른 블록체인 대비 월등하게 높게 나온다. 가운데 이미지는 탈중앙화 거래소의 거래량을 나타내며 솔라나의 펀더멘털을 이더리움과 비교하는 과정에서 가장 많이 회자하는 지표이다. 2024년 중순까지 솔라나와 이더리움의 탈중앙화 거래소 거래량이 엎치락뒤치락하는 움직임을 보였는데, 하반기를 기점으로 솔라나가 더 높았다. 다만 TVL는 오른쪽 이미지에서, 여전히 이더리움이 가장 높은 수준을 보이고 2위는 트론, 3위가 솔라나로 집계된다. 트론과 솔라나의 격차는 적다. 솔라나의 상승 흐름이 더 가파르기 때문에 추월이 가능하다.

참고로 이더리움은 TVL, 스테이블코인 시가총액, 스테이블코인 전송

량 등에서 솔라나를 월등히 앞선다.

셋째, 2024년 11월 기준 솔라나 기반 토큰이 전체 신규 토큰 비중에서 87%를 차지했다. 이는 밈코인 발행과도 관계가 깊다. 솔라나의 강점은 강력한 커뮤니티 결집력이다. 빠른 거래 환경과 강한 커뮤니티 결집력은 밈코인 발행에 최적화된 생태계이다. 더불어 솔라나의 부활에 봉크와 같은 밈코인의 성장이 큰 기반이 되었다. 이후 솔라나는 밈코인 열풍을 이끌었다.

하지만 잘 되는 모든 분야는 치열한 경쟁에 직면한다. 여러 플랫폼에서 밈코인 발행을 위한 플랫폼을 출시 중이다. 대표적으로 솔라나 기반의 펌프닷펀Pump.Fun과 트론 기반의 선펌프가 있다. 텔레그램 기반 블록체인 톤 코인 역시 밈코인의 생태계를 활성화하기 위한 분산형 스페이스인 밈랜디아Memelandia를 선보였다.

2024년 8월, 선펌프의 높은 점유율 상승으로 솔라나 밈코인 생태계가 위기에 빠질 수 있다는 시장의 우려감이 나왔었다. 선펌프를 중심으로 한 트론 밈코인 생태계의 급증으로 실제 솔라나의 펀더멘털은 약화되었고, 트론의 펀더멘털은 강화되는 모습을 보였다. 그런데 앞서 언급했듯 밈코인 경쟁은 더 가열될 수 있고, 여러 체인에서 선전포고를 했다.

솔라나 역시 긴장감을 늦추지 않는 모습이었다. 솔라나의 프로젝트 액셀러레이터인 오르빗의 마켓 메이커인 오르빗 엠엠Orbitt MM/Market Maker이 펌프닷펀을 위한 거래량 증가를 지원한다고 공식적으로 발표했다. 트론의 선펌프 역시 트론 블록체인의 방대한 600억 USDT 유동성을 활용하여 밈코인 창출을 주도하겠다고 선포하며 둘의 강력한 경쟁을 예고했다. 하지만 커뮤니티 결집과 펀더멘털 양쪽 측면 모두 솔라나가 더 우위를 보이고 있다는 평가가 지배적이다.

펌프닷펀 일일 수수료와 일일 발행 토큰

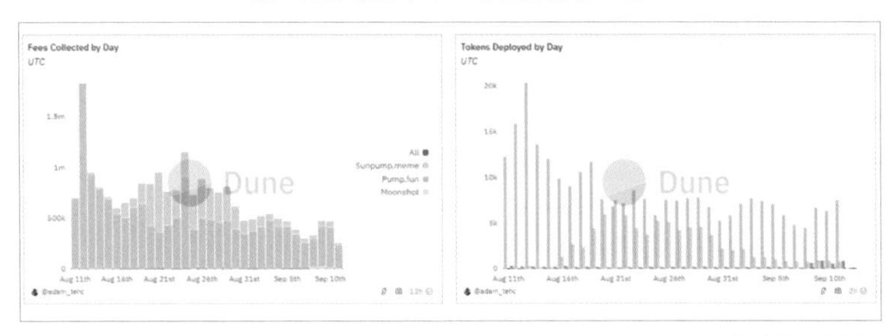

출처: 듄애널리틱스

펌프닷펀은 주요 수익 지표에서 1위를 유지했고, 신규 활성 주소 측면에서도 펌프닷펀은 1만 2,421개로 선펌프의 1,926개를 월등하게 앞섰다(2024년 9월 기준).

2024년 8월 출시되어 단기간에 큰 인기를 끈 선펌프와 달리 1월부터 꾸준히 시장을 장악해 온 펌프닷펀에 더 높은 점수를 줄 수밖에 없다. 밈코인 생태계에서 솔라나는 여전히 중요한 위치를 차지한다.

다만 솔라나의 펀더멘털 상승이 밈코인에 집중된다는 측면은 제반 문제를 일으킬 수 있다. 데이터 제공 업체 헬로 문Hello Moon에 따르면, 2024년 9월 한 달 동안 약 8,600만 개의 지갑이 SOL을 보유하지 않았다. 1,550만 개의 지갑이 1 SOL 미만, 약 150만 개의 지갑이 10 SOL 미만을 보유했다. 이는 '허수가 많다'는 의미이고, 솔라나의 펀더멘털이 인위적으로 왜곡되었을 수 있다는 의혹을 주기도 했다.

물론 그럼에도 전체적인 펀더멘털이 좋은 것은 분명하다. 여러 지표에서 유의미한 결과가 나오기 때문이다. 다만 중·장기적인 관점에서는 여러 측면을 고려해서 신중하게 투자전략을 세워야 한다는 점을 시사한다. 펀더멘털 지표는 여러 방법으로 왜곡될 수 있다. 각종 지표를 중복적으로 확인하고, 내러티브 및 정성적인 평가를 병행해야 한다.

05 | 대표적인 결제 및 거래용 알트코인 분석-리플, 도지코인

이번에는 앞서 분석한 이더리움, 솔라나와는 다른 범주에 있는 프로젝트 두 가지를 분석해 보자. 바로 XRP와 도지코인이다. 이 두 가지 코인은 도널드 트럼프가 대통령으로 당선되어 호재를 얻을 수 있는 프로젝트다.

이러한 프로젝트만이 아니다. 리플에서 파생된 스텔라루멘 등의 프로젝트도 상승의 흐름을 보였고, 미국에 기반을 둔 지 오래된 레이어1 코인도 상승 추세를 보였다. 이는 어떤 의미가 있을까? 도널드 트럼프 당선 이후 미국을 중심으로 하는 새로운 내러티브가 생겨나고 있다는 의미이다. 내러티브는 계속해서 변화한다. 알트코인 대세상승장이 진행되면 계속해서 새로운 내러티브가 생겨날 것이다.

XRP와 도지코인 이 두 프로젝트는 결제 및 거래 암호화폐를 대표하는 프로젝트인데 현재는 다른 방향성을 보이고 있다. 도지코인은 일론 머스크Elon Reeve Musk의 영향력을 바탕으로 결제 및 거래 암호화폐의 정체성을 높여가는 데 반해 XRP는 메인넷을 중심으로 한 생태계 확장에 더욱 주력하는 모습이다. 피보팅을 통해서 사업 방향성을 적극적으로 모색하고 있다.

리플

리플의 XRP부터 살펴보자. XRP는 국제 송금을 위한 암호화폐로 고안되었고, B2B 기반으로 수많은 금융기관과 파트너십을 맺으며 성장했다. 증권거래위원회와 법적 분쟁으로 미국 내 산업의 입지가 작았지만, 세계 시장에서 영역을 확장해 왔다.

그런데 앞서 언급했듯 피보팅을 통해서 수익의 다각화와 생태계 확장을 추진하고 있다. 따라서 XRP를 분석하기 위해서는 네 가지가 중요하다. 더불어 새로운 방향이 얼마나 사업성을 갖고 점유율을 확장할 수 있는지 살펴보아야 한다.

첫째, XRP렛저XRPL 확장이다.

리플은 XRP렛저를 통해서 이더리움과 솔라나와 같은 블록체인 생태계 구성에 주력한다. 특히 EVM과의 연동을 통해서 스마트 콘트랙트 기반의 서비스를 강화하려는 움직임을 보인다. XRP렛저를 꾸준하게 업그레이드하며 기능을 확장 중이다. 업그레이드 내용을 살펴보면 대표적으로 아래와 같은 부분을 확인할 수 있다.

- **fixEmptyDID 업그레이드:** 불필요한 데이터 저장을 방지해 빈 DID 원장 항목 생성을 제거하는 것을 목표로 하는 업그레이드

- **fixPreviousTxnID 업그레이드:** 원장 항목에 중요한 필드를 추가해 거래 내용 추적을 개선하는 것에 중점을 둔 업그레이드

구체적인 기술 구현보다는 전체적인 상황을 살펴보는 것이 중요하다. 리플이 스마트 콘트랙트 기반으로 생태계를 확장하기 위한 여러 시도를 하고 있다고 해석하는 게 옳은데, 그 중심에는 스테이블코인의 확장이 중요한 안건으로 자리 잡고 있다.

둘째, 스테이블코인의 성공적인 확장과 XRP와의 연계이다.

미국 달러 기반의 스테이블코인 RLUSD를 발행했다. 앞서 2개의 업그레이드 역시 스테이블코인 영향력을 확장하기 위한 용도이다. RLUSD는 기관 전용으로 설계되었고, XRP는 유동성을 강화하는 역할을 한다. RLUSD와 XRP는 서로 시너지가 나는 방향으로 설계되었다. 리플은 XRPL의 탈중앙화 거래소도 RLUSD로부터 이익을 얻을 것이라고 설명한다.

물론 아직 본격적인 궤도에 오르기 위해서는 시간이 필요하다. 더불어 스테이블코인 시장에서는 테더의 USDT와 서클의 USDC가 가장 높은 점유율을 차지한다. 페이팔PayPal의 PYUSD 등 강력한 결제 기반 서비스를 확보한 스테이블코인도 있다. RLUSD가 이러한 스테이블코인 대비로 큰 성과를 낼 수 있을지도 지켜보아야 한다.

셋째, 도널드 트럼프 집권과 증권거래위원회 소송의 종지부이다.

미국 법원은 기관을 상대로 한 XRP 판매에 대해서만 문제를 제기했고, XRP 자체는 증권이 아니라는 판결을 내렸다. 더불어 둘 사이의 합의금과 관련해서도 법원에서는 판결이 내려졌는데, 증권거래위원회가 항소했다. 증권거래위원회 위원장 교체와 더불어 암호화폐 친화적인 규제 환경이 만들어지면, 그동안 오랜 시간 리플을 괴롭혀 왔던 문제가 해결될 수 있다.

넷째, XRP ETF가 승인될 지 여부이다.

암호화폐 전문 자산운용사 비트와이즈가 XRP ETF 신청서(S-1)를 증권거래위원회에 제출했다. 리플랩스Ripple Labs의 CEO인 브래드 갈링하우스Brad Garlinghouse 역시 ETF 승인은 시간 문제라고 주장했다. 앞으로 메이저 알트코인 ETF 신청이 이어질 것이다. 그중에서도 XRP와 솔라나의 승인 가능성이 높다는 시장의 전망이 나온다.

도지코인

이번에는 도지코인을 간략하게 살펴보겠다. 도지코인은 모든 밈코인 중 가장 성공한 밈코인이다. 2013년 12월, 당시 인터넷에서 한창 유행하던 도지Doge 밈을 바탕으로 장난삼아 만들어졌다. 창립자인 잭슨 팔머Jackson Palmer와 빌리 마커스Billy Markus는 커뮤니티 중심의 암호화폐를 만들고, 동시에 암호화폐의 허상을 유쾌하게 비판하고자 했다. 그런데 아이러니하게도 가장 인기 있는 암호화폐 중 하나가 되었다. 일론 머스크

정부효율성위원회(DOGE)

출처: 일론머스크 X

는 이 부분에서 가장 큰 재미를 느낀 듯하다.

도지코인은 라이트코인을 하드포크한 럭키코인을 다시 한번 하드포크해서 발행되었다. 운영진은 도지코인을 떠난 지 오래되었고, 비트코인과 더불어 가장 완벽하게 탈중앙화하여 운영된다. 일론 머스크는 도지코인을 '모두의 암호화폐'라고 부른다. 현재는 일론 머스크의 행보와 발언에 따라서 가격이 움직인다. 도널드 트럼프 당선 이후 도지코인이 급상승했다.

도널드 트럼프는 대통령에 다시 당선되면 머스크를 '정부 효율성 위원회' 운영자로 임명하겠다고 했고, 당선 후 그 약속을 지켰다. 일론 머스크는 해당 부서의 이름을 정부 효율성 부서Department Of Government Efficiency, D.O.G.E.로 제안했다. 일론 머스크는 최근 캘리포니아주 정부가 스페이스X의 추가 발사를 허가하지 않았다는 〈LA타임스〉의 보도에 대해 'D.O.G.E.가 해결할 것'이라는 트윗을 남기며 투자자의 관심을 끌었다. 이 발언으로 투자자가 도지코인을 신뢰하도록 자극했다.

도지코인 역시 비트코인과 함께 결제 및 거래용 암호화폐로 분류된다. 하지만 비트코인과 달리 무한 발행 코인이라는 점에서 차이가 난다. 비트코인은 2,100만 개로 한정된 발행량을 토대로 확고한 가치 저장 수단으로 자리 잡았다. 하지만 도지코인은 다르다. 도지코인은 사용처가 다양해야 한다. 테슬라와 스페이스X 등을 필두로 다양한 사용성이 생길 것이라는 기대감에서 도지코인은 모멘텀을 유지하고 있다. 따라서 일론 머스크 내러티브가 앞으로도 도지코인의 미래에 중요하다고 하겠다.

분석 기준

그러면 XRP와 도지코인의 펀더멘털을 한번 분석해 보자. XRP와 도지코인은 결제 및 거래용 암호화폐라는 점에서 온체인 지표를 분석하는 관점이 비슷하다.

첫째, 대중의 관심이다.

대중의 관심이 높아질수록 장기적으로는 성장 가능성이 높다. 하지만 소셜 볼륨, 사회적 관심도, 감정 지표 등이 단기간에 급등하게 되면 조정 가능성이 높다.

XRP 감정 지표

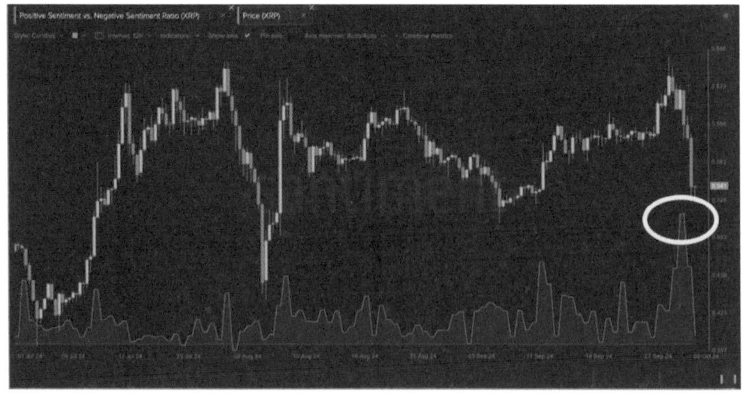

출처: 산티멘트

앞 페이지 이미지를 살펴보면 긍정적 감정 대 부정적 감정의 비율이 긍정적 감정으로 많이 기울고 있다. 소셜 네트워크 등에서 리플에 관하여 회자하는 비율이 늘어났다는 의미이다. 적정한 수준으로 상승하면 가격 상승으로 이어지기도 한다. 하지만 과열되는 구간으로 진입하게 될 때 조정 국면으로 전환될 수 있다.

암호화폐 투자에는 인간 지표가 중요하다. 인간 지표가 높아져 탐욕 단계로 접어들면 예외 없이 가격 하락이 동반된다. 대표적인 인간 지표로는 '공포 및 탐욕 지수'가 있다. 시장에서 기대치가 높아지고 군중 심리가 높아지면 조정 구간을 겪는 구간이 발생한다. 아래 이미지가 그러한 상황을 나타낸다. 그러고 나서 다시 펀더멘털 지표가 하락하는 움직임을 보였다.

도지코인 고래 거래량

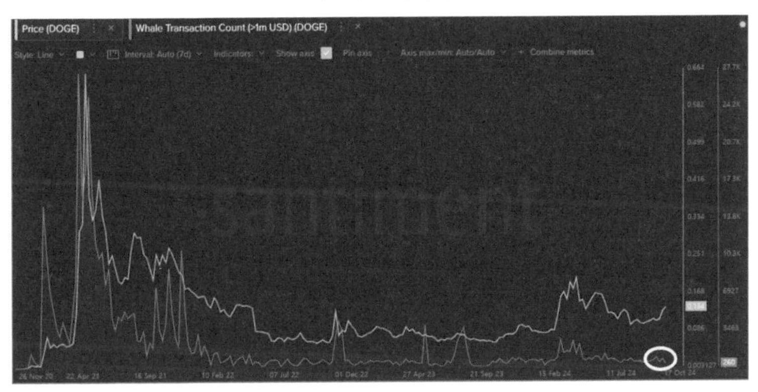

출처: 산티멘트

둘째, 중요한 트랜잭션이다.

온체인 지표를 볼 때 핵심 중 하나는 트랜잭션이라고 이야기했다. 특히 트랜잭션의 규모가 중요한데, 개인 투자자의 물량보다는 고래의 대규모 트랜잭션을 주시해야 한다. 앞 페이지 이미지를 보면 트랜잭션 규모와 특히 고래의 트랜잭션 규모가 늘어나고 있다. 고래의 거래량이 증가하면 가격이 크게 상승할 수 있는 반면 개인 투자자의 유입이 늘어나면 오히려 가격이 조정되는 일이 많다.

06 새로운 내러티브를 선점하라

암호화폐 시장은 계속해서 변하고 있다. 투자의 관점에서는 내러티브의 변화를 예의주시해야 한다. 대세 상승장으로 돌입하면서 새로운 내러티브가 생겨나고 있고, 이 내러티브에 수혜를 받는 프로젝트가 급등하는 흐름을 이어가는 중이다. 트럼프2.0 시대에 돌입하면서 새롭게 나타나고 있는 내러티브에는 몇 가지 특징은 다음과 같다.

미국 중심 + 오래된 프로젝트 + 결제 및 거래 기반

이는 앞서 언급한 XRP와 도지코인도 포함되는데, 해당 내러티브는 더욱 넓게 확장되는 중이다.

도널드 트럼프가 미국 대통령으로 당선된 이후 시장의 관심은 XRP와 카르다노, 도지코인 등의 프로젝트에 집중되었다. 그런데 이후 흐름을 살펴보면 해당 프로젝트 이상으로 헤데라, 스텔라루멘 등의 프로젝트가 크게 상승했고, 더불어 알고랜드, 퀀트, 아이오타 등의 프로젝트도 상승 흐름에 동참하는 모습을 보였다. 대부분 그동안 큰 관심을 받지 못했던 프로젝트였다.

여기에는 특정 내러티브가 자리 잡고 있는데, 바로 ISO 20022 규정을 준수한다는 내러티브이다. ISO 20022는 국제표준 개발 조직인 ISO가 정의한 금융 거래 메시지 작성 표준 형식이다. 전 세계 중앙은행과 금융기관, 기업들이 송금과 결제, 환전 등 모든 금융 데이터를 손쉽게 주고받을 수 있도록 설계된 규정이다. 국제은행간통신협회(SWIFT, 스위프트) 역시 ISO 20022를 적용 중이다.

이에 암호화폐 시장에서는 달러와 스위프트 위주인 현존 금융 체제가 2025년에는 ISO 20022로 이뤄진 양자 금융 시스템으로 전면 대체되는 것이 아니냐는 기대감이 나왔다. 이에 ISO 20022를 준수한 코인들이 이후 천정부지로 상승할 것이란 전망이 제기되었다. 해당 프로젝트들이 기존 금융과 가상자산 간 격차를 메울 수 있다고 기대한 것이다.

아직은 전형적인 내러티브 단계로 볼 수 있다. 더욱이 사실관계가 확인되지 않은 것을 넘어서 사실관계가 잘못되었다는 분석이 지배적인 상황이다. ISO 측은 2023년 6월, 가상자산은 본질적으로 ISO 20022를 준수하지 않는다는 공지를 낸 바도 있다. 더욱이 이 내러티브는 이번 대세장에 처음 제기된 것도 아니다.

그런데 트럼프 행정부가 들어서면서 상황은 다소 달라졌다고 본다. 내러티브 단계인 것은 분명하지만, 그 본질에 주목해 보면 큰 흐름을 다르게 볼 수 있다는 것이다. 도널드 트럼프 임기 동안 전통 금융과 암호화폐를 중심으로 한 혁신 금융은 꾸준히 융합해 나갈 가능성이 높다. 그리고 중심에 있는 코인이 가장 혜택을 받을 것이다. 디파이와 RWA 등의 섹터가 대표적이다. 앞서 언급한 내러티브가 본질적으로 향하는 방향성이 여기에 있다.

증권거래위원회 위원장의 교체도 중요한 역할을 했다. 그동안 과도한 집행 위주 규제로 암호화폐 시장에 큰 피해를 준 게리 겐슬러가 자진하여 사퇴했다. 후임으로 폴 앳킨스Paul Atkins 전 증권거래위원회 위원이 위원장으로 임명되었다. 폴 앳킨스는 은행, 암호화폐 업계, 금융 거래 회사 등을 고객으로 둔 컨설팅 회사 패토맥 글로벌파트너스Patomak Global Partners를 이끌고 있다. 더욱이 블록체인 기반 증권형 토큰 플랫폼 시큐리타이즈Securitize의 자문 위원회 일원으로 5년 넘게 활동해왔다.

2024년 3월, 블랙록은 이더리움 네트워크에서 최초의 토큰화 펀드 비들BUIDL을 출시했다. 펀드의 공식 명칭은 블랙록 USD 기관 디지털 유동성 펀드BlackRock USD Institutional Digital Liquidity Fund로, 비들은 이를 줄인 것이다. 해당 상품은 적격 투자자를 대상으로 블록체인 기반 증권형 토큰 플랫폼 시큐리타이즈 등을 통해 이용할 수 있도록 했다. 블랙록 - 시큐리타이즈 - 폴 앳킨스의 연결 고리를 찾을 수 있다.

새롭게 신설된 백악관의 AI 크립토 차르Czar로 임명된 데이비드 삭스David. O. Sacks도 주목해야 한다. 데이비드 삭스는 페이팔 마피아PayPal Mafia(미국 창업 생태계에 큰 영향을 준 페이팔 출신 창업자들의 인적 네트워크를 지칭하는 용어)라고 불리는 모임의 일원이다. 거대 빅테크의 창업자뿐 아니라 현재 실리콘밸리 벤처 캐피털의 고위 임원들 상당수가 한때 페이팔 직원이었다. 대표적으로 일론 머스크, 피터 틸Peter Andreas Thiel, 리드 호프만Reid Garrett Hoffman 등을 들 수 있다. 페이팔 출신들은 퇴사 이후에도 서로 좋은 관계를 유지하며 미국 사회 곳곳에서 막강한 영향력을 행사하고 있다. 데이비드 삭스의 차르 임명은 일론 머스크의 입김이 작용했을 가능성이 존재한다. 데이비드 삭스 역시 페이팔 출신인 데다 탈중앙화 거래소 제로엑스와 탈중앙화 무기한 선물 거래소 플랫폼인 DYDX의 자문으로 알려져 있다. 거기다 크래프트 벤처스를 통해서 다양한 암호화폐 프로젝트를 지원해 왔다.

거기다 AI를 주관한다는 부분이 중요하다. 2025년에는 AI 에이전트가 부각될 것이라는 전망이 나온다. 암호화폐 시장에서는 AI 에이전트가 발행한 토큰이 밈코인 열풍을 주도할 것이라는 예측이 나오고 있다. 실제로 일론 머스크는 밈코인인 도지코인을 크게 상승시킨 장본인인데, 페페에 대한 언급을 늘리며 시장의 관심을 끌기도 했다. 그러면서 엑스

AI 기반의 AI 챗봇을 공개적으로 언급했다. AI 에이전트는 환경과 상호 작용하고, 데이터를 수집하며, 데이터를 사용하여 사전 결정된 목표를 달성하기 위해 필요한 작업을 스스로 결정해서 수행할 수 있는 소프트웨어 프로그램을 의미한다. 미디어에서 밈을 공유하는 단순한 작업부터 온체인 트랜잭션 최적화, 일드 파밍Yield Farming 자동화와 같은 복잡한 작업까지 수행하며 크게 주목받고 있다. 현재는 밈의 단계에 머물고 있지만, 향후 큰 상승이 기대되는 분야로 손꼽힌다. 대표적으로 버추얼, AI16Z, 막시무스고트세우스(GOAT) 등의 프로젝트가 있다.

막시무스고트세우스는 경우 에이전트 트루스 터미널Truths Terminal, TT이 주도한 밈코인으로 유명 벤처 투자자 마크 앤드리슨Marc Andresseen으로부터 자금을 지원받아 10억 달러(약 1조 4,600억 원) 이상의 시가총액을 가진 프로젝트로 성장했다. 향후 암호화폐 시장의 흐름이 어디로 향할지를 가늠해 볼 수 있다. 더불어 이러한 흐름은 도널드 트럼프가 당선되었기 때문에 가능해진 시나리오이기도 하다. 암호화폐 산업의 성장을 더 기대하게 만드는 이유이다.

이번 장은 특정한 섹터를 알려주려는 목적보다는 투자전략에서 새로운 내러티브를 발굴하는 과정의 중요성을 언급하기 위해서 구성되었다. 앞서 강조했듯 내러티브는 계속해서 변한다. 새로운 내러티브가 생겨나고 유행을 만든다. 따라서 내러티브를 선점하는 투자자가 좋은 결과를 얻을 수 있을 것이다.

PART 7

실전 투자 전략2-
에어드랍 및 디파이 전략

01 | 1단계, 무료 에어드랍으로 코인 시장 파악하기

알트코인 투자는 전혀 쉽지 않다. 그 이유는 큰 변동성과 빠른 트렌드 변화 때문이다. 암호화폐 시장의 변화는 비트코인 가격에 영향을 주지만 특별히 어떤 트렌드가 비트코인에서 새롭게 나올 수 없다. 이미 완성품이고 앞으로 시장의 변화에 따른 가격변동만 있을 뿐이다.

그러나 알트코인은 비트코인과 전혀 다르다. 알트코인에서 기본적으로 비트코인보다 더 나은 전략이 필요하고 새로운 트렌드를 만들어야 하는 것은 일종의 숙명이다. 이런 이유로 알트코인은 새로운 트렌드를 시장에서 만들고 그 만들어진 트렌드가 시장에서 반응할 때 좋은 평가를 받는다. 그런데 시간이 지나면 또 다른 트렌드가 생겨나므로 기존의 시장에서 인기가 많았던 알트코인도 빠르게 시장의 관심에서 멀어져 간다. 그러므로 알트코인 투자는 전략을 가지고 투자에 참여해야 한다.

'백 번 듣는 것이 한번 보는 것보다 못하다'라는 뜻의 백문이 불여일견不如一見이라는 고사성어가 있다. 이번 장은 누구나 실천해 볼 수 있는 알트코인 전략을 단계별로 정리했다. 무료로 실천할 수 있는 에어드랍 전략부터 소액으로 참여해 볼 수 있는 디파이 투자까지 단계별로 설명하고 있으므로 모든 단계를 마스터하면 알트코인 투자에 큰 자신감이 생길 것이다. 이를 바탕으로 꼭 투자해보길 바란다.

1단계는 누구나 실천할 수 있다. 투자금이 들어가지 않기 때문에 약간의 시간과 노력만 투자하면 된다. 처음부터 투자를 시작하면 시장을 이해하지 못하기 때문에 처음에 약간의 수익을 내지만 시간이 지나면서 손실이 커진다. 그런데 왜 그런 손실이 발생하는지 이해하지 못하기 때문에 시장의 이해를 위해서 이 첫 단계인 에어드랍으로 먼저 코인 시장을 파악해 보라고 권장한다.

초보자가 알트코인 투자를 하기에 앞서서 가장 쉽게 접근할 방법이 무료 에어드랍에 참여하는 것이다. 기존에 이미 시장에 출시된 알트코인도 해당이 될 수 있고 새롭게 시장에 진입하는 알트코인이 대상이 될 수 있다. 기존에 이미 있던 알트코인도 끊임없이 발전과 트렌드에 변화해야 하므로 항상 변화를 모색한다. 또한 새롭게 신규 진입하는 알트코인 프로젝트는 시장의 인기를 얻기 위해서 기존에 존재하지 않았던 새로운 트렌드를 만들어 내기 위해서 노력한다.

결국 시장에서는 새로운 트렌드와 그 트렌드에 적합한 서비스가 나올 수밖에 없다. 이런 서비스는 일반적으로 서비스 출시 전 충분한 테스트와 검증이 필요하다. 일반적으로 서비스를 만드는 회사가 내부적으로 충분한 테스트 및 검증 과정을 거친다. 그런데 블록체인 기반의 서비스는 실제 블록체인 위에서 다양하게 개발자가 직접 테스트 및 검증을 진행하는데 한계가 있다. 그래서 시장에서 새로운 서비스를 출시하기 전 일반인에게 하는 사전 검증 및 테스트 작업이 필수적이다.

블록체인 기반 서비스는 누구나 참여할 수 있고 이 서비스에 기여할 수 있다. 이러한 특징을 잘 활용하여 새로운 서비스를 시장에 출시하기 전 프로젝트 팀은 베타 테스터를 모집한다. 이렇게 서비스 문제나 결함 등을 사전 테스트를 하여 충분한 검증 과정을 거친다. 기존 서비스와 달리 블록체인 서비스는 한번 실행되고 나면 되돌릴 수 없으므로 기존 서비스보다 더 철저하고 세밀한 테스트가 필요하다. 프로젝트를 서비스하는 입장에서는 테스터들이 테스트를 해주기 때문에 좋고, 테스터들은 충분한 테스트를 하는 대가로 향후에 에어드랍을 받을 기회가 생긴다.

기존에는 서비스 회사가 내부적으로 품질 테스트 팀에서 전문적으로 테스트를 진행한다면 블록체인 서비스는 최소한의 품질 테스트를 내부적으로 진행하고 나서 다수의 대중을 상대로 테스트하는 환경으로 바뀌었다.

우리가 일반적으로 웹2, 웹3로 구분하는데, 블록체인을 활용하지 않는 서비스는 웹2, 블록체인을 활용하는 서비스는 웹3로 구분한다. 웹2 형태의 서비스는 대중을 대상으로 베타 테스트를 진행하기 위해서 필수적으로 비용이 든다. 그 누구도 무료로 베타 테스트를 진행하지 않기 때문이다. 그러나 블록체인을 활용하는 웹3 형태의 서비스는 베타 테스터에게 에어드랍이라는 토큰을 지급해 줄 수 있다. 서비스가 론칭되고 나면 언제든지 거래될 수 있는 토큰이다. 따라서 이 토큰을 기반으로 서비스 기획 단계에서 베타 테스트에 들어가는 시간과 비용을 어느 정도 감당할 수 있는 환경적 변화가 생긴 것이다.

많은 참여자가 서비스가 론칭되기 전에 테스트하고 그 테스트 진행 여부에 따라서 에어드랍을 받는 이벤트가 계속 있다. 특히 투자자 입장에서도 해당 서비스를 미리 경험해 볼 수 있고 해당 서비스가 문제가 없는지, 앞으로 시장에 출시되었을 때 어떻게 될지 예측해 볼 수 있는 장점이 있다. 투자자 입장에서 에어드랍 혜택도 받고 사전에 프로젝트를 검증하는 차원에서 에어드랍 이벤트에 참여하며 알트코인에 관해서 계속 분석해갈 수 있다.

그렇다면 어떻게 투자자가 에어드랍 이벤트에 참여할 수 있는지가 궁금해질 것이다. 결론적으로 에어드랍 이벤트에 참여하기 위해서는 몇 가지 준비 사항이 필요하고 주기적으로 새로운 정보를 검색하는 것이 중요하다.

사전 테스트넷 참여나 미션으로 에어드랍을 받는다고 해도 프로젝트마다 방법이 모두 다르다. 그러나 기본적으로 프로젝트가 요구하는 최소한의 기준이 있으므로, 이러한 기준을 사전에 준비한 상태에서 에어드랍 프로젝트에 참여할 수 있다.

02 무료 에어드랍에 필요한 사전 준비 사항 및 방법

무료 에어드랍을 받기 위해서는 몇 가지 준비 사항이 필요하다. 에어드랍 프로젝트에 따라서 방법이 다르지만 아래에 최소한 필요한 것들만 정리해 보았다.

첫째, 에어드랍 작업용 PC를 준비한다.

에어드랍을 위한 전용 PC가 하나 있으면 좋다. 에어드랍은 항상 새로운 프로젝트이기 때문에 문제를 내재한 프로젝트도 있고, 사기 사이트라면 내가 가지고 있는 지갑이 해킹당할 수 있기 때문이다. 전문가라면 사기 사이트를 어느 정도 구별해 낼 수 있지만 일반 사용자가 구별하기는 어렵다. 따라서 사기 사이트에서 에어드랍 작업을 하다가 큰 손해를 입을 수 있다. 그러므로 전용 PC를 따로 구별하여 보안에 신경을 쓰는 것이 신규 에어드랍 프로젝트를 걱정 없이 마음껏 해볼 수 있는 여유를 주어 좋다.

사무용 전용의 노트북 정도면 충분하다. 별도의 PC가 없다면 50~100만 원 정도의 사무 전용 노트북을 하나 구매해서 에어드랍 작업을 위한 별도의 노트북을 마련하는 것을 추천한다. 공간이 충분하다면 PC도 상관없다. 자신의 상황에 맞게 별도의 PC나 노트북을 통해 전용으로 에어드랍 작업을 하는 것이 중요하다.

둘째, 지갑을 설치한다.

블록체인 서비스에서 지갑이 가장 중요한 역할을 한다. 지갑 종류가 여러 가지이지만 이더리움 기반의 메타마스크, 솔라나 기반의 팬텀, 코스모스 생태계의 케플러 등이 대표적이다. 인터넷에서 검색하면 쉽게 브라우저에 설치할 수 있다. 지갑을 설치할 때는 니모닉 문구(또는 시드 문구)를 사용하게 되는데, 이 니모닉 문구를 잘 보관해야 한다. 에어드랍 작업을 위해서 사용하는 니모닉 문구지만 향후 에어드랍 청구 및 전송이 필요하기 때문이다. 니모닉 문구는 관리를 잘해야 하므로 별도로 노트 등에 저장해서 관리해 둔다. 하나의 니모닉 문구를 사용해서 여러 지갑에서 활용할 수 있다.

메타 마스크에서 만든 니모닉 문구를 활용해서 솔라나 지갑인 팬텀, 코스모스 지갑인 케플러에 동일하게 사용할 수 있다. 모든 체인이 주소

대표적인 지갑인 메타마스크가 크롬 브라우저에 설치된 모습

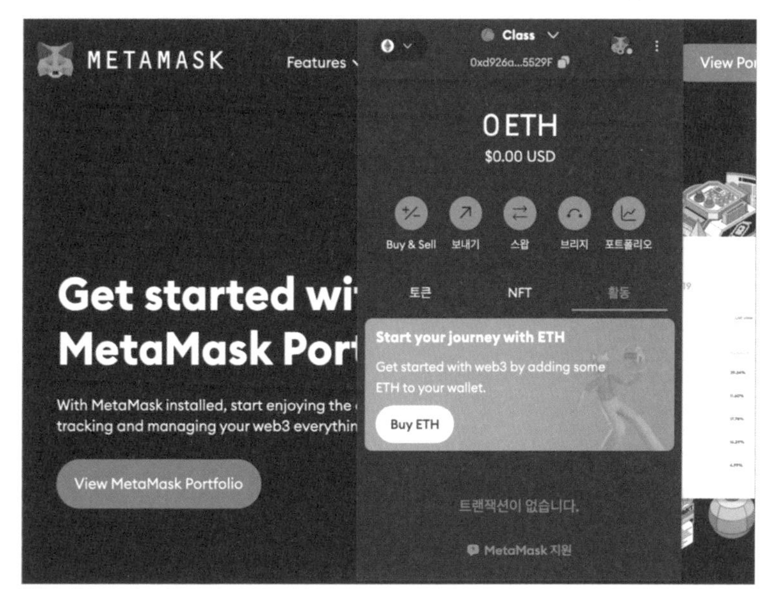

출처: 메타마스크 홈페이지

체계는 다르지만 하나의 니모닉으로 동일하게 접근이 가능하기 때문에 테스트용으로 만든 하나의 니모닉을 사용해서 관리하는 게 향후 에어드랍 청구 및 테스트넷 에어드랍에 참여할 때 편리하다.

셋째, 소셜미디어 계정을 만든다.

암호화폐 정보는 SNS를 통해서 빠르게 전파된다. 가장 많이 사용되는 플랫폼은 X(구 트위터)이고 텔레그램 또한 많이 사용된다. 조금 더 다양한 커뮤니티를 위해서 디스코드도 사용된다. 에어드랍 정보 역시 이 세

채널에서 주로 정보가 공유된다. 에어드랍을 위해서는 미션을 수행해야 하는데 미션에는 일반적으로 프로젝트 X 계정 팔로우하기, 텔레그램 채널 팔로우하기, 디스코드 팔로우 및 특정 미션 수행하기 등이 있다. 대부분의 미션에 이 세 가지는 기본적으로 주어지기 때문에 X와 텔레그램, 디스코드 계정이 필요하다.

넷째, 에어드랍 미션 사이트를 활용한다.

메타마스크 지갑 및 기본적인 SNS 계정을 만들었다면 에어드랍을 주는 미션 사이트에서 이를 수행하면서 받는다. 대표적인 에어드랍 미션 사이트는 갤럭시(Galxe, https://app.galxe.com/)다. 매번 프로젝트들이 새로운 미션을 이곳에 업데이트하고 사용자가 자신이 참여할 수 있는 미션에 참여하면 된다.

갤럭시 홈페이지

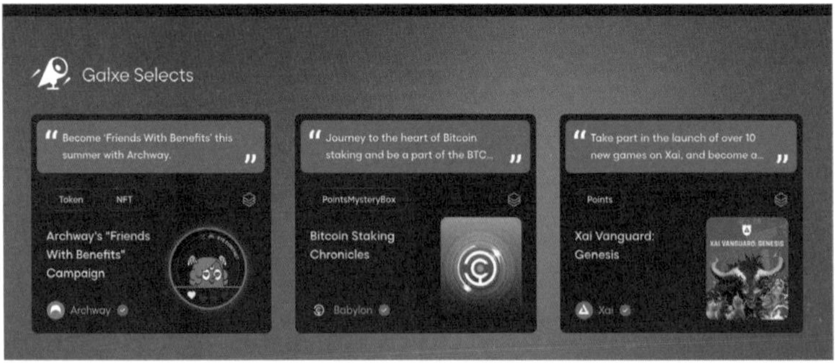

출처: https://app.galxe.com/

미션에는 기본적으로 소셜미디어 연동, 해당하는 프로젝트 소셜 미디어 팔로우하기가 기본적으로 주어진다. 프로젝트마다 미션이 다른데, 프로젝트에 관한 퀴즈를 맞추거나 디스코드에서 다양하게 활동하면 포인트를 주기도 한다. 프로젝트 론칭 전 베타테스트를 진행하기도 하고 그 결과에 따른 포인트를 주는 프로젝트도 많다. 에어드랍 미션은 프로젝트마다 모두 다르나 기본적으로 지갑과 소셜미디어 계정은 필요하다.

여기까지 성공적으로 필요한 도구를 설치하였으면 기본적인 에어드랍 미션을 위한 최소한의 자격을 갖추었다. 이후에는 에어드랍 미션마다 다르기 때문에 조금씩 수행하면서 실력을 쌓아야 한다.

동일하게 시작하더라도 프로젝트를 선별하는 능력과 시간과 정보력에 따라서 결과가 많이 달라진다. 처음에는 에어드랍 미션을 가이드 해주는 인플루언서의 정보를 활용해서 따라하는 것이 좋다. 그러다가 어느 정도 수준에 오르면 인플루언서 정보를 참고하면서 본인이 직접 프로젝트를 선별하고 미션을 수행한다. 그러다보면 실력이 향상된다.

최소한의 블로그나 트위터 등 만들어 놓은 계정에서 본인의 노하우가 담긴 에어드랍 정보를 같이 올리면 더욱 괜찮은 에어드랍 미션을 수행할 수 있다. 일부 미션에서는 본인뿐만이 아니라 친구들을 초대해야 하는 것도 있다. 친구 초대를 많이 하는 미션을 하면 에어드랍을 받을 수 있는 수량이 늘어나기도 한다.

처음에는 최소한의 에어드랍 수량을 받으면서 공부하는 마음으로 시작하지만 에어드랍으로 높은 수익을 올리기 위해서는 본인의 노하우를 공유하면서 팬을 많이 보유한 인플루언서가 되는 것이 좋다.

누구나 무료로 쉽게 시작할 수 있지만 에어드랍만으로 높은 이익을 얻기 위해서는 소셜미디어 활동도 필요하다. 다만 일반 투자자라면 에어드랍으로 큰 수익을 내기보다는 괜찮은 프로젝트를 사전에 테스트를 해본다는 정도의 마음으로 참여한다. 그러면 작은 에어드랍을 받으면서도 신규 프로젝트를 투자 포트폴리오에 새롭게 추가할 때 도움이 많이 된다. 대부분의 에어드랍 프로젝트는 신규 프로젝트이기 때문에 하다 보면 최근의 트렌드를 파악하게 된다.

결론적으로 에어드랍 작업은 두 가지 형태로 분류할 수 있다. 오직 에어드랍 작업만 열심히 해서 수익을 목표로 하는 작업과 향후 신규 프로젝트를 구별해 내기 위한 작업으로 분류할 수 있다. 자신이 비트코인에 투자할 시간이 많아도 투자 금액이 적다면 에어드랍 작업만 열심히 해도 괜찮은 수익이 난다. 이러한 지향점을 가지고 있다면 반드시 블로그나 유튜브 등을 통해서 자신이 가지고 있는 에어드랍 사이트, 노하우를 공유하면서 팬들을 많이 확보해야 한다.

다음으로 투자 시드가 있으면서 시간을 조금 낼 수 있다면 프로젝트를 투자하기 전 사전에 최소한의 테스트를 해본다는 정도로 에어드랍 미션에 참여해 본다. 프로젝트를 사전에 경험해 보면서 어느 정도 프로젝트가 괜찮은지 객관적인 시각을 얻을 수 있기 때문에 투자에 많은 도움이 된다.

처음 에어드랍 작업을 하는 분을 위해서 필자의 블로그(https://blog.naver.com/danny-world)에 주기적으로 에어드랍 정보를 올리고 있으니 이를 활용하기 바란다.

출처: https://blog.naver.com/danny-world

03 | 2단계, 0원으로 1억 원을 만드는 전략

0원으로 1억 원을 과연 만들 수 있을까? 결론적으로 만들 수 있다. 모든 사람이 이 전략을 사용할 수 있는 건 아니지만 투자자 어느 정도 조건을 갖추었다면 투자자에게 해보라고 추천한다. 자신의 상황에 따라서 목표치를 1천만 원 정도로 낮추면 누구나 사용할 수 있는 전략이기 때문에 이를 먼저 해 본다면 향후 자기 자금을 투자했을 때 조금 더 안정적인 투자 전략을 구상할 수 있다.

먼저 이 전략을 사용하기 위해서는 시간에 여유가 있어야 한다. 끈질긴 노력도 함께 동반되어야 한다. 새로운 것을 찾고 좋아하는 분이라면 이 전략이 잘 맞는다. 게다가 인터넷, 컴퓨터를 잘 활용할 수 있다면 이 전략만큼 좋은 것도 없다.

필자는 2018년에 처음으로 암호화폐를 알게 되었고 그 이후에 이 전략을 사용해서 시드를 만들었다. 당시 필자는 일을 잠시 쉬고 있었고, 그렇다고 취업이나 창업에는 관심이 없었다. 아내가 일을 하고 있었고 아이들을 돌보면서 오전 시간을 활용해서 공부나 다른 일을 찾아보던 중이었다. 그래서 아무런 방해 없이 집중해서 오전 시간에 신규 프로젝트를 초기에 무료로 사용해 보면서 에어드랍을 받아 시드를 만들었다. 필자와 비슷한 상황이거나 시간적 여유가 있으면서 당장 생계를 위해서 돈을 벌지 않아도 되는 상황에 있다면, 1년 정도의 시간을 가지고 무료 에어드랍 작업을 하면서 자신만의 노하우를 발견하기 바란다. 그러면 1년에 1억 원 정도의 수익은 충분히 올릴 수 있다.

무료 에어드랍 파트에서 어느 정도 설명했지만 이 암호화폐 분야는 새로운 프로젝트가 출시될 때 반드시 베타 테스터를 필요로 한다. 베타 테스트에서 안정적으로 나온 후에야 향후 프로젝트가 론칭되었을 때 문제없이 서비스를 진행할 수 있다. 베타 테스트가 끝난 이후 실제 서비스가 론칭되었을 시점에서는 홍보가 필수적이다. 이 홍보 차원에서 사용자의 경험담, 사용자의 활동을 통해서 프로젝트가 알려진다. 쉽게 이야기하면 인플루언서의 역할이 암호화폐 프로젝트 마케팅에서 굉장히 중요하다.

0원에서 1억 원을 만들기 위해서는 첫째는 신규 프로젝트를 찾고 분석하고 테스트하는 작업이 필요하다. 그 뒤에 괜찮은 프로젝트를 선별해서 인터넷에 많이 알리는 일을 해야 한다. 이 두 가지를 적절하게 잘 수행하면서 암호화폐 시장 상황이 좋을 때 꽤 많은 양의 에어드랍을 받을 수 있다. 모든 프로젝트가 다 잘될 순 없지만 100개의 프로젝트를 목표로 해서 10개 정도 괜찮은 프로젝트에 집중하고 그중에 2, 3개는 뛰어난 성적을 기대하면서 작업하면 의미 있는 결과를 낼 수 있다. 이를 늘려서 1년에 365개의 프로젝트를 목표로 한다면 최소한 일반 직장인의 연봉 정도의 수익을 낼 수 있을 것이다.

중요한 건 끈기와 기대감을 바탕으로 새로운 프로젝트를 살펴보면서 시장을 보는 안목을 키워가는 것이다. 처음에는 어디부터 할지 모르지만 하나둘씩 프로젝트를 테스트하고, 결과를 블로그 같은 곳에 리뷰하다 보면 어느 순간 자신이 실력이 쌓였음을 알게 된다.

1년 정도 이러한 과정을 하게 되면 금전적으로도 유의미한 결과를 가져다주지만, 그것보다 더 의미 있는 건 암호화폐 시장을 분석할 수 있는 안목이 생기게 된다는 것이다. 이 에어드랍 작업을 평생 할 수도 있겠지만, 그렇게 하기는 쉽지 않다. 1년 정도 공부한다는 생각으로 집중해서 에어드랍 작업을 하고, 그 이후에는 만들어진 시드로 실제 투자를 진행하는 것이 좋다. 그런데 아무것도 모른 상태에서 투자하는 것보다 훨씬 더 안정적이고 괜찮은 관점을 가진 투자자로 변화할 것이다.

필자 역시 처음에 시드는 에어드랍을 통해서 모았고, 그 시드를 활용해서 투자를 진행했으며 지금은 투자와 에어드랍 작업을 병행하고 있다. 에어드랍 작업은 일종의 노동 수입으로 볼 수 있으며 이와 더불어서 시장을 분석하고 이해하는 좋은 도구이다. 그러나 아무리 좋은 에어드랍 작업도 실제 투자로 인한 수익에는 비교할 수 없다. 시드를 늘리기에는 한계가 있다는 것이다. 결국 시드가 많고 실제로 투자해야지 수익률은 높아진다. 그런데도 불구하고 에어드랍 작업은 투자 손실에 관한 리스크가 없고 리스크가 없으니 여유 있는 상태로 진행할 수 있다는 장점이 있다.

그러나 이러한 에어드랍 작업으로 시드를 모을 수 있는 시기에 제한이 있다. 아직까진 에어드랍 작업으로 어느 정도의 시드를 모을 수 있는 시장 상황이지만 시장이 성숙기로 접어들게 되면 지금과 같은 큰 수익을 줄 수 있는 에어드랍 작업은 많이 사라질 것이다. 모든 것이 때가 있기 마련인데 지금이 에어드랍으로 시드를 만들 수 있는 마지막 시기일지도 모른다.

그렇다면 구체적으로 어떻게 0원으로 1억 원까지 에어드랍을 받을 수 있을까? 필자가 처음 달성했던 그 수익은 과거의 수익이기 때문에 현재와 또 상황이 매우 다르다. 지금은 많은 사람들이 에어드랍을 받고 있고 과거에 비해서 정보도 많이 늘어났기 때문에 상대적으로 높은 에어드랍 이익을 얻는 사람은 소수에 불과한 것도 엄연한 사실이다. 그런데도 여전히 높은 수익을 올리는 사람이 있고 그러한 수준에 오르면 누구나 0원으로 1억 원을 만들 수 있다는 사실에는 변함이 없다.

높은 에어드랍을 받기 위해서 현재의 트렌드에서 최소한 몇 가지를 갖추면 가능성을 높인다. 아주 유명한 인플루언서는 아니더라도 최소한 에어드랍에 관한 정보를 잘 주는 인플루언서로 알려지게 되면 꽤 높은 이익을 얻을 수 있다. 암호화폐 생태계는 대부분 레퍼럴Rafferal로 홍보가 이루어진다. 거래소부터 프로젝트까지 인플루언서를 통해서 정보가 유통되고 활용된다. 프로젝트 팀 - 인플루언서 - 투자자의 큰 생태계 구조가 결정되어 있다. 인플루언서들의 역할과 역량은 모두 다른데, 에어드랍에 관한 정보만 핵심적으로 전달하는 인플루언서가 되면 괜찮은 이익을 얻는다. 현재도 그렇지만 앞으로도 이 암호화폐 생태계에서 에어드랍은 사라지지 않을 것이다. 그러므로 우리가 일상적으로 뉴스 정보를 많이 활용하듯이 이 암호화폐 생태계에서도 에어드랍 정보는 우리가 일상적으로 접하는 뉴스처럼 정보 채널로 활용된다.

중요한 정보 채널을 운영하면서 본인의 에어드랍을 해야 한다. 일반적으로 유튜브, 텔레그램, 트위터, 블로그 등의 채널이 있다. 모든 채널을 다 운영할 필요는 없다. 자신이 잘할 수 있는 채널 1개를 먼저 운영한다. 그 채널에서 자신이 하는 에어드랍에 관한 정보를 상세하고 친절하게 알려준다. 본인이 에어드랍을 하면서 하는 작업이기 때문에 약간의 노력을 더해야 한다. 본인이 어떤 에어드랍 작업을 했는지 체크하기 위해서도 블로그나 텔레그램 같은 채널에 정리해 놓는 습관을 들이면 좋다. 개인적으로도 정리해야 하는 작업을 공개적으로 전환했다고 생각하면 조금 더 쉽게 할 수 있다.

필자도 텔레그램 채널을 처음 시작할 때 내가 필요한 정보들을 모으기 위해서 시작했는데 어느 순간 구독자들이 늘어나는 걸 경험했다. 구독자가 늘면서 정보를 조심스럽게 올리게 되었지만, 처음에는 내가 쓴 글의 파장을 고려하지 않고 자유롭게 올릴 수 있기 때문에 누구나 쉽게 시작할 수 있다. 처음에는 구독자가 적더라도 계속 알찬 정보를 올린다면 언젠가 구독자는 늘어나기 마련이다.

결론적으로 에어드랍 정보를 검색하고 그걸 잘 정리하면서 작성자가 에어드랍 작업을 하면 사람들도 정보를 얻고 사람들에게 유익하다면 작성자에게도 이익이 돌아온다. 모든 에어드랍이 동일하지 않아도 대부분의 에어드랍에는 레퍼럴 수익이 있어서 혼자 에어드랍 작업을 하는 것보다는 내가 알려준 정보를 많은 사람이 활용하고 수익이 날 때 더 큰 이익을 얻을 수 있기 때문이다.

방법은 어렵지 않다. 그러나 이를 오래 하는 건 아무나 할 수 있는 일이 아니다. 결국 누군가는 0원에서 1억 원을 만드는 에어드랍 헌터가 탄생하지만 그 에어드랍 헌터가 이야기하더라도 그걸 실행에 옮기는 이는 극소수다. 그러므로 이 방법을 그대로 믿고 따라 한다면 누구나 0원으로 1억 원을 만들 수 있다. 필자도 처음에 전문가가 아닌 상황에서 시작했다. 그런데 하나둘 하다 보면 어느 순간 남보다 많이 알게 되고 그걸 계속 지속하다 보면 전문가 영역까지 갈 수 있다.

결국 에어드랍으로 0원으로 시작해서 1억 원이라는 시드도 만들 수 있고, 암호화폐 생태계도 이해할 수 있게 되며 앞으로 더 큰 투자의 기회가 생긴다. 그런데도 이를 하지 않는다면 아마도 그것은 결국 의지가 없거나 돈이 되지 않을 것이라는 선입견 때문이 아닐까 한다. 나의 돈이 들어가는 투자는 의심하고 또 의심해야 한다. 그런데 에어드랍 작업에는 돈이 들어가지 않는다. 단지 시간과 노력이 들어갈 뿐이다. 돈이 넉넉한 분에게는 시간이 돈보다 더 중요한 가치지만, 지금 자금이 넉넉하지 않다면 이 시간을 잘 활용해서 돈으로 바꾸는 기회를 잡아야 한다. 아직 이 시장은 누구에게나 열려 있으니 좋은 투자 기회로 삼길 바란다.

04 3단계, 스테이킹 에어드랍 전략

시간이 넉넉하고 자본금이 적다면 무료로 할 수 있는 에어드랍 전략이 제일 유용하다. 그러나 대부분의 사람은 시간이 넉넉하지 않고 항상 새로운 에어드랍을 찾기가 어렵다. 한편으로는 무료로 하는 에어드랍은 수익에 한계가 있다. 최대한 많이 번다고 하더라도 1년에 1억 원 정도가 한계이다.

무료로 하는 에어드랍 전략을 코인 생태계를 공부하고 초기 자본금을 모으기 위한 전략으로 유용하지만 더 큰 투자 수익을 올리기 위해서는 직접적인 투자를 해야 한다. 그러나 직접 투자를 하면 자본금을 제한 없이 늘릴 수 있지만 손실이 발생할 수도 있다는 사실을 기본적으로 잊지 말아야 한다.

스테이킹 에어드랍 전략은 자본금을 가지고 투자하면서 더 큰 투자 수익을 올리기 위한 것이다. 기본적으로 알트코인은 변동성이 크기 때문에 투자 수익도 크지만, 손실도 클 수 있음을 잊지 말아야 한다.

알트코인은 대부분 지분증명 합의 알고리즘을 사용한다. 코인을 스테이킹 하여 블록 생성에 참여하고 블록 생성 대가로 보상받는 시스템이다. 이렇게 지분증명 합의 알고리즘을 사용하는 대표적인 생태계가 코스모스 생태계다.

코스모스 생태계는 서로 연결되어 있고 여기에 기여하거나 투자한 투자자에게 전통적으로 에어드랍을 주면서 전체 생태계가 확장한다. 지금까지 지속되고 있으며 투자자들은 특정 코인에 투자하고 스테이킹 하여 블록 생성에 참여한다. 이렇게 참여한 대가로 해당 코인에 관한 보상도 받지만 해당 코인과 연계된 다른 프로젝트로부터도 에어드랍을 받는다.

코스모스 생태계를 탄생시킨 암호화폐는 아톰ATOM이다. 코스모스 생태계의 핵심 메커니즘과 엔진을 개발한 체인이다. 이 엔진과 핵심 메커니즘이 오픈 소스이기 때문에 누구나 무료로 사용하여 개발할 수 있다. 프로젝트 팀에서 코스모스에서 제공된 무료 오픈 소스로 레이어1을 개발하고 코스모스 생태계와 연결된다. 이렇게 새롭게 만들어진 프로젝트는 사용자가 필요하기도 하고 코스모스 생태계에서 혜택을 받았기 때문에 코스모스 아톰 홀더에게 에어드랍을 해주면서 자신의 프로젝트를 알리고 생태계 확장을 위해서 서로 협력관계를 유지한다.

코스모스 생태계의 아톰이라는 코인을 홀딩하면서 스테이킹을 통해서 생태계에 기여하면 그 기여에 대가로 같은 생태계 내의 다른 코인을 에어드랍으로 받는다. 지금까지는 이렇게 받은 에어드랍의 수량이 투자한 아톰의 원금을 회복하고도 수익이 발생했다.

코스모스 생태계 대표적인 스테이킹 서비스

Pins	Chain	Price	Change	APR	Inflation	Market Cap.	Delegated Amount
★	COSMOS ATOM	$ 6.160	3.40%	14.5%	10.0%	$ 2.41b 48th	$ 1.56b 62.2%
★	AKASH AKT	$ 3.300	6.36%	21.9%	20.0%	$ 798.97m 99th	$ 443.93m 54.7%
★	AXELAR AXL	$ 0.6745	2.54%	7.3%	4.8%	$ 493.90m 145th	$ 500.77m 64.0%
★	CELESTIA TIA	$ 5.960	4.06%	10.8%	8.0%	$ 1.19b 74th	$ 4.33b 68.6%
★	DYDX DYDX	$ 1.290	3.05%	11.8%	-	$ 780.15m 101st	$ 291.59m 22.6%
★	DYMENSION DYM	$ 1.700	7.50%	6.7%	3.8%	$ 327.87m 188th	$ 1.00b 57.3%
★	INJECTIVE INJ	$ 25.57	6.60%	13.7%	9.0%	$ 2.48b 40th	$ 1.52b 62.5%
★	KAVA KAVA	$ 0.4207	6.84%	7.3%	-	$ 455.61m 153rd	$ 57.43m 12.6%
★	OSMOSIS OSMO	$ 0.4857	2.41%	10.7%	9.9%	$ 327.18m 189th	$ 172.10m 52.6%
★	SEI SEI	$ 0.3667	2.57%	-	-	$ 1.17b 76th	$ 2.02b 62.6%

출처: mintscan.io

코스모스 생태계에서 스테이킹으로 추가적인 에어드랍을 받을 수 있는 프로젝트가 위의 이미지에 나와 있다. 프로젝트마다 에어드랍 조건이 다르고 대상도 모두 다르다. 얼마나 생태계에 참여하고 기여했는지에 따라서 에어드랍을 받기도 하고 못 받기도 한다.

스테이킹으로 에어드랍을 받고자 할 때 다음과 같은 사항에 유의해야 한다. 기본적으로 중앙화 거래소에서 해당 코인을 스테이킹한다면 대부분 에어드랍을 받지 못한다. 자신이 지갑을 만들고 직접 생태계에 검증인을 선택해서 스테이킹해야만 에어드랍을 받을 수 있다. 이는 블록체인 시스템이 탈중앙화된 형태로 운영되길 바라는 생태계 참여자들의 의지가 반영된 결과이다. 중앙화 거래소에 너무 많은 권한을 주면 향후 리스크가 발생할 수 있기 때문이다.

스테이킹은 짧게는 1주일, 길게는 3주간 잠금 기간이 발생한다. 스테이킹 해제를 신청하고 나서 3주가 지나야 해당 코인을 거래소로 보내어 환전할 수 있다. 3주간 문제가 생긴다면 그 리스크를 감수해야 한다. 이는 지분증명 시스템의 보안을 유지하기 위한 최소한의 장치이다.

알트코인은 시장이 좋으면 수익률도 좋지만 시장이 나빠지면 급격한 하락이 일어나기 때문에 3주간의 잠금 기간에 큰 손실이 날 수 있다. 그러므로 큰 변동성을 어느 정도 견딜 수 있는 투자 금액을 정해서 이 스테이킹 시스템에 참여해야 한다. 스테이킹으로 받은 에어드랍은 적절히 현금화해서 투자한 원금을 빠르게 찾도록 한다.

대부분의 사람은 손실에 극도로 민감하고 큰 손실이 다가오면 결국 자금을 회수한다. 그런데 그렇게 자금을 회수하고 나서 시장은 반등하여 크게 후회하곤 한다. 결국 큰 하락장에도 견딜 수 있으려면 원금을 빠르게 회복하고 투자 수익으로 다시 재투자해야 한다. 이러한 것이 알트코인 스테이킹 시스템에 참여하기 위한 좋은 전략이다.

코스모스 생태계에서 코인 스테이킹을 한 이후 에어드랍을 받기 위

코스모스 생태계 에어드랍 체크 리스트

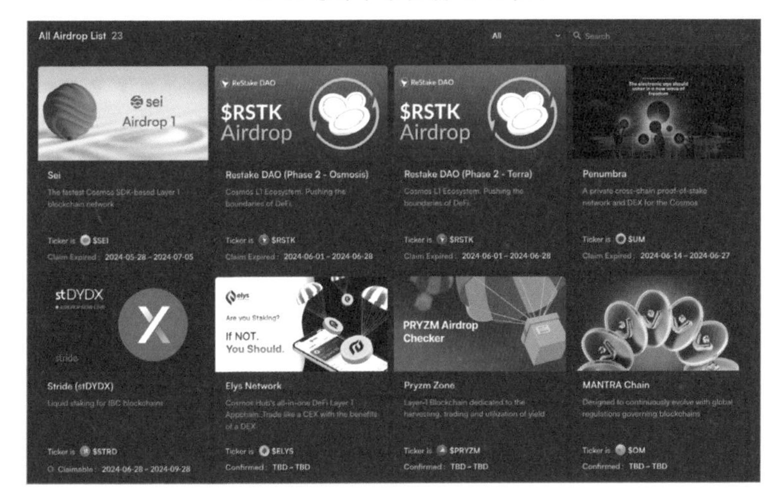

출처: https://www.mintscan.io/information/airdrop

해서는 주요 에어드랍 사이트에서 주기적으로 체크해야 한다. 코스모스 생태계의 거래 내용을 확인할 수 있는 mintscan.io 사이트에서 에어드랍 리스트도 제공한다. 위의 사이트에서 주기적으로 코스모스 생태계에서 주는 에어드랍 코인을 체크해야 한다. 일반적으로 에어드랍 기간이 있고 해당 기간 내에 본인이 대상자라면 에어드랍 청구를 해야 한다. 일반적으로 신규 프로젝트가 에어드랍 대상자를 발표할 때 스냅숏Snapshot이라는 표현을 사용한다. 에어드랍 대상자가 블록체인 특정 시점에서 보유자인지를 체크하는 것을 의미한다.

예를 들어 스냅샷이 2024년 7월 24일, 코스모스체인 블록 500,000이 대상자라면 해당하는 블록 시간에 아톰 코인을 스테이킹 하는 투자자가 대상자가 될 수 있다. 대상자라면 일반적으로 에어드랍을 청구할 수 있는 페이지가 열린다. 해당 페이지에서 본인의 지갑을 연결하고 청구를 신청해야 한다. 이 청구하는 페이지가 사기 및 스캠 사이트인 사례도 많다. 그러므로 에어드랍 청구를 위해서는 공식 홈페이지 확인 및 신뢰할 만한 사이트인지 여러 번 점검해야 사기를 피할 수 있다.

대부분 텔레그램 등의 커뮤니티에서 투자자가 관련 에어드랍 정보를 공유하고 있으니 문제없이 클레임Claim 되는 걸 확인하고 나서 조금 여유있게 에어드랍을 청구하는 습관을 들이는 게 좋다. 빨리 받으려거나 욕심에 이끌리면 잘못된 스캠 및 사기 사이트에 속아서 본인이 가지고 있는 코인들을 모두 해킹당하는 일도 많기 때문에 반드시 주의해야 한다. 신뢰할 만한 인플루언서 채널을 여러 개 구독하면서 검색한 이후에 에어드랍을 청구한다.

05 | 4단계, 소액 참여를 통한 디파이 시장 이해하기

알트코인 투자에서 가장 높은 이익을 얻을 수 있는 분야는 디파이 분야다. 그러므로 디파이 투자를 하지 않고는 알트코인의 진정한 수익률을 맛볼 수 없다. 대부분의 알트코인 투자자가 거래소에서만 투자하고 직접적인 디파이 투자를 어려워한다. 여러 가지 이유가 있겠지만 가장 근본적인 이유는 해보지 않은 투자에 관한 두려움이라고 여겨진다. 이 두려움을 극복하기 위한 가장 좋은 방법은 직접 디파이를 투자해 보기 전에는 해결할 수 없다. 처음부터 큰 금액을 투자할 수 없으므로 디파이 시장을 먼저 이해하는 차원에서 소액으로 디파이 시장에 투자를 경험해 봐야 한다.

무료로 하는 테스트넷 에어드랍 작업에서 어느 정도 디파이 시장을 충분히 경험하고 나서 이 투자를 진행하는 것이 좋다. 자신의 자금이 투자되기 때문에 중간에 실수로 돈을 잃을 수도 있고 정확하지 않은 정보에 투자했다가 투자금을 모두 잃을 수 있다. 혹은 지갑 관리를 정확히 하지 못해서 해킹으로 돈을 잃는 일도 있고, 내가 투자한 디파이 서비스가 해킹당해서 투자금을 잃기도 한다. 여러 가지 케이스가 존재하기 때문에 이 시장을 이해할 때까지는 소액으로 어느 정도 기간을 가지고 충분히 학습할 때까지 큰돈을 투자하지 않는 것이 바람직하다.

디파이 투자는 정보가 많이 없는 것 같지만 오히려 정보가 더 투명하고 잘 알려져 있다. 단지 이 정보를 투자자들이 잘 활용하지 못하기 때문이다. 가장 좋은 투자의 지표가 될 수 있는 사이트에서 정보를 얻을 수 있고 어떤 디파이에 투자할지 결정할 수 있다. 디파이라마는 Defillama.com 사이트에 모든 디파이의 종류와 실제 디파이에서 거래되는 거래 볼륨 등 모든 정보를 공개한다. 블록체인의 가장 큰 장점이 모든 거래량과 내용이 오픈되는데, 이러한 특징을 잘 활용한 사이트가 있기 때문에 투자자는 안심하고 투자할 수 있다. 그럼 이 사이트를 어떻게 활용할지 한번 살펴보겠다.

디파이라마 홈페이지의 전체 개요 페이지를 살펴보면 디파이 순위별로 잘 정리되어 있다. 디파이의 종류 및 TVL 등이 나오고 해당하는 디파이 서비스에서 지원되는 체인의 종류가 나온다. 처음 디파이 투자를 한다면 이 체인을 잘 살펴봐야 한다. 제일 많이 활용되는 체인이 이더리움이지만 이더리움에서 처음 디파이를 활용하기 위해서는 가스비(수수료)

가 많이 발생한다. 그래서 소액투자자에 맞지 않는다. 처음 디파이를 투자해 보는 투자자에게도 이더리움 체인은 적합한 체인이 아니다. 그래서 디파이의 종류가 순위별로 있지만 이 순위 중에서 여러 체인을 지원하는 디파이 위주로 처음에 경험해 보는 것이 좋다.

디파이라마에서 카테고리를 보면 리퀴드 스테이킹, 리스테이킹, 예금 및 대출, 탈중앙화된 거래소 등의 종류가 카테고리에 표시된다. 디파이 투자를 한다면 이 모든 카테고리의 특징을 이해하고 활용할 수 있어야

디파이라마 전체 디파이 생태계 순위

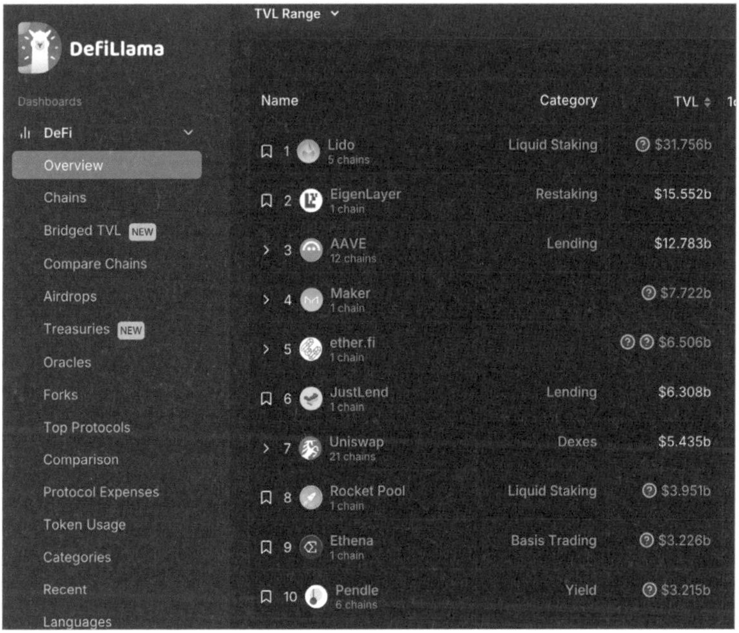

출처: Defillama.com

한다.

처음 디파이를 투자한다면 가장 기본이 되는 탈중앙화된 거래소와 예금 및 대출 서비스를 경험해 보고 활용해 보기 바란다. 이 두 가지 서비스를 어느 정도 이해한 상태에서 기타 디파이 서비스를 활용해 보는 것이 바람직하다.

전체 순위에서 디파이 초보자가 사용해 볼 수 있는 서비스는 아베와 유니스왑이 있다. 아베는 12개 체인을 지원해 주고 유니스왑은 21개 체인을 지원해 준다. 이더리움이 가장 편하고 거래량이 많지만, 수수료가 기본적으로 10달러 이상씩 생긴다. 그러므로 처음 디파이를 투자하고

아베에서 지원해 주는 체인 종류

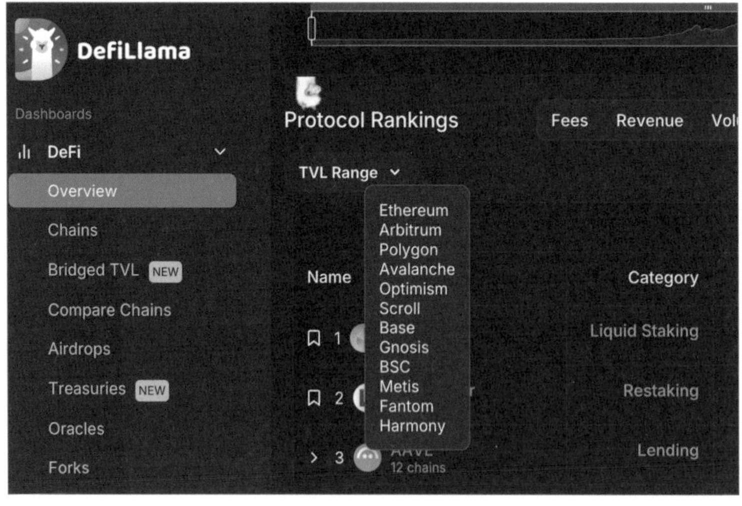

출처: Defillama.com

공부하기에는 너무 큰 비용이 발생하여 적합하지 않다. 그렇다면 어떤 체인을 선택해야 할까?

디파이라마 사이트를 보면 아베 서비스에서 지원해 주는 체인 서비스의 종류를 표시해 준다. 가장 기본적으로 이더리움부터 이더리움 레이어2인 아비트럼, 베이스 등을 지원해 주고 다른 레이어1인 폴리곤, 아발란체, 바이낸스체인 등도 지원한다. 이더리움에 비하여 모두 수수료가 저렴한 체인이므로 이러한 체인에서 아베 서비스를 활용해 볼 수 있다.

2024년부터는 이더리움 레이어2가 많이 활용되고 있으므로 아비트럼이나 베이스체인에서 아베 서비스를 활용해 보기 바란다. 단 이런 레이어2로 이더리움을 보내기 위해서는 몇 번의 과정을 거쳐서 보내야 한다. 거래소에서 이더리움 지갑으로 이더를 보낸 이후에 브릿지 서비스를 활용해서 레이어2로 옮기는 방법이 있고, 또 하나는 레이어2를 지원해 주는 거래소에서 바로 보내는 것이 있다. 다만 국내 거래소는 레이어2를 대부분 지원하지 않기 때문에 해외 거래소를 한번 거친 후 보내므로 번거롭다. 그러나 대부분의 알트코인을 투자하기 위해서는 해외 거래소를 가지고 있는 게 이점이 많다. 대부분의 알트코인이 국내 거래소보다 해외 거래소에 먼저 상장되기 때문에 해외 거래소에 가입해서 한번 해 보기 바란다.

이더리움 레이어2 혹은 다른 체인에서 하는 게 어렵다면 솔라나 등을 활용하는 방법도 있다. 국내 거래소에서 솔라나 지갑으로 바로 보내서 디파이를 활용할 수 있기 때문에 솔라나를 활용하는 방법도 추천한다. 다만 대부분의 전통적인 디파이 서비스가 이더리움 기반에서 탄생했기 때문에 이더리움 레이어2를 활용해서 디파이 투자 공부를 해보는 게 조금 어렵더라도 좋은 방법이다.

아베 예금 및 대출 서비스 페이지

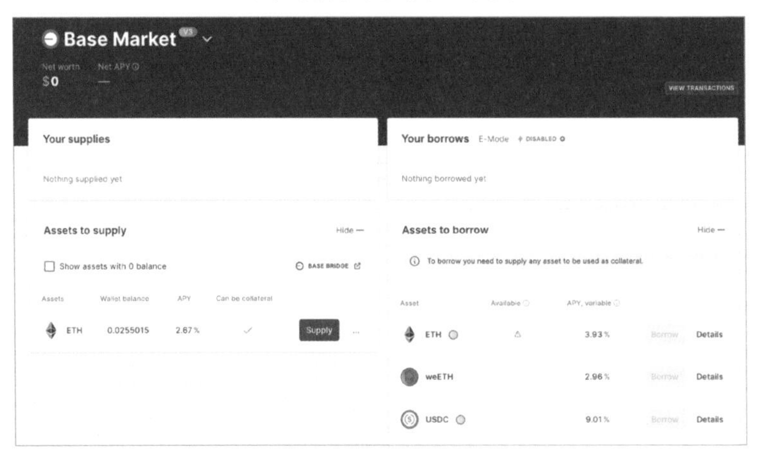

출처: https://app.aave.com/

아베는 이더리움의 예금 및 대출 서비스다. 메타마스크 지갑에 이더리움 레이어2인 베이스체인으로 이더리움을 보내는 데 성공한 이후 아베 홈페이지에 접속해서 메타마스크 지갑을 연결한 이후 체인을 베이스Base로 선택하면 위와 같은 화면이 표시된다. 왼쪽에는 메타마스크에 있는 이더의 잔고가 표시되고 오른쪽에는 예금한 금액에 대해서 대출할 수 있는 범위가 표시된다.

가지고 있는 이더를 일부 수량을 남겨두고 예치하면 연간 수익률APY, Annual Percentage Yield이 표시된다. 이 연간 수익률이 체인마다 모두 다르다. 베이스체인은 2%대의 이자를 준다. 이더를 그냥 가지고 있는 것보다 이 이더를 예치하면 이자 수익이 발생한다. 지갑을 연결한 이후 공급Supply 단추를 누르면 된다. 그 이후 자신이 얼마나 예치했는지 표시해주고 시간이 지남에 따라서 이자도 보여준다.

이렇게 예치한 이더를 기반으로 오른쪽에 암호화폐를 대출할 수 있다. 이더도 대출할 수 있고 이더를 담보로 USDC 등을 대출할 수 있다. 당장 필요하지 않은 자금을 예치하고 중간중간 대출하면 트레이딩도 할 수 있고 다른 데 투자해서 레버리지 효과를 누릴 수 있다.

투자자는 이런 예금, 대출 상품이 얼마나 견고한지에 유의해야 한다. 아베는 가장 오래된 이더리움의 예금, 대출 상품이므로 제일 안전하다. 그러나 이더리움을 그냥 보유하는 것에 비해서는 리스크가 조금 더 생긴다. 레이어2는 이더리움 메인넷보다 조금 더 리스크가 있다. 다른 레이어1도 비슷하다.

정리하면 이더리움을 지갑에 그냥 보관하는 것이 가장 안전하고 아베 같은 디파이 상품에 투자할 때는 약간의 리스크가 더 생기는데, 메인넷인 이더리움이 가장 안전하고 레이어2들은 리스크가 더 있다. 다른 레이어1도 유사한 형태로 리스크가 있다. 리스크의 범위를 직관적으로 이해하기 위해서는 서비스마다 연간 수익률을 많이 줄수록 리스크가 더 생긴다고 이해할 수도 있다. 제1금융권의 예금과 제2금융권의 예금 이자가 차이가 나듯이 디파이 서비스도 비슷하게 적용해 볼 수 있다.

소액으로 직접 지갑에 이더리움을 옮기고 레이어2에서 아베 같은 예금, 대출 서비스를 한번 해 보면 어렵지 않게 디파이 서비스에 관한 이해도가 높아질 것이다. 충분히 써 보고 익숙해진 상태에서 이더리움 메인넷에서 디파이 서비스를 활용하는 것도 좋은 방법이고, 신생 디파이 서비스들에 초기에 진입해서 활용하는 것도 현명한 투자 전략이다. 이후의 방법은 자신의 투자 전략과 상황에 맞게 적절히 적용하면 되지만 처음에는 이렇게 소액으로 시간과 경험을 쌓는 게 무엇보다도 중요하다.

최소한 6개월 정도는 실컷 경험하고 디파이를 투자해도 늦지 않으니 시간적, 금전적 여유를 가지고 디파이 투자를 시작하는 것이 좋다. 투자 수익률보다 중요한 것은 디파이 서비스 전체의 견고함을 이해하고 시장이 어떤 방식으로 움직이는지를 파악하는 것이다.

이런 이해를 위해서 특별히 안내된 교육자료나 콘텐츠가 많이 없기 때문에 스스로 학습하고 배우는 능력도 길러야 한다. 디파이라마 사이트를 정확하게 이해할 수 있다면 그 어떤 디파이 서비스가 새롭게 나오더라도 두려워하지 않고 리스크를 스스로 파악한 이후에 투자를 진행할 수 있다. 디파이 투자는 스스로 해야 하지만 좋은 나침판이 있기 때문에 누구나 이 분야의 고수가 될 수 있다. 스스로 학습하고 계속 배워가는 습관을 잃지 않는다면 디파이에서 높은 수익을 올릴 기회가 항상 있다. 여유를 가지고 실력을 갖추며 기회가 왔을 때 놓치지 않기를 바란다.

06 | 대표적인 디파이 서비스 Lido(리도) 경험하기

디파이 서비스 중에서 가장 TVL가 높은 리도Lido 서비스를 활용해서 이더리움을 스테이킹 하는 방법에 대해서 알아보겠다. 거래소에서 지갑으로 이더를 전송하는 부분만 생략하고 가이드를 작성했다. 국내 거래소에서 이더리움 메타마스크 지갑으로 이더를 보내는 건 하루에 100만 원 이하는 별도의 고객확인제도Know Your Customer, KYC없이도 가능하니 누구나 바로 시작할 수 있다. 단 거래소에 입금 후 하루가 지난 뒤에 출금할 수 있으니 하루 전에 거래소에 입금한 뒤에 출금이 가능한 점만 염두에 두면 된다.

비트코인 채굴과 같이 이더리움도 채굴할 수 있다. 단 32개의 이더가 필요하고 검증 노드를 운영해야 하는데 일반 투자자가 이렇게 채굴하는 것은 어렵다. 리도에서 소액도 채굴할 수 있게 해주는 서비스가 있다.

이 서비스를 활용하여 소액으로 이더를 스테이킹해서 추가적인 이자를 받는 상황을 예시로 활용해 보겠다.

리도 홈페이지에 접속(https://stake.lido.fi/)

홈페이지에 접속하면 아래와 같은 화면이 나온다. 커넥트 월렛Connect Wallet을 클릭하여 자신의 메타마스크 지갑과 연결한다.

리도 지갑 연결

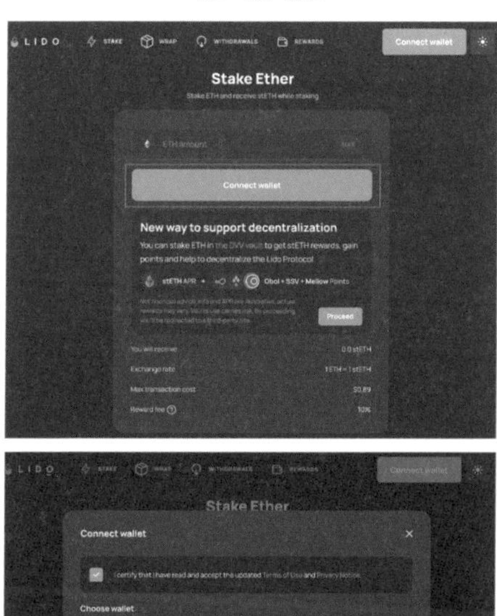

출처: 리도 홈페이지

지갑에 있는 이더 잔액이 표시된다. 원하는 이더 수량을 입력 후 스테이킹을 클릭한다. 단 수수료가 필요하므로 일부 수수료를 남겨두고 스테이킹 해야 한다. 수수료는 여유 있게 20달러 이상 지갑에 두는 게 필요하지만 시장 상황에 따라서 이 수수료가 비싸질 수 있다. 스테이킹 하기 전에 아래 메뉴에 보면 맥스 트랜잭션 코스트Max Transaction Cost에서 대략적인 현재 수수료를 확인할 수 있다. 이 수수료는 이더리움 네트워크 상황에 따라서 변동이 크다.

리도 이더 스테이킹

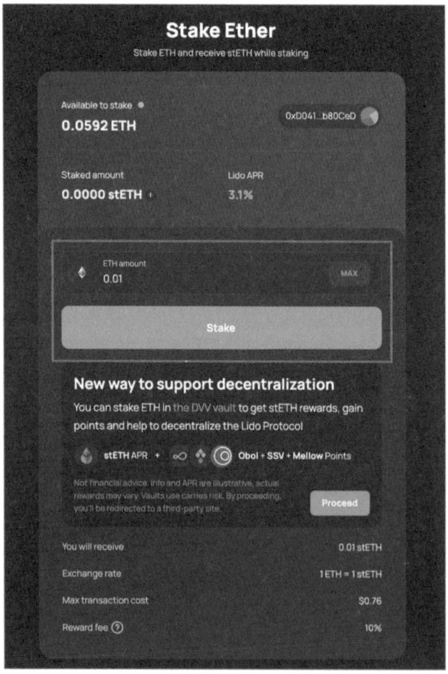

출처: 리도 홈페이지

스테이크 버튼을 클릭하면 메타마스크가 연결된다. 메타마스크 지갑에서 예상되는 최종 수수료를 확인할 수 있다.

리도 지갑 컨펌

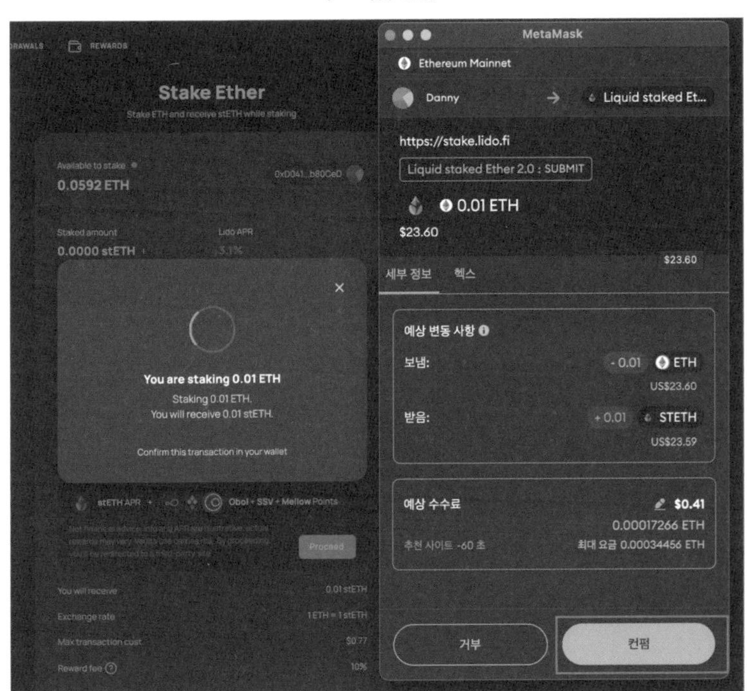

출처: 리도 홈페이지

지갑에서 컨펌하고 나서 10~30초 정도 기다리면 최종적으로 트랜잭션 완료된 것을 확인할 수 있다. 여기까지 하면 정상적으로 이더리움을 리도에서 스테이킹을 성공적으로 하게 된다.

리도 지갑 컨펌 확인

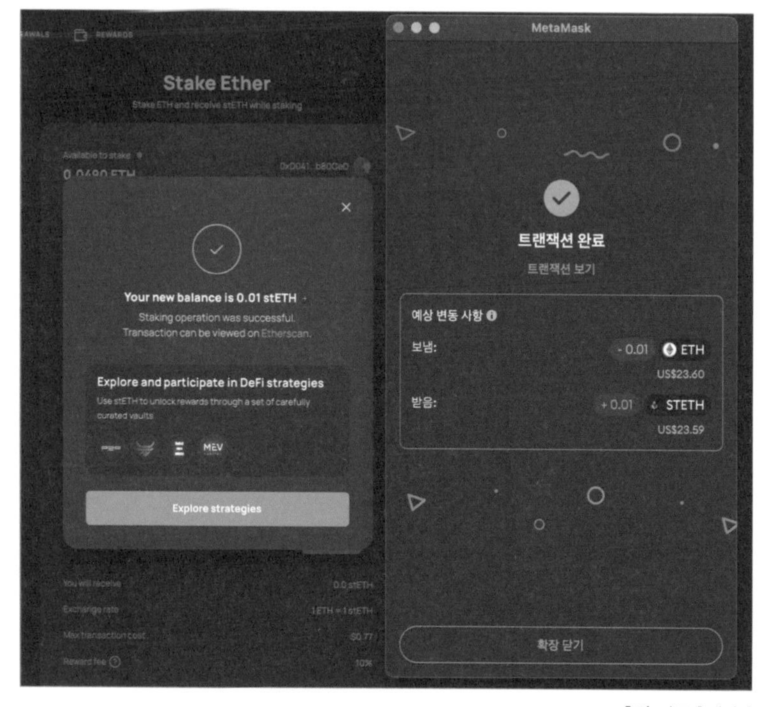

출처: 리도 홈페이지

리워드 메뉴를 클릭해 보면 자신의 이더리움 주소, 현재 스테이킹 된 이더의 수량이 표시된다. stETH rewarded탭에서는 시간이 지나면서 스테이킹에 관한 보상이 쌓이는 것을 확인할 수 있다. 본인의 이더리움을 스테이킹 하면 그 지분으로 stETH를 주고 리도에서 채굴한 이더를 stETH로 보상해 준다. 사용자는 나중에 이를 출금할 수 있다.

이더 보상 확인

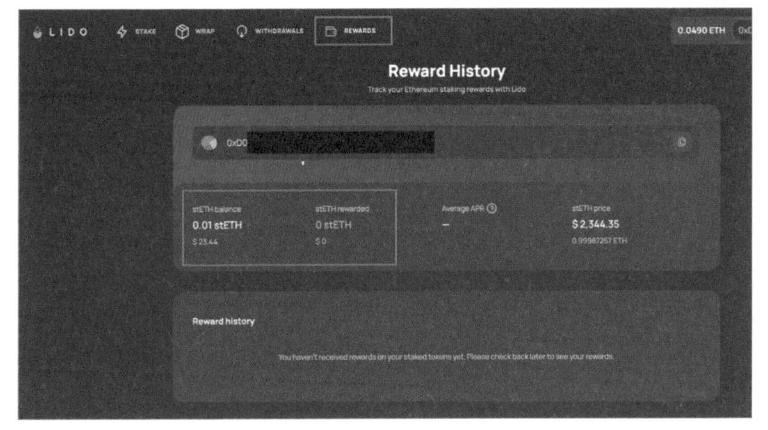

출처: 리도 홈페이지

시간이 지나서 출금하려고 출금 메뉴를 클릭하면 그동안 쌓인 보상을 찾을 수 있다. 출금 전 그동안 쌓인 stETH를 먼저 클레임 한다. 이 클

이더 출금

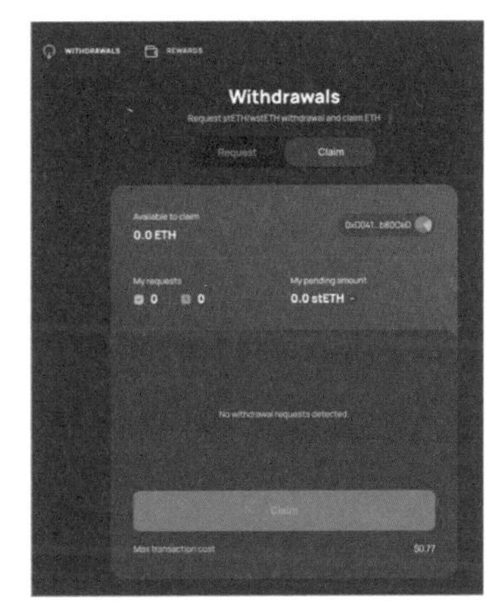

출처: 리도 홈페이지

레임에도 수수료를 내야 한다.

클레임을 성공적으로 하였으면 그동안 쌓인 리워드와 stETH를 출금 신청한다. 출금은 일반적으로 네트워크 상황에 따라 다르지만, 일주일 정도의 기간이 필요하다. 빠르게 출금을 원하면 약간의 손실은 있지만 바로도 가능하다. 이건 탈중앙화된 거래소에서 stETH를 ETH로 교환한다. 메뉴에서 정상적인 출금은 유즈 리도Use Lido를 활용하고, 빠른 출금을 원하면 손실을 조금 보더라도 유즈 덱시즈Use Dexs 옵션을 선택하면 된다. 지금까지 리도를 활용해서 이더를 스테이킹하여 추가적인 수익을 활용하는 방법에 대해 살펴보았다.

이더 출금

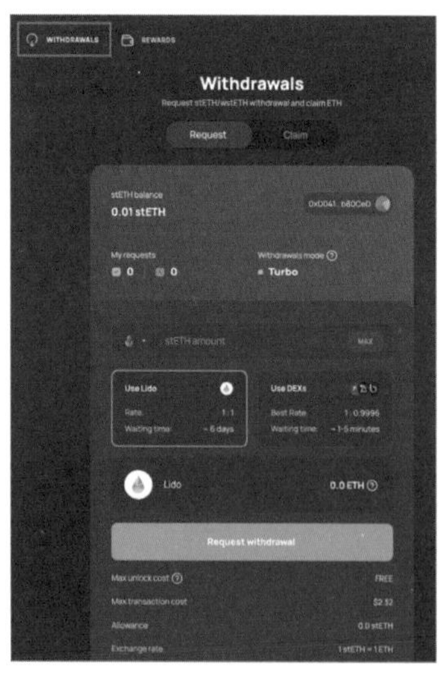

출처: 리도 홈페이지

07 | 5단계, 생태계를 선택하여 집중 공략하기

알트코인 투자의 매력은 누구나 전문가가 될 수 있다는 점이다. 생태계는 굉장히 넓고 정보는 많이 가려져 있다. 정보에 아무나 접근이 가능하지만 이렇게 오픈된 정보를 잘 정리하여 알려주는 뉴스는 없으므로 돈이 되는 정보들은 직접 찾아 나서는 수고를 해야 한다. 정보의 비대칭성이 크기 때문에 남들보다 빠르게 자세한 정보를 아는 이들에게는 큰 기회의 땅이 되는 것이 알트코인 시장이다.

모든 알트코인 투자를 잘할 수는 없다. 그러므로 투자자는 알트코인 전체 생태계에서 특정 체인을 선택해야 한다. 대표적인 체인이 이더리움이지만 그 범위가 넓다. 이더리움 이외에 바이낸스체인, 솔라나체인, 폴리곤체인 등 각각의 체인에 장·단점이 있다. 체인별 전체 시가총액 및 성장하는 생태계의 규모도 다르다.

체인별 생태계 정리

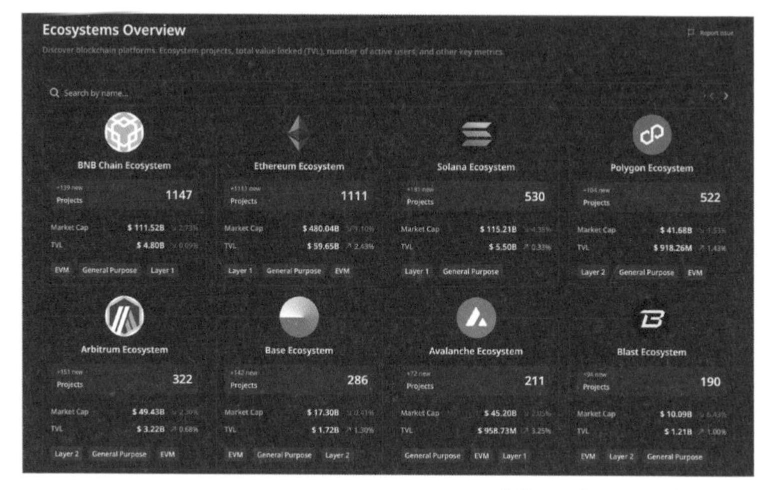

출처: https://cryptorank.io/ecosystems

투자자는 최소한 1,2개 정도의 생태계를 집중적으로 공략하는 것이 좋다. cryptorank.io 홈페이지에 각각의 생태계별로 자세한 분류가 잘되어 있다. 이 사이트를 활용하여 특정 체인을 선택한 이후에 하나의 체인에 속해 있는 대부분의 디앱 서비스를 조사하는 작업이 필요하다. 이더리움은 광범위하지만 기본적인 생태계가 대부분 이더리움의 특징을 가진다. 따라서 투자를 위해서는 기본적인 이더리움 생태계를 이해해야 한다.

제일 큰 이더리움 생태계는 기본적으로 공부하고 나머지 1,2개 생태계를 선정해서 집중적으로 공략하는 것이 좋다. cryptorank.io에서 이더리움을 선택하면 이더리움 생태계의 전체 리스트가 나온다. 카테고리별로 탈중앙화 거래소, 예금 및 대출 서비스 NFT 등 목록을 확인할 수 있고 서비스별로 시세 및 홈페이지, 파운더 등 기본적으로 알아야 할 정보를 알 수 있다.

이더리움에 있는 서비스가 가장 오래되었고 다른 체인에도 동일하게 적용할 수 있는 서비스가 많이 있으므로 주요 서비스의 특징을 이해하는 것이 필수적이다. 가장 쉬운 예로 유니스왑은 버전별로 어떤 차이가 있는지, 어떤 특징으로 만들어졌는지를 이해한다면 다른 체인에서 탈중앙화 거래소를 이해하는 데 도움이 된다. 일반적인 정보는 해당 서비스의 홈페이지를 들어가면 기본적인 학습이 가능하다. 직접 서비스를 이

이더리움 생태계

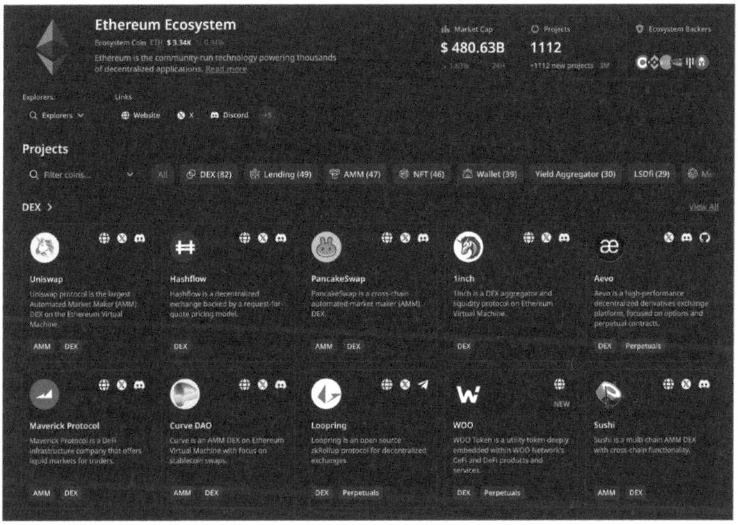

출처: https://cryptorank.io/ecosystems/ethereum

용하지 않더라도 기본적인 정보 확인을 할 수 있으므로 이더리움 생태계에서 가장 유명하고 오래된 서비스를 기본적으로 학습한 이후에 다른 생태계를 이해하는 게 조금 더 쉽게 알트코인에 접근하는 방법이다.

이더리움 생태계의 전체 이미지가 어느 정도 파악이 되었다면 자신만의 특정 코인 생태계를 선택해야 한다. 예를 들어 솔라나 생태계를 보면 아래와 같다.

솔라나 생태계의 전체 시가총액이 오른쪽 상단에 표시되어 있다. 전체 생태계 시가총액이 1,155억 달러다. 솔라나의 시가총액 및 솔라나 생태계 내에서 존재하는 모든 서비스의 토큰 가격을 포함한다. 오른쪽에는 프로젝트 수가 나온다. 프로젝트 총수가 532개며 최근 3개월간 183개가 늘었음을 알려준다. 이렇게 전체 프로젝트 수와 최근 증가량 또한 생태계가 얼마나 발전하고 있는지를 알려주는 좋은 지표가 된다. 제일 오른쪽에는 해당 생태계에 투자하는 벤처 캐피털이 무엇인지 알려준다. 어떤 벤처 캐피털이 투자하고 있는지 역시 생태계의 건강성을 확인하는 데 중요한 평가 기준이다.

기본적으로 시가총액의 볼륨과 프로젝트 수, 벤처 캐피털을 확인했으면 해당 생태계의 카테고리별 특징을 파악해야 한다. 모든 생태계가 동일하지 않고 각각 특징이 있으며, 이는 카테고리 안에 디앱의 종류에 따라서 어느 정도 파악할 수 있다. 솔라나에 밈코인이 217개로 가장 많다. 첫째 카테고리 역시 밈코인 종류가 나온다.

솔라나 생태계

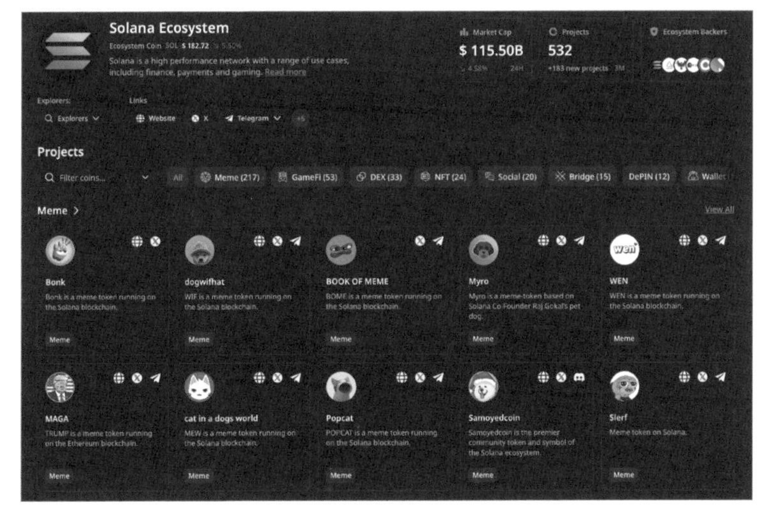

출처: https://cryptorank.io/ecosystems/solana

봉크가 솔라나 생태계의 가장 대표적인 밈코인이고 도그위프햇, 웬WEN, 마가MAGA 등이 최근에 인기 있었던 밈코인이다. 밈코인 카테고리를 들어가면 솔라나에서 인기 있는 밈코인 대부분과 자세한 정보가 있다.

하나의 생태계를 선택해서 공부한다는 것은 이런 특징을 이해하는 데부터 출발한다. 솔라나가 알트코인 중에서 2025년 현재, 많이 성장한 코인이라는 것은 대부분 이해하고 있지만 어떤 특징 때문인지는 대부분 정확히 알지 못한다. 알트코인은 이유 없이 오른다고 생각하는 사람들도 대다수다. 하지만 그렇지 않다. 모든 알트코인이 오르는 이유가 있고, 그것은 그 생태계의 특징이 현재 트렌드에서 어떤 위치에 있는지에 따라서 달라진다.

솔라나 생태계는 밈코인이 주로 생태계의 성장을 이끌었다. 그러므로 생태계별로 특징이 있는 카테고리를 이해하는 건 매우 중요하다. 자신이 밈코인 투자에 재능이 있다면 솔라나 같은 생태계가 잘 어울릴 수 있다. 하지만 자신은 기술이라든지 다른 영역에 조금 더 재능이 있다면 솔라나 생태계보다는 다른 생태계가 더 나을 수도 있다. 자신이 아는 지식의 범위와 생태계가 얼마나 잘 어울리는지를 이해하는 것이 중요하다.

2024년 상반기에 크게 상승한 톤 생태계도 한번 살펴보겠다. 톤 생태계는 시가총액이 187억 달러 규모이고 프로젝트가 90개 정도다. 그런데 이 90개의 프로젝트가 2024년 상반기에 모두 생겼다. 톤 생태계는 이처럼 최근 프로젝트이고 제일 빠르게 성장하고 있다. 프로젝트의 수도 중요하지만 최근에 얼마나 급속하게 성장하고 있는지가 알트코인을 선별하는 데 중요한 지표가 된다. 이러한 트렌드에서 얼마나 시장의 관심을 받고 있는지가 알트코인 투자에서 중요한 지표이기 때문이다.

톤 생태계는 첫째 카테고리가 게임파이다. 톤 생태계는 암호화폐 투자자가 가장 많이 활용하는 텔레그램 메신저라는 강력한 커뮤니케이션 툴을 보유한다. 대부분의 암호화폐가 투자자들을 모으기가 가장 어려운데 톤은 이미 투자자들을 모두 확보하고 있다고 해도 과언이 아니다.

이러한 텔레그램 파워를 바탕으로 쉽게 마케팅할 수 있었고 특히나

톤 생태계

출처: https://cryptorank.io/ecosystems/ton-ecosystem

텔레그램에 있는 봇 기능을 활용해서 다양한 게임 애플리케이션을 론칭하였다. 그런데 이 게임 애플리케이션이 기존에 사용자가 접근하기 쉽고 간편하게 만들어서 시장의 인기를 많이 끌었다. 솔라나는 밈코인으로 성장했다면 톤 생태계는 이런 게임 로봇으로 성장 중에 있다.

특히나 둘째 카테고리인 클릭커Clicker는 기존에 암호화폐 생태계에 없었던 새로운 카테고리다. 텔레그램 메신저의 특징을 활용해서 사용자가 봇을 클릭하면 에어드랍을 해주면서 이 카테고리가 새롭게 생겨났다. 낫NOT 코인이 사용자를 많이 확보하였고 시가총액 100위권 안에 들어가면서 새로운 시장을 형성했다. 이러한 변화로 인해서 톤 생태계만의 독특한 카테고리와 위치를 선점하게 된 것이다.

이렇게 톤 생태계는 기존에 있던 디파이와 탈중앙화된 거래소, 브릿지 등의 영역도 기본적으로 존재하지만 가장 많이 활성화된 영역은 게임과 로봇이므로 이런 특징은 다른 생태계에서 찾기 어렵다. 생태계마다 특징이 있고 그러한 특징이 있는 생태계를 잘 선별해서 해당 카테고리에서 빠르게 정보를 파악하고 초기에 선점하는 것이 중요하다.

이더리움을 시작으로 솔라나, 톤 생태계를 선별해서 어떻게 해당 생태계의 특징을 파악하고 분석하는지 간략하게 설명하였다. 이를 바탕으로 자신만의 생태계를 하나 선별해서 생태계의 특징을 잘 이해하고 자신만의 전문 영역으로 만들어 간다면 남들과는 다른 알트코인 수익률을 확보할 수 있다.

알트코인은 정보를 찾기가 어렵다고 하지만 노력하면 숨어있는 정보를 찾을 수 있는 좋은 안내 사이트가 많다. cryptorank.io 사이트를 기본으로 시작하여, 추가로 자신만의 참고 사이트를 추가해 나간다면 누구나 알트코인 투자에서 괜찮은 이익을 거둘 수 있다.

전문가라고 불리는 이가 추천한 종목을 사는 게 아니라 자신만의 인사이트를 가지고 해당 생태계의 특징을 잘 이해한 상태에서 투자에 임하는 게 중요하다. 그러기 위해서 처음에는 전체 생태계를 파악하고 각각의 생태계의 특징을 알아가며 조금씩 실전으로 소액을 투자해 본다. 특히 알트코인은 디앱이라고 불리는 서비스가 있기 때문에 해당 서비스를 활용해 보면서 어느 정도 평가할 수 있다. 이를 기준 삼아 자신만의 알트코인 투자 원칙을 세우고 생태계에 관한 정보력을 갖춘 상태라면 알트코인 투자에서 실패하지 않을 수 있을 것이다.

08 | 암호화폐 전체 시장 파악하기

'나무가 아니라 숲을 봐야 한다'는 말처럼, 암호화폐 시장에서의 투자 역시 전체적인 상황과 추세를 잘 살펴봐야 한다. 개별 종목을 깊이 있게 아는 것도 중요하지만, 전체 시장 흐름이 어떻게 흘러가는지 주기적으로 체크해야 한다. 국내 거래소만 이용하는 분 중에는 자신의 거래소 차트만 보는 분도 많다. 그러나 국내 거래소에는 상장되지 않은 상위 코인도 많이 있기 때문에 국내 거래소만 이용하더라도 전체 흐름을 이해하기 위해서는 전체 순위를 살펴봐야 한다.

암호화폐 시장에서는 '코인마켓캡과 코인게코 2' 사이트가 많이 알려져 있고 사람들이 많이 이용한다. 두 사이트 모두 사용해도 괜찮다. 두 곳 모두 사용해 보고 본인에게 잘 맞는 사이트를 이용하면 된다.

투자 시 시가총액 및 24시간 거래 대금의 변화를 지속해서 체크해야

암호화폐 시가총액별 순위

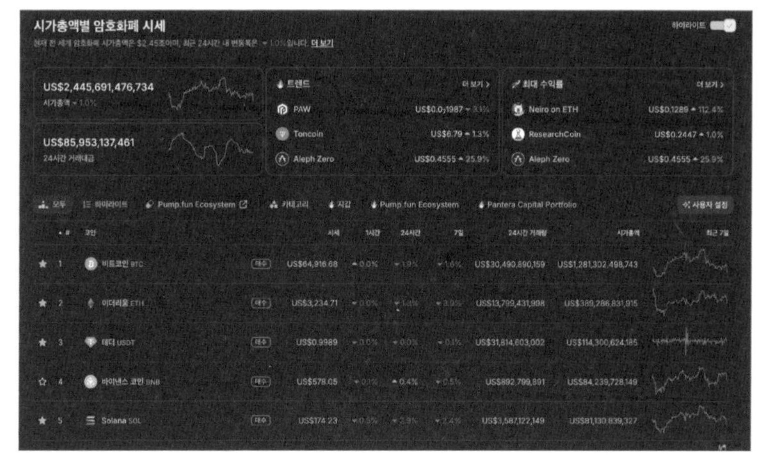

출처: https://www.coingecko.com/

한다. 비트코인 도미넌스라고 불리는 비트코인 점유율과 이더리움의 점유율도 기본적으로 점검한다.

트렌드가 매번 빠르게 변하는데 트렌드 코인 및 최대 수익률 코인도 주기적으로 체크하여 현재 시장이 어떤 트렌드에 민감하게 반응하는지도 살펴봐야 한다. 내가 보유한 코인이 트렌드와 밀접하게 관계가 없더라도 너무 동떨어진다면 포트폴리오 점검을 다시 해보는 것이 좋다.

전체 암호화폐 시장에서 시가총액 100위권 코인의 순위가 최근에 어떻게 변화하고 있는지를 점검해야 하고 그 이후에 개별 코인을 선택해서 기본적인 차트와 정보를 확인한다.

이더리움 차트 및 정보

출처: https://www.coingecko.com/

알트코인을 대표하는 코인이자 대장 코인인 이더리움 정보다. 기본적으로 차트를 살펴볼 수 있으며 간단한 형태의 차트부터 트레이딩 뷰를 활용한 보조지표를 활용한 차트 확인도 가능하다. 기본적인 시가총액과 총공급량 및 유통량 최대 공급량 정보 등도 있다. 코인 생태계에서는 전체 코인의 발행량 및 현재 유통량 확인이 중요한데, 이러한 정보를 한눈에 쉽게 볼 수 있어서 투자자가 쉽고 간편하게 활용할 수 있다.

개별 코인의 간략한 소개부터 홈페이지, 해당 코인의 트랜잭션을 확인할 수 있는 사이트 및 지갑 정보 소셜미디어, 소스 파일등 핵심 정보를 모두 확인할 수 있다. 주식 투자에서 재무제표를 살펴본다면 코인 투자에 있어서는 이러한 사이트가 주식 투자에서 재무제표 분석과 같은 역할이라 하겠다.

코인은 특별히 재무제표와 같은 특성이 없으므로 코인의 발행량 및 카테고리, 팀의 역량 소셜미디어의 시장 반응, 커뮤니티 같은 정보를 종합적으로 살펴보아야 한다. 해당 코인의 거래소별 거래량 및 정보도 확인할 수 있기 때문에 코인이 특정 거래소에만 상장되어 있다면 해당 코인의 위험성 여부도 확인이 가능하다.

이더리움 거래량 상위 거래소 정보

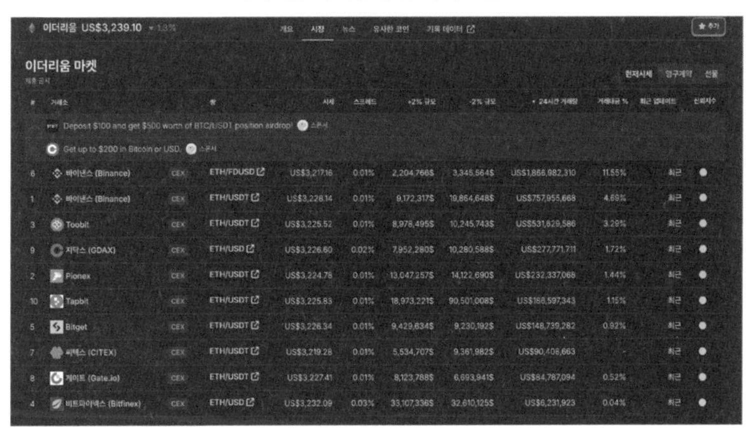

이더리움 US$3,239.10 ▾ 1.3%

개요 시장 뉴스 유사한 코인 기록 데이터

★ 추가

이더리움 마켓

현재시세 영구계약 선물

Deposit $100 and get $500 worth of BTC/USD1 position airdrop! 스폰서

Get up to $200 in Bitcoin or USD. 스폰서

#	거래소		쌍	시세	스프레드	+2% 규모	-2% 규모	24시간 거래량	거래대금 %	최근 업데이트	신뢰지수
6	바이낸스 (Binance)	CEX	ETH/FDUSD	US$3,217.16	0.01%	2,204,766$	3,345,564$	US$1,866,982,310	11.55%	최근	
1	바이낸스 (Binance)	CEX	ETH/USDT	US$3,228.14	0.01%	9,172,317$	19,864,648$	US$757,955,668	4.69%	최근	
3	Toobit	CEX	ETH/USDT	US$3,225.52	0.01%	8,978,495$	10,245,743$	US$531,629,586	3.29%	최근	
9	지닥스 (GDAX)	CEX	ETH/USD	US$3,226.60	0.02%	7,952,280$	10,280,588$	US$277,771,711	1.72%	최근	
2	Pionex	CEX	ETH/USDT	US$3,224.78	0.01%	13,047,257$	14,122,690$	US$232,337,068	1.44%	최근	
10	Tapbit	CEX	ETH/USDT	US$3,225.83	0.01%	18,973,221$	90,501,008$	US$188,597,343	1.15%	최근	
5	Bitget	CEX	ETH/USDT	US$3,226.34	0.01%	9,429,634$	9,230,192$	US$148,739,282	0.92%	최근	
7	씨텍스 (CITEX)	CEX	ETH/USDT	US$3,219.28	0.01%	5,534,707$	9,361,982$	US$90,408,663	-	최근	
8	게이트 (Gate.io)	CEX	ETH/USDT	US$3,227.41	0.01%	8,123,788$	6,693,941$	US$84,787,094	0.52%	최근	
4	비트파이넥스 (Bitfinex)	CEX	ETH/USD	US$3,232.09	0.03%	33,107,336$	32,610,125$	US$6,231,923	0.04%	최근	

출처: https://www.coingecko.com/

이더리움의 상위 거래소 거래량 순위다. 바이낸스 거래소부터 여러 군데 해외 거래소의 거래량을 확인할 수 있다. 약간씩 거래 시세가 차이

가 나는 것도 확인할 수 있다. 변동성이 심해질 때 이 시세 차익이 크게 발생하기도 한다. 특히 거래량이 많은 상위 거래소를 보다 보면 국내 거래소는 확인할 수 없는 사실도 알 수 있다. 국내 거래소는 김치 프리미엄이라고 하여 글로벌 거래소에 비하여 더 비싼 가격에 코인 가격이 형성되어 있다. 시기에 따라 다르지만 5%이상 김치 프리미엄이 생길 수도 있으므로 해외 거래소를 잘 활용하는 것이 더욱 바람직하다.

일부 알트코인은 국내 거래소에만 상장되어 있고 해외 거래소에는 거래되지 않는 순수 김치코인으로 불리는 코인도 꽤 많이 있다. 이런 코인은 리스크가 크기 때문에 주의해야 한다. 아무도 이런 정보를 알려주지 않기 때문에 투자자가 코인게코나 코인마켓캡 같은 사이트에서 해당 코인이 거래되고 있는 전체 거래소 정보를 확인해 보고 거래 볼륨 등을 살펴본다.

투자자는 항상 전체 시장을 파악하면서 개별 종목에 투자하는 습관을 길러야 한다. 그런 습관을 지니고 자신의 포트폴리오 현황을 체크하기에 코인게코나 코인마켓캡 같은 사이트가 유용하다. 자신의 포트폴리오에서 암호화폐 전체 시장에서 순위가 어떻게 변화되는지를 체크하는 것도 중요하다.

주기적으로 코인게코 사이트를 방문하여 둘러보는 습관을 지니면 전체 암호화폐 시장이 어떻게 흘러가는지 확인할 수 있고 장기적으로 코인 투자에 있어서 본인만의 투자 관점을 가질 수 있게 될 것이다.

09 | 6단계, Next W(넥스트 더블유)를 찾아서

투자자라면 '시골 의사 박경철'을 알고 있는 분들이 많다. 'W를 찾아서'라는 제목으로 통찰력 있는 투자에 관해서 이야기하고 있으며, 박경철 의사의 성공적인 투자 이야기도 함께 강의에 녹아있다. 시골 의사 박경철은 제러미 리프킨Jeremy Rifkin의 책에서 투자에 관한 통찰력을 얻었다. 그는 0.1%의 창의적 인간과 그것을 알아보고 협력하고 함께 문명을 건설한 0.0%의 안목 있는 인간, 1%의 인간이 문명을 이끌었고 나머지 99%의 인간을 잉여 인간으로 규정했다. 아직 강의를 보지 않았다면 꼭 한번 보기 바란다.

강의에서 시골 의사 박경철은 0.1% 창의적 인간이 있고 0.9%는 그 창의적 인간을 볼 수 있는 사람들이며 나머지 99%에 자신이 속했다고 고백한다. 그래서 0.1%는 안 되지만 0.9%에 들기 위해서 노력했고 그 덕에

0.1%가 이끄는 세상의 변화에 본인도 동참할 수 있었고 투자에 성공할 수 있었다고 말한다. 특히 그는 자신은 주식 투자자가 아니며 더블유W에 간신히 탑승한 운 좋은 승차자일 뿐이라고 한다.

시골 의사 박경철은 사람들이 왜 휴대전화가 필요한지를 알지 못할 때 SK텔레콤에 투자했다. 돈이 생길 때마다 지속해서 투자하였고 결국 모든 사람이 휴대전화 없이 살지 못하는 세상이 도래했을 때 그는 큰 이익을 거두었다. SK텔레콤을 초기에 이끈 창업주가 0.1%라면 그는 그것을 미리 알아볼 수 있는 안목을 가진 0.9%에 속했다. 모든 사람이 전혀 필요 없다고 이야기한 그것에 대해서 그는 통찰력을 가지고 다가오는 미래를 예측할 수 있었던 것이다.

비트코인이 넥스트 더블유Next W인 것은 분명하다. 그런데 비트코인은 자산의 가치와 가치 축적, 암호화폐 시장을 이끌 기초적인 역할에 그칠 것이다. 실생활에서 변화를 이끌 그 무엇은 알트코인에서 탄생한다. 이미 많은 영역에서 인프라를 갖추었다. 비트코인의 변동성을 해결해 줄 스테이블코인이 안정되었다. 탈중앙화된 환경에서 자유롭게 금융 활동을 할 수 있는 디파이 상품도 출시되었다. 단순히 게임만 하는 것이 아니라 게임 활동에 따른 보상도 추가로 받을 수 있는 게임이 출시되었다.

뿐만 아니라 기존의 IT 인프라도 블록체인 방식으로 변화가 일어난다. 조금 더 저렴하면서도 보안이 훌륭한 인프라들이 생겨났다. 이런 변화가 대중이 다가가기에는 미숙한 측면이 많다. 사람들은 블록체인을 어려워하고 특히 블록체인 기반의 서비스에는 진입장벽이 있다. 게다가 어떤 이들은 이것이 쓸모없다고도 이야기하고 사기도 이 시장에서 넘쳐난다.

이러한 변화가 의미하는 바는 무엇일까? 결국 지금이 넥스트 더블유를 찾을 유일한 기회임을 반증한다. 0.1%는 다음 시대를 이끌 무엇을 만들고 있다. 다음 시대를 이끌 그 무엇을 만들 수 없는 대다수는 0.9%에 속하여 그 혜택에 동참할 수 있다. 새로운 시장을 개척하는 0.1%가 되기는 어렵지만 0.1%가 개척한 시장을 초반에 알아보고 0.9%에 속하는 건 누구나 될 수 있다. 다만 조금 과감한 도전과 남들과는 다른 노력이 있으면 된다. 이 책을 읽고 있다는 것이 이미 0.9%에 속하여 넥스트 더블유를 찾을 수 있는 조건을 갖추고 있다고 볼 수 있다.

알트코인 투자는 사실 쉽지 않다. 비트코인은 탄생 이후 지금까지 계속 1위의 자리를 유지하고 있으며 앞으로도 그럴 가능성이 가장 크다. 암호화폐 시장이 사라질 순 없으며 장기적인 관점에서 가장 투자하기 좋은 자산이 비트코인이다.

그런데 알트코인은 다르다. 장기적인 관점에서 투자하면 높은 수익률을 보장하기도 하지만 완전히 사라지는 알트코인을 보유할 수도 있다. 많은 알트코인이 시장에서 계속 생겨나지만 단기간에 시장의 관심을 받다가 시간이 지나면 사라진다.

그럼 어떻게 투자자는 장기적으로 괜찮은 알트코인을 선별하고 투자할 수 있을까? 처음부터 장기적인 관점에서 괜찮은 알트코인을 투자하기란 쉽지 않다. 그러기 위해서는 전체 암호화폐 시장에 관한 이해도 필요하고 최소 2, 3년은 이 시장에서 투자하면서 다양한 경험을 축적해야 한다. 시장에서 경험을 축적하면서 내가 투자하는 알트코인의 기술력이 어떠하고 시장에서 필요한 기술인지, 시간이 지났을 때도 여전히 처음에 투자했던 그 관점이 유효한지 여러 가지 결과를 종합해야 한다.

이 책에서 제시한 기본적인 알트코인 투자 방법으로 실전 투자 감각을 키워야 한다. 비트코인도 변동성이 크지만 알트코인은 더 급격하게 변한다. '변동성이 크다'는 의미는 투자 수익률도 좋지만 하락장에 손실도 크다는 뜻이다. 수익보다 투자자의 정신력을 흩뜨리는 건 손실이다. 알트코인을 투자한다면 기본적으로 손실을 감수하고 투자해야 하는데 이 방법이 자신에게 잘 맞는지도 검증해야 한다.

투자 금액이 적을 때는 손실도 감내할 수 있지만 투자 금액이 커질 때 대부분은 손실을 감내할 수 없다. 그래서 자신이 손실도 감내하면서 이 투자를 장기적으로 지속할 수 있는지에 관한 검증도 필요하다. 비트코인 투자가 10%의 투자자들에게 수익을 안겨준다면 알트코인 투자는 5% 혹은 1%로 그 범위가 더 줄어들 수 있다. 비트코인보다 더 어려운 투자인 것은 분명하지만, 상위 1% 안에 들어가면 비트코인에 비하여 훨씬 높은 수익을 낼 수 있게 된다.

그런데 그 수익을 내기 위한 과정은 절대 쉽지 않다. 큰 손실을 경험할 수도 있고 때로는 투자한 알트코인이 완전히 사라져 버리기도 한다. 보통 벤처 캐피털에서 스타트업을 투자할 때 10개 기업에 투자해서 1,2개 정도 성공하면 나머지 8개 투자한 회사가 완전히 망하더라도 수익률은 높다. 알트코인 투자가 이와 비슷하다. 그러므로 알트코인 투자자라면 벤처 캐피털과 같은 투자 마인드로 투자에 임해야 한다.

벤처 캐피털은 충분한 자금력이 있으며 오랜 투자 기간을 버틸 수 있는 자원이 풍부하다. 알트코인 투자 역시 충분한 자금력을 바탕으로 투자에 임해야 한다. 절대 한 종목에 올인하거나 자신의 시드를 모두 투자해선 안 된다. 알트코인 시장에서 종목은 트렌드에 따라서 급변하기 때문에 적절히 포트폴리오를 주기적으로 조정해야 하고, 항상 새로운 트렌드 및 종목이 생겨나기 때문에 이에 대처할 수 있는 시드가 넉넉해야 하며, 여기에 큰 손실에도 감내할 수 있는 정신력이 뒷받침되어야 한다.

결국 오랜 기간 지속적인 투자를 통해서 본인만의 투자 철학과 노하우를 익히게 되고 이렇게 익힌 노하우와 시장의 트렌드를 볼 수 있는 안목을 늘려가면서 알트코인 투자에서 높은 수익을 얻을 수 있다.

아직 이 시장은 전문가라고 불리는 이들이 적다. 시장이 만들어지고 있기 때문에 지금 투자하는 투자자가 향후에 전문가가 될 수 있다. 이 책에서 소개하는 방법을 활용해서 본인만의 투자 방법을 익히고 시간이 지나 본인만의 방법을 찾게 된다면 남들과는 다른 투자 수익률을 얻게 될 것이다.

넥스트 더블유는 분명히 존재하지만 그것을 찾는 이들은 적다. 이 책을 읽는 여러분이 넥스트 더블유를 알아채는 인사이트를 얻게 되길 바란다. 이 책이 최소한의 나침반이 되어서 알트코인 투자에서 방향성을 알려줄 것이다. 이 도구를 잘 활용하는 것은 시장의 상황과 본인만의 투자 철학 및 내공에 따라서 달라질 수 있다. 실전에서의 경험을 조금씩 쌓아나가서, 최고의 투자 기회를 놓치지 않길 바란다.

알트코인 투자는 비트코인보다 더 어려운 투자는 분명하지만, 상위 1% 안에 들어가면 비트코인에 비하여 훨씬 높은 수익을 낼 수 있다. 알트코인 투자자라면 벤처 캐피털과 같은 투자 마인드로 투자에 임해야 한다.

벤처 캐피털은 충분한 자금력이 있으며 오랜 투자 기간을 버틸 수 있는 자원이 풍부하다. 알트코인 투자 역시 충분한 자금력을 바탕으로 투자에 임해야 한다. 절대 한 종목에 올인하거나 자신의 시드를 모두 투자해선 안 된다. 알트코인 시장에서 종목은 트렌드에 따라서 급변하기 때문에 적절히 포트폴리오를 주기적으로 조정해야 하고, 항상 새로운 트렌드 및 종목이 생겨나기 때문에 이에 대처할 수 있는 시드가 넉넉히 있어야 하며, 여기에 큰 손실에도 감내할 수 있는 정신력이 뒷받침되어야 한다.

결국 오랜 기간 지속적인 투자를 통해서 본인만의 투자 철학과 노하우를 익히게 되고 이렇게 익힌 노하우와 시장의 트렌드를 볼 수 있는 안목을 늘려가면서 알트코인 투자에서 높은 수익을 얻을 수 있다.

Andrew Law, "Mapping the Landscape of Decentralized Physical Infrastructure Networks", 2023. 12. 8, https://iotex.io/blog/depin-landscape-map/

Cheyenne DeVon, "Billionaire Charlie Munger: Cryptocurrency is 'crazy, stupid gambling,' and 'people who oppose my position are idiots'", CNBC, 2023.02.16., https://www.cnbc.com/2023/02/16/billionaire-charlie-munger-cryptocurrency-is- crazy-stupid-gambling.html

Christine Vasileva, "Ripple Removes 'xRapid' 'xCurrent' From Website, Pushes RippleNet Instead", BITCOINIST, 2019, https://bitcoinist.com/ripple-webiste-pushes-ripplenet/
consensys, "The Ethereum Roadmap", consensys, https://consensys.io/ethereum- upgrade

CryptoGlobe, "$SOL: Former Goldman Sachs Exec Foresees Solana's Meteoric Rise, Cites Firedancer Client As Key C…", BINANCE SQUARE, 2023.10.31., https://www. binance.com/en/square/post/1574291

Cryptopoiesis, "The Puell Multiple-A New Barometer of Bitcoin's Market Cycles", Medium: Unconfiscatable blog, 2019.04.05., https://medium.com/unconfiscatable/ the-puell-multiple-bed755cfe358

David Han et al., "Weekly: The Halving Effect", Coinbase, 2024.04.26., https://www. coinbase.com/institutional/research-insights/research/weekly-market-commentary/ weekly-2024-04-26

Dirk Niepelt, "Libra paves the way for central bank digital currency", VoxEU: Columns, 2019.09.12., https://cepr.org/voxeu/columns/libra-paves-way-central-bank-digital- currency

Federal Reserve Bank of Boston, "Project Hamilton Phase 1 A High Performance Payment Processing System Designed for Central Bank Digital Currencies"

Federal Reserve Board, "Money and Payments: The U.S.Dollar in the Age of Digital Transformation", 2022.01, https://www.federalreserve.gov/publications/files/ money-and-payments-20220120.pdf

FOUR PILLARS, "온도 파이낸스가 기관 투자자에 적합한 디파이 프로토콜을 만드는 방법", FOUR PILLARS, 2024.02.14., https://4pillars.io/ko/articles/ondo-finance/public

Frank Dowing et al., "The Bitcoin Monthly: February Report", Arkinvest, 2024.03.11., https://ark-invest.com/crypto-reports/the-bitcoin-monthly-february-2024-report/

Frank Dowing et al., "The Bitcoin Monthly: March Report", Arkinvest, 2024.04.10., https://ark-invest.com/crypto-reports/the-bitcoin-monthly-march-2024-report/

Fred Imbert, "BlackRock CEO Larry Fink calls bitcoin an 'index of money laundering'", CNBC, 2017.10.13., https://www.cnbc.com/2017/10/13/blackrock-ceo-larry-fink- calls-bitcoin-an-index-of-money-laundering.html

Jay, "Solana Mega Report - Like Apple, but Unlike Apple", FOUR PILLARS, 2024.03.20., https://4pillars.io/en/reports/solana-mega-report-like-apple-but-unlike-apple

Jayplayco et al., "P2E 게임 토크노믹스, 지속 가능성을 향해 나아가다", Xangle, 2023.12.18., https://xangle.io/research/detail/1728

Jesse Hamilton, "FASB Says Crypto Assets Should Be Marked at Current Values", CoinDesk, 2023.09.07., https://www.coindesk.com/policy/2023/09/06/fasb-says- crypto-assets-should-be-marked-at-current-values/

Lucas Outumuro, "Crypto's Early Bull Market Rotation", Medium: Intotheblock Blog, 2023.11.03., https://medium.com/intotheblock/cryptos-early-bull-market-rotation- 933604fe5923

Michael J. Casey, "The Real Use Case for CBDCs: Dethroning the Dollar", CoinDesk, 2023.07.08., https://www.coindesk.com/consensus-magazine/2023/07/07/the-real- use-case-for-cbdcs-dethroning-the-dollar/

Michael Saylor X, https://twitter.com/saylor

Nathan Reiff, "All About the Bitcoin Cash Hard Fork", Investopedia, 2024.03.24., https://www.investopedia.com/news/all-about-bitcoin-cash-hard-fork/

Nathan Reiff, "Bitcoin vs. Bitcoin Cash: What's the Difference?", Investopedia, 2023.11.01., https://www.investopedia.com/tech/bitcoin-vs-bitcoin-cash-whats- difference/

Pantera Capital, "The Bitcoin Death Spiral Theory-How Bitcoin(BTC) Can Go To Zero, read.cash, 2023, https://read.cash/@Pantera/the-bitcoin-death-spiral-theory-how- bitcoin-btc-can-go-to-zero-86c16a44

Peter Horton, 2024. 1. 12, State of Solana Q4 2023, https://messari.io/report/state-of-solana-q4-2023

Peter Zoltan, "Ethereum vs Solana: A Battle for Smart-Contract Supremacy", AtomicWallet, 2024.04.23., https://atomicwallet.io/academy/articles/solana-vs- ethereum

Philip Swift, "Bitcoin Realized HODL Ratio", Medium, 2020.12.15., https://positivecrypto.medium.com/bitcoin-realized-hodl-ratio-9023db15a559
Santiment Academy, "MVRV-Market Value To Realized Value", https://academy. santiment.net/metrics/mvrv/

Satoshi Nakamoto, "Bitcoin Whitepaper", https://bitcoin.org/bitcoin.pdf

Shannon Liao, "Litecoin founder just sold all his litecoin, citing "a conflict of interest"", TheVerge, 2017.12.21., https://www.theverge.com/2017/12/20/16801898/litecoin- founder-divest-conflict-interest

SimpleSwap, "Avalanche Fundamental Analysis", SimpleSwap, 2023.12.21., https:// simpleswap.io/learn/analytics/projects/avalanche-fundamental-analysis

Steve Walters, "Bitcoin Cash ABC vs. BCHSV: The Hardfork and The Hashwar", COINBUREAU, 2023.04.27., https://www.coinbureau.com/education/bitcoin-cash- abc-vs-bchsv/

Steve, "Beginner's guide to Sei Network", FOUR PILLARS, 2024.02.15., https://4pillars.io/ en/reports/Sei-Mega-Report
Swissblock Insights, "Flirting with the Upside", 2023.10.06., https://swissblock.substack.com/p/flirting-with-the-upside?r=do1bc&utm_campaign=post&utm_medium=web
The Spartan Group, 2024. 3. 4. Layer by Layer : An In-Depth Exploration of Bitcoin's Evolving Ecosystem
https://medium.com/the-spartan-group/layer-by-layer-an-in-depth-exploration-of-bitcoins-evolving-ecosystem-3-of-4-ced408eaba37

UkuriaOC, "The Fourth Halving", glassnode Insights: The Week Onchain Newsletter, 2024.04.23., https://insights.glassnode.com/the-week-onchain-week-17-2024/

UkuriaOC, "The Tightening of Supply", glassnode Insights: The Week Onchain Newsletter, 2023.11.07., https://insights.glassnode.com/the-week-onchain- week-45-2023/

Vetle Lunde, "A little bitcoin goes a long way", K33, 2023.11.28., https://k33.com/ research/articles/a-little-bitcoin-goes-a-long-way

Will Ogden Moore, "Ethereum's Coming of Age: "Dencun" and ETH 2.0", GRAYSCALE, 2024.02.23., https://www.grayscale.com/research/reports/ethereums-coming-of- age-dencun-and-eth-2.0

알트코인 레볼루션

1판 1쇄 펴낸 날 2025년 1월 29일
1판 3쇄 펴낸 날 2025년 2월 10일

지은이 박종한 · 김동환
펴낸이 유지은
펴낸 곳 옐로우바스켓

책임편집 서혜원
디자인 BIG WAVE

팩스 02-6020-8533
전자우편 yellowbasket1010@naver.com

ISBN 979-11- 990298-1-1 03320